LEBENDIGES LERNEN UND LEHREN

BAND 8

HANDBUCH FÜR GRUPPENLEITER

Zur Theorie und Praxis der Interaktionsspiele

Klaus W. Vopel

FÜNFTE AUFLAGE 1988

ISKO—PRESS

VORWORT

Dieses Buch soll in erster Linie denjenigen Gruppenleitern helfen, die mit Interaktionsspielen in ihren Gruppen arbeiten. Darüber hinaus kann es all denen nützliche Hinweise bieten, die in interaktionellen Gruppen Wert darauf legen, eine menschenfreundliche Balance zwischen der Arbeit an der Gruppenaufgabe und der Entwicklung der psychosozialen Struktur der Gruppe herzustellen.

Natürlich kann das Handbuch kein Ersatz sein für die eigene aktive Teilnahme an interaktionellen Ausbildungsseminaren, wie sie von einschlägigen Trainingsinstitutionen durchgeführt werden. Es wird allerdings in vielen Fällen eine nützliche Ergänzung für die back-home-Situation des Gruppenleiters sein können, welche seine praktische Ausbildung bereichert.

Schließlich denke ich daran, daß das Handbuch für Gruppenleiter gerade auch für alle Teilnehmer von interaktionellen Gruppen eine sehr gute Vorbereitungsmöglichkeit bietet, die ihr Verständnis für den Gruppenprozeß und für die Aufgaben des Gruppenleiters vertiefen kann.

Hamburg, im November 1976   Klaus W.Vopel

VORWORT ZUR FÜNFTEN AUFLAGE

Als Ruth Cohn Anfang der siebziger Jahre die Themenzentrierte Interaktion (TZI) in der Bundesrepublik bekannt machte, begann das Jahrzehnt des Gruppenbooms. An Frontalunterricht, Vorträge, Diskussionen, Vorlesungen und akademische Seminare gewöhnt, erlebten wir eine neue Welt. Wir lernten, per Ich zu sprechen, unsere Gefühle auszudrücken, unsere geheimen Wünsche und persönlichen Erfahrungen mitzuteilen. Die Welt der Gruppen und Workshops bot aufregende Abenteuer für Seele und Sinne, es wurde viel geweint, gelacht und geliebt. Aus allen Himmelsrichtungen kamen die Teinehmer, der Jesuit saß neben dem Manager, die Sozialarbeiterin neben der Hausfrau. Und schon bald wurden andere Gruppenverfahren importiert, Gestalt, TA, Psychodrama und vieles, vieles mehr, Nützliches und Komisches. Fast alles kam aus Amerika. Erfindungsgabe, Risikobereitschaft und Durchsetzungsvermögen der amerikanischen Kollegen schienen unerschöpflich.

In diesen Jahren gelang erstmals seit Kriegsende umfassendere Re-Education, wohl deshalb, weil die Botschaft anregend, praktisch und unwiderstehlich vermittelt wurde. Die Botschaft war — wenigstens im Kern: Werde erwachsen und kooperiere!

Nachdem die Gründergeneration der Gruppenleiter ihren ersten Appetit auf Selbsterfahrung befriedigt hatte, standen die achtziger Jahre eher im Zeichen der professionellen Anwendung des Gelernten. Und es sieht so aus, als ob die neunziger Jahre mit den sich abzeichnenden Schwierigkeiten eine erneute persönliche Qualifikation der Gruppenleiter und eine Ausweitung des Lernens mit Gruppen erforderlich machen.

Das Handbuch für Gruppenleiter hat die Erfordernisse der achtziger Jahre vorweggenommen. Die Kombination verschiedener praktischer Konzepte hat sich ebenso bewährt wie die methodische Vielfalt der Interaktionsspiele. Von hier aus können wir weitergehen und uns dem prophetischen Werk von Milton H.Erickson zuwenden, um unsere Arbeitsweise vielfältiger und subtiler zu gestalten.

Ich hoffe, daß auch die fünfte Auflage vielen Praktikern und Kollegen Orientierung und Ermutigung geben wird.

Hamburg, im Juni 1988   Klaus W.Vopel

INHALTSVERZEICHNIS

Seite

Kapitel 1

LERNEN DURCH INTERAKTIONSSPIELE

In zunehmendem Maße werden sich Gruppenleiter heute der Tatsache bewußt, daß sie nicht damit auskommen, der Gruppe bei der Aufgabenerfüllung behilflich zu sein. Ganz gleich, wie die spezielle Aufgabe der Gruppe ist, ergeben sich in allen Gruppen Probleme im Zusammenhang mit der Motivation der Teilnehmer. (Will ich überhaupt engagiert mitarbeiten? Was gewinne ich durch meine Mitarbeit? Bringt die Mitarbeit mir Spaß? Werden wichtige Bedürfnisse meinerseits bei der Gruppenarbeit befriedigt?) Es ergeben sich weiter Probleme im Zusammenhang mit der Interaktion der Teilnehmer untereinander bzw. mit dem Gruppenleiter. (Komme ich hier genügend zu Wort? Fühle ich mich sicher genug, um auch unkonventionelle Beiträge zu machen? Werde ich von den anderen gehört? Kann ich dem Gruppenleiter vertrauen? Kann ich mich zugehörig fühlen? Wie attraktiv ist die Gruppe für mich? Ist die Mitgliedschaft so wichtig, daß ich bereit bin, mich wirklich zu engagieren?)

Wenn Gruppenleiter sich den Luxus erlauben, nur im Bereich der Gruppenaufgabe aktiv zu werden und die vielfältigen Bedürfnisse der Teilnehmer und die immer wieder durch unbefriedigte Bedürfnisse ausgelösten Spannungen zu ignorieren, dann wird er bald mit klassischen Störungen konfrontiert werden:

- Die Teilnehmer werden apathisch reagieren, indem sie nur das notwendige Minimum an Arbeitsenergie mobilisieren.
- Sie werden die Gruppe fraktionieren in Teilnehmer, die sich von einer Profilierung bestimmte Vorteile versprechen und in Teilnehmer, die sich eher als Mitläufer verhalten, weil sie von der Gruppensituation frustriert sind.
- Es werden Machtkämpfe zwischen besonders ehrgeizigen Teilnehmern stattfinden.
- Entscheidungen werden nur mit Mühe getroffen und ohne alle Teilnehmer zu überzeugen.
- Diskussionen dauern unverhältnismäßig lange und ermüden die Teilnehmer, weil Konflikte aus dem Interaktionsbereich nicht offen ausgesprochen, sondern in den Aufgabenbereich projiziert werden.
- Die Teilnehmer fühlen sich nicht ausreichend informiert und bekommen die Antworten auf wichtige sie betreffende Fragen nur durch eigene Vermutungen, Klatsch und Gerüchte.

So entsteht eine relativ distanzierte, lustlose oder pseudo-freundliche Gruppenatmosphäre. Die drohenden Zerfallssymptome kann der Gruppenleiter in diesem Fall nur durch Sanktionen, materielle Anreize und einen starken Druck kompensieren.

Ein wichtiges Hilfsmittel für Gruppenleiter aller Bereiche, die der Gruppe sowohl im Aufgabenbereich als auch im Hinteraktionsbereich behilflich sein wollen, sind Interaktionsspiele. Sie helfen dem Gruppenleiter und den Teilnehmern, Ansprüche, die sich aus der Gruppenaufgabe ergeben, mit den individuellen Bedürfnissen, die jeder Mensch hat, zu verbinden. Auf diese Weise werden Lern- und Arbeitsprozesse in der Gruppe persönlicher und produktiver. Der einzelne Teilnehmer kann seine intellektuellen Möglichkeiten ebenso ins Spiel bringen wie seine sozialen Fähigkeiten. Und der Gruppenleiter kann seine Energie darauf konzentrieren, die in der Gruppe vorhandenen Ressourcen zur Entfaltung zu bringen.

Heute werden Interaktionsspiele in zunehmendem Maße in allen Arten von Gruppen verwendet - bei der Ausbildung von Lehrern und Sozialpädagogen, in Schulklassen, bei Trainings im Rahmen von Organisationsentwicklung, bei Seminaren der Erwachsenenbildung, bei Encounterworkshops und in Therapiegruppen. Der Vorteil der Interaktionsspiele liegt vor allem in ihrer Anpassungsfähigkeit an praktisch alle Gruppensituationen und an viele Themen- und Problembereiche.

Alle möglichen privaten oder beruflichen Aktivitäten und Verhaltensbereiche können mit Hilfe von Interaktionsspielen simuliert und trainiert bzw. entwickelt und verfeinert werden: Kommunikationsfertigkeiten, Wahrnehmungsfähigkeit, Beziehungsklärung, Umgang mit eigenen und fremden Gefühlen, Persönlichkeitsentwicklung, Gruppenleitung, Lebensplanung, Kreativität und Phantasie, Entscheidungsprozesse, private und berufliche Rollen, Umgang mit Konflikten, Verhandlungen und Konsensusprozeduren, Zusammenarbeit, Wettbewerbsverhalten, Umgang mit Status und Macht, Planen und anderes mehr.

1.1   EINE ERSTE DEFINITION

Ein Interaktionsspiel ist eine Intervention des Gruppenleiters (oder eines Teilnehmers) in die gegenwärtige Gruppensituation, welche die Aktivität aller Gruppenmitglieder durch spezifische Spielregeln für eine begrenzte Zeit strukturiert, damit ein bestimmtes Lernziel erreicht wird.

Wenn der Gruppenleiter z.B. folgenden Vorschlag macht:,,Ich möchte, daß jeder von uns kurz sagt, welche Gedanken oder Gefühle er gerade hat'' (vgl. IAS Nr. 37), dann hat er ein Interaktionsspiel vorgeschlagen.

Häufig reproduzieren Interaktionsspiele auf vereinfachende Weise die Struktur wirklicher Lebens- und Gruppensituationen. Sie isolieren aus den komplexen Aspekten wirklicher intra- bzw. interpersoneller Situationen einige wichtige Elemente und stellen diese in den speziellen und ,,künstlichen'' Kontext eines durch die Spielregeln definierten Handlungsschemas. Auf diese Weise wird die intellektuelle und emotionale Energie der Teilnehmer auf e i n e n B r e n n p u n k t gerichtet. Die vereinfachte Welt der Interaktionsspiele ermöglicht den Teilnehmern, Strukturen und strukturelle Zusammenhänge besser zu erfahren und zu verstehen als in der eher unüberschaubaren Wirklichkeit. Sie können auf diese Weise wirksam und relativ risikofrei neue Verhaltensweisen lernen und mitgebrachte Einstellungen und Haltungen überprüfen.

Derartige Interventionen sind zum Teil unter anderen Begriffen bekannt: ,,Strukturierte Übungen'', ,,strukturierte Erfahrungen'', ,,Selbstkonfrontations-Experimente'', ,,Encounter-Spiele'', ,,Simulations-Spiele'', ,,Rollenspiele'' und ähnliche mehr. Ich habe den Begriff Interaktionsspiele gewählt, um zwei wesentliche Merkmale zu betonen: den Spielcharakter und das Moment der Interaktion.

Der Begriff ,,Spiel'' enthält für mich vor allem die Elemente von Neugier, Erprobung, Risikobereitschaft und Entdeckerfreude. Der Begriff ,,Interaktion'' beinhaltet für mich Kommunikation nach innen (verschiedene Teile meiner Person nehmen Kontakt miteinander auf, z.B. lasse ich meinen Ehrgeiz mit meinem Bedürfnis, geliebt zu werden, miteinander sprechen) und Kommunikation nach außen (ich spreche mit anderen).

1.2 URSPRUNG DER INTERAKTIONSSPIELE

Die meisten Leute denken bei dem Begriff „Spiel" vermutlich an die Zeit eigener Kinderspiele zurück oder an Unterhaltungsspiele für Erwachsene, die ihnen heute Freude bereiten. Daß Spiele auch für geplante Lernsituationen eine hervorragende Struktur abgeben, ist für viele immer noch ein erstaunlicher Gedanke. Dabei enthalten bereits Kinder- und Unterhaltungsspiele einige der entscheidenden Strukturelemente der Interaktionsspiele, nämlich

- einige R e g e l n u n d V o r s c h r i f t e n , die das Handeln der Spieler mehr oder weniger stark kanalisieren,
- eine S i m u l a t i o n d e r R e a l i t ä t durch ausgewählte Aktivitäten aus der sozialen Wirklichkeit, sowie
- S i c h e r h e i t s g a r a n t i e n für die Spieler: aus Spiel soll kein Ernst werden; daneben bieten sie
- genügend S p i e l r a u m für die Beteiligten, um im Rahmen der Regeln mit der eigenen Person und den Mitspielern zu experimentieren.

Im folgenden möchte ich auf einige Quellen hinweisen, welche die Entwicklung der Interaktionsspiele erklären, nämlich auf Unterhaltungsspiele, Kriegsspiele, ökonomische Spiele und therapeutische Spiele.

UNTERHALTUNGSSPIELE

Unterhaltungsspiele basieren in der Regel auf Aktivitäten, die in der wirklichen Welt und im täglichen Leben vorkommen. Das Spiel „Monopoly" beispielsweise , das während der Depression der dreißiger Jahre entwickelt wurde, reflektiert die Art und Weise, wie die meisten Amerikaner ökonomische Zusammenhänge sahen. Die Möglichkeit, im Spiel mit spekulativer Absicht Grundbesitz zu erwerben bzw. weiterzuveräussern und das zu einem Zeitpunkt, bei dem die meisten Spieler kein Geld hatten, tatsächlich Grundstücke zu kaufen, trug zu dem großen Erfolg des Spiels bei.
Das Vergnügen, das solche Unterhaltungsspiele gewähren, liegt in der Kombination von Realität und Unwirklichkeit. Die Spieler genießen die Möglichkeit, Ideen zu produzieren, miteinander zu verhandeln, Entscheidungen zu treffen etc. ohne konkrete Folgen fürchten zu müssen. Alles ist sicher. Das Schlimmste, das beim Monopoly passieren kann, ist, daß jemand in der Phantasiewelt des Spiels bankerott macht, ohne daß er jedoch seine tatsächlichen finanziellen Verhältnisse dadurch belastet. Das heißt: Die Sanktion für Fehler und Irrtümer besteht lediglich darin, daß der Spieler verliert und - je nach Temperament - enttäuscht oder ärgerlich reagiert.

KRIEGSSPIELE

Der harmlose Aspekt der Spiele führte zu ihrer Verwendung für ernste Zwecke in dem gefährlichsten Bereich überhaupt, dem Krieg. Im 19. Jahrhundert erkannten die Mitglieder des deutschen Generalstabs, daß Spiele ausgezeichnet dafür verwendet werden konnten, um militärische Situationen darzustellen und die sich aus ihnen ergebenden Probleme modellhaft zu lösen. Auf diese Weise konnten die Generalstäbler die bei wirklichen Manövern sich ergebenden Probleme von Logistik, Zeit und Geldbedarf ausklammern. In einem ersten Schritt analysierten sie den militärischen Konflikt, den sie durch ein Spiel darstellten. Spezifische Umstände, wie z.B. Marschgeschwindigkeit, Qualität der Bewaffnung etc. konnten durch Regeln im Spiel ausgedrückt werden. Kleine Figuren symbolisierten die verschiedenen Armeen , die dann über die Landkarte hin- und herbewegt wurden. Später wurden Sandkästen benutzt, um das Terrain noch deutlicher darzustellen. Diese Sandkastenspiele gaben den Offizieren „ungefährliche" Trainingsmöglichkeiten, militärische Situationen zu analysieren und ihre Entscheidungsfähigkeit weiter zu entwickeln.

ÖKONOMISCHE SPIELE

Nach dem zweiten Weltkrieg wurde die Technik der Lernspiele in einem anderen Bereich weiterentwickelt, in dem es ebenfalls hohe Risiken gibt, nämlich im Wirtschaftsbereich. Entscheidungsspiele bieten hier eine gute Möglichkeit, mit verschiedenen Entscheidungen und unter verschiedenen Bedingungen zu experimentieren. Ob ein Spieler in einem Entscheidungsmanöver eine konservative Lösung bevorzugt oder eine ganz neuartige: Die Resultate sind in jedem Fall harmlos; nichts wird verloren. Im Gegenteil: Die Spieler können wichtige Einsichten gewinnen. Sie können die Konsequenzen ihrer Beschlüsse beurteilen und das schon nach ein paar Stunden und nicht erst nach längerer Zeit.
Besonders auch für solche Situationen im Wirtschaftsbereich, bei denen soziale Interaktion eine Rolle spielt, eignen sich Spiele. Es ist für einen leitenden Angestellten sehr schwer, Personalführung oder Verhandlungsgeschick aus Büchern oder Vorlesungen zu lernen. Spiele bieten die Gelegenheit, praktisch etwas zu lernen, Fehler zu machen und das eigene Verhalten ohne Risiko für die Betroffenen besser zu verstehen und ggf. weiter zu entwickeln.

THERAPEUTISCHE SPIELE

Ebenfalls nach dem zweiten Weltkrieg wurden in einem ganz anderen Bereich Spiele entwickelt, nämlich auf dem Felde der Psychotherapie und der Sozialarbeit. Hier ging es darum, die Klienten in dem relativ sicheren Raum der Therapie für den Ernstfall der sozialen Realität üben zu lassen. Von den verschiedenen therapeutischen Richtungen ist inzwischen eine erstaunliche Vielfalt von Spielen entwickelt worden: um das Bewußtsein der Klienten für ihre eigenen Gefühle zu vertiefen, um den Klienten Gelegenheit zu geben, deutlicher wahrzunehmen, wie sich ihr Verhalten auf andere auswirkt; um das Ausdrücken von Gefühlen zu ermutigen; um die Entwicklung von Vertrauen und Intimität zu erleichtern; um Selbsterkenntnis zu verbessern; um die Fähigkeit, andere zu akzeptieren und zu verstehen, zu erweitern usw.
Einige Spiele in diesem Bereich sind inzwischen klassische Rituale geworden, die in derselben Form in Tausenden von Gruppen praktiziert werden. Andere Spiele werden so modifiziert, daß sie den besonderen Umständen einer Gruppe Rechnung tragen. Und unzählige Spiele werden überhaupt erst im Augenblick und aus der Gruppensituation heraus entwickelt, entweder durch den Gruppenleiter oder durch die Teilnehmer, um die besondere Lage eines oder mehrerer Teilnehmer zu berücksichtigen und um ihnen eine spezifische Lernmöglichkeit zu geben.
Die in den therapeutischen Spielen angewandten Verfahren sind unendlich vielfältig. Was ihre Intensität anbelangt, so reicht das Spektrum von Spielen, die die Teilnehmer miteinander im Partystil bekanntmachen bis zu therapeutischen Arrangements, die Gefühle einer Intensität freisetzen können, die den meisten Klienten vorher unglaublich erschienen wären. Manche dieser Spiele sind so wirksam und mächtig, daß sie nur von erfahrenen Therapeuten verwendet werden dürfen, andere sind so ungefährlich, dabei jedoch zugleich so nützlich, daß sie eigentlich in jeder Schulklasse angewandt werden sollten.

Die meisten der von uns veröffentlichten Interaktionsspiele stammen aus dem Bereich der therapeutischen Spiele bzw. sind in Analogie zu diesen entwickelt worden. Der

Grund dafür liegt in der Tatsache, daß im Bereich der Therapie der einzelne Teilnehmer ganzheitlich erfaßt wird, nämlich mit seinen Gefühlen und Gedanken, Wünschen und Befürchtungen, mit seiner Vergangenheit, Gegenwart und Zukunft. Dabei wurden von uns nur solche Spiele ausgewählt, die auch von einem nicht-therapeutisch ausgebildeten Gruppenleiter zu handhaben sind, die für die Teilnehmer zu einer vertretbaren Belastung führen und die gleichwohl wichtige Lernerfahrungen ermöglichen im Hinblick auf alltägliche Verhaltensweisen, innere Einstellungen und Haltungen. Insofern sind die Interaktionsspiele eher pädagogisch orientierte Lernsituationen, die der persönlichen und beruflichen Weiterentwicklung dienen und keine therapeutischen Maßnahmen, die die bedrohte psychische Existenz sichern sollen.

1.3   KLASSIFIZIERUNG

Meines Erachtens ist es sehr wichtig, daß der Gruppenleiter nicht nur naiv Interaktionsspiele anwendet, sondern daß er durchaus auch theoretische Konzepte benutzt, die ihm eine Kontrolle seiner Tätigkeit gestatten und die ihn auch in die Lage versetzen, mit Kollegen oder Teilnehmern wesentliche Aspekte seiner Tätigkeit zu diskutieren. Aus diesem Grund sollte der Gruppenleiter bei der Planung und Arbeit mit Interaktionsspielen die im folgenden genannten Klassifizierungsgesichtspunkte immer wieder heranziehen, um die speziellen Charakteristika eines gegebenen Interaktionsspiels genau zu ermitteln. Auf diese Weise kann der Gruppenleiter leichter mögliche Risiken für sich und für die Gruppe abschätzen.

ZIELE

Der meines Erachtens wichtigste Gesichtspunkt für die Klassifizierung ergibt sich aus der Frage: Wozu wähle ich ein Interaktionsspiel aus, welche Ziele verfolge ich dabei ? Ein Ziel kann z.B. sein, der Gruppe über die Schwierigkeiten des sich Kennenlernens in der Anfangsphase hinwegzuhelfen. Ein anderes Ziel kann es sein, spezifische Kommunikationsfertigkeiten mit der Gruppe zu trainieren bzw. der Gruppe behilflich zu sein, den konstruktiven Umgang mit Feedback zu erlernen.
Bei der Zusammenstellung und Ordnung der von uns herausgegebenen Interaktionsspiele haben wir diesen Klassifizierungsgesichtspunkt gewählt und in den einzelnen Kapiteln Interaktionsspiele zusammengestellt, die dem Gruppenleiter behilflich sind, bestimmte wichtige Standardziele zu verfolgen, die in den meisten Gruppen von Bedeutung sind, nämlich beispielsweise in der Anfangsphase einer Gruppe Angst abzubauen und den Teilnehmern das Bewußtsein zu vermitteln, akzeptiert zu sein; anschließend mit den Teilnehmern grundlegende Wahrnehmungs- und Kommunikationsfertigkeiten zu trainieren; bei Störungen den Teilnehmern behilflich zu sein, sich zu aktivieren etc. Hier ist allerdings noch anzumerken, daß viele Interaktionsspiele ganz unterschiedlichen Zielen dienen können. So wurde beispielsweise das Interaktionsspiel „Unbeliebte Person" (IAS Nr. 162) in das Kapitel mit der Zielrichtung „Aktivierung bei Müdigkeit und Unlust" aufgenommen. Mit ebenso großer Berechtigung kann ein Gruppenleiter dieses Experiment erproben, wenn er das Ziel verfolgt, Probleme im Zusammenhang mit Ärger und Aggressivität zu bearbeiten. So kann weiter das Interaktionsspiel „Vier Ecken" (IAS Nr. 94), das bei uns im Kapitel „Anfangsphase" erscheint, ebenso gut benutzt werden, um das Problem verschiedener Lebenswerte und Lebensstile zu

behandeln. In diesem Fall wird der Gruppenleiter einige Items auswechseln und natürlich die Auswertung sehr viel gründlicher und mit anderen Akzenten vornehmen.

FOKUS

Ein anderer wichtiger Gesichtspunkt für die Klassifizierung hängt mit der sozialen Situation zusammen, in der die Teilnehmer ein Interaktionsspiel erproben können. Einige Interaktionsspiele sind so angelegt, daß jeder Teilnehmer für sich ein bestimmtes Experiment erprobt. In anderen Interaktionsspielen experimentieren jeweils zwei Teilnehmer in einer Paarverbindung; in wieder anderen Experimenten arbeiten die Teilnehmer in Dreierkombinationen, in Quartetten bzw. in anderen Kleingruppen zusammen. Darüber hinaus gibt es Interaktionsspiele, die die gesamte Gruppe in gemeinsame Interaktion bringen. Andere Experimente sind schließlich so angelegt, daß verschiedene Kleingruppen miteinander interagieren, oder sie sorgen dafür, daß die Hälfte der Teilnehmer eine Aktivität ausführt, während die andere Hälfte als Beobachter zuschaut.

INTERVENTIONSTIEFE

Einige Interaktionsspiele beziehen sich lediglich auf sichtbares Verhalten (Oberflächenschicht), andere beziehen sich auf unsichtbare innere Prozesse (Tiefenschicht). Es ist wichtig zu verstehen, daß die Interventionstiefe noch keine Aussagen darüber zuläßt, wie stark die Belastung eines Experiments für die Teilnehmer ist. Je nach Charakterstruktur gibt es Gruppenmitglieder, für die Interaktionsspiele, die vorwiegend Verhalten der Oberflächenschicht ansprechen, ziemlich anstrengend sind, während sie mit Interaktionsspielen, die sich auf die Tiefenschicht beziehen, leichter zurechtkommen und umgekehrt.

BELASTUNG

Eine wichtige Frage ergibt sich im Zusammenhang mit dem Ausmaß an Streß, der für einzelne Teilnehmer oder für eine ganze Gruppe durch ein Interaktionsspiel ausgelöst wird. Wie später noch ausführlicher diskutiert werden wird, ist ein gewisser Streß für effektives Lernen unumgänglich, durch ihn werden festgelegte Verhaltensmuster aufgelockert, verfestigte Einstellungen und Haltungen aufgetaut und entwicklungsfähig. Wird andererseits der Streß in einer Lernsituation zu stark, dann blockiert die Angst das Lernen der Teilnehmer und stereotype Verhaltensweisen und Einstellungen werden sogar noch weiter zementiert.

Eine zutreffende Einschätzung über Belastung kann der Gruppenleiter nur unter Berücksichtigung der spezifischen Situation der Gruppe und der konkreten Persönlichkeitsstruktur der einzelnen Teilnehmer vornehmen. Ein Experiment, das z.B. in einer Gruppe von Psychologen eine optimale Lernherausforderung für die Teilnehmer darstellt, kann in einer Elterngruppe übergroße Unruhe und Angst auslösen.

ZEITDAUER

Aus pragmatischen Gründen ist die Zeitdauer, die für die Realisierung eines Interaktionsspiels und die anschließende Auswertung benötigt wird, ein weiteres wichtiges Klassifizierungsmerkmal. Zum Glück gibt es eine ganze Reihe von Interaktionsspielen, die einen äußerst geringen Zeitbedarf haben. Sie können von Gruppenleitern eingesetzt werden, die lediglich für kurze Arbeitsphasen mit ihrer Gruppe zusammen sind. Andere Interaktionsspiele benötigen sehr viel mehr Zeit, insbesondere auch für eine gründliche Auswertung, so daß diese nur dann benutzt werden dürfen, wenn Gruppenleiter und Teilnehmer nicht unter Zeitdruck stehen. Eine realistische Einschätzung des Zeitbedarfs, insbesondere auch für die Auswertungsphase, ist von großer Bedeutung für eine sachgerechte Arbeit mit Interaktionsspielen. Dabei ist es durchaus möglich, Teilnehmer und Gruppen so anzuleiten, daß sie allmählich so konzentriert arbeiten können, daß sie auch relativ komplexe Interaktionsspiele in begrenzter Zeit erproben und auswerten. Je mehr Zeit zur Verfügung steht, desto mehr tendieren viele Teilnehmer dazu, mit wichtigen Äußerungen zu warten und sie auf das Ende der Sitzung zu verschieben.

MEDIEN
Eine weitere Klassifizierungsmöglichkeit ergibt sich durch die Medien, die in der Experimentierphase verwendet werden. Es gibt verbale Interaktionsspiele, bei denen die Teilnehmer miteinander sprechen, und es gibt nonverbale Interaktionsspiele, bei denen die Teilnehmer sich mit Hilfe der Körpersprache ausdrücken. Schließlich gibt es noch weitere Medien, mit deren Hilfe sich die Teilnehmer verständigen, z.B. durch Malen, Geräusche und Töne, Anfertigen von dreidimensionalen Objekten, Schreiben etc. Die verschiedenen Medien sind vor allem deshalb für die Klassifizierung wichtig, weil ein gewisser Wechsel des Mediums die Lernbereitschaft der Teilnehmer günstig beeinflussen kann und ihre Neugier und Experimentierfreude lebendig hält. Von daher sollte der Gruppenleiter dafür sorgen, daß von Zeit zu Zeit ein Medienwechsel stattfindet.

STRUKTURIERUNGSGRAD
Einige Interaktionsspiele enthalten ein hohes Maß an Strukturierung, damit die Teilnehmer bestimmte Verhaltensweisen konzentriert üben und die im Zusammenhang damit auftretenden Gefühle und Einsichten ohne Ablenkung genau wahrnehmen können. Diese hohe Strukturierung soll ein Ausweichen der Teilnehmer erschweren. Dementsprechend fühlen sich manche Teilnehmer - insbesondere Neulinge - gegängelt und reagieren unwillig, wie gegen eine böse Autorität. Andere Teilnehmer erleben die hohe Strukturierung als Sicherheit, die einen Teil der Risiken bei freier Interaktion ausschaltet.
Andere Interaktionsspiele sind ganz minimal strukturiert, so daß es die Aufgabe der Teilnehmer wird, Strukturen für die Interaktion und für die Aufgabenbewältigung zu entwickeln. Je höher der Strukturierungsgrad eines Interaktionsspiels ist, desto wichtiger werden im übrigen die klaren, präzisen und zum richtigen Zeitpunkt gegebenen Instruktionen des Gruppenleiters.

GRUPPENGRÖSSE
Einige Interaktionsspiele können in beliebig großen Gruppen erprobt werden. So ist es beispielsweise ohne weiteres möglich, einige Paar- und Kleingruppenexperimente in einer großen Versammlung mit mehreren hundert Teilnehmern durchzuführen. Viele Interaktionsspiele sind jedoch auf die übersichtliche und intime Situation einer Gruppe von ca. 2o Teilnehmern angewiesen. Hier ist es wichtig, daß der Gruppenleiter daran denkt, daß die Gruppengröße allein ein relativ abstrakter Faktor ist. Es ist nützlich, die Gruppengröße psychologisch zu verstehen. Normal funktionierende Teilnehmer einer Organisationsgruppe können z.B. in einer Gruppe mit 3o Kollegen ohne Schwierigkeiten an Feedback-Experimenten teilnehmen, während die Patienten einer Therapiegruppe bereits bei normaler Kommunikation Schwierigkeiten haben, wenn die Gruppengröße 6 Teilnehmer übersteigt. Der Gruppenleiter muß also in jedem Fall differenziert einschätzen, wie sich die Gruppengröße auf die Risikobereitschaft und Belastungsfähigkeit seiner Teilnehmer auswirkt.

HERKUNFT
Eine mögliche Klassifizierung bietet die Herkunft eines Interaktionsspiels. Dieses relativ formale Kriterium gestattet interessierten Benutzern vor allem, sich mit der betref-

fenden psychologischen Richung und/oder Methode auseinanderzusetzen und in der einschlägigen Literatur weitere Informationen einzuholen. Die meisten der von uns veröffentlichten Interaktionsspiele kommen aus dem Bereich der humanistischen Psychologie, wo vor allem die Entwicklungsfähigkeit des einzelnen und seine Selbstverantwortung betont werden. Dazu gehören besonders Encountertechniken, Gestalttechniken, Familientherapie, Psychoimagination, Themenzentrierte Interaktion und Transaktionsanalyse.

PSYCHOLOGISCHE TECHNIKEN

Dieser Klassifizierungsgesichtspunkt ist für die Gruppenleiter besonders wichtig, die genauer verstehen wollen, auf welche Weise ein bestimmtes Interaktionsspiel funktioniert und die ggf. daran denken, solche Interaktionsspiele abzuwandeln bzw. neue zu entwickeln. Einige Experimente benutzen z.B. projektive Verfahren, bei denen der einzelne Teilnehmer Gefühle und Ideen, Wünsche und Befürchtungen, Erinnerungen und Hoffnungen überwiegend aus einer tieferen Bewußtseinsschicht aufsteigen läßt. Daneben gibt es Spiele, die ein bestimmtes Verhalten übertreiben, damit die Teilnehmer die psychischen Auswirkungen und sozialen Folgen bestimmter Verhaltensweisen besser erkennen können. Andere Experimente benutzen das Prinzip der Set - Breaking - Strategy, durch die ein Kontrast eingeführt wird. Hier werden die Teilnehmer aufgefordert, das Gegenteil von dem zu tun, was sie normalerweise praktizieren, damit sie ihren Verhaltensspielraum erweitern können. Dann gibt es die Technik des Rollenwechsels, bei der die Teilnehmer lernen, die Dinge von einem anderen psychologischen Standort zu betrachten, um mehr Verständnis für die Interaktionspartner zu entwickeln. Andere Interaktionsspiele benutzen die Technik der Identifikation, durch die die Teilnehmer in die Lage versetzt werden, wenig wahrgenommene Aspekte der eigenen Person oder eines Interaktionspartners kennenzulernen und psychologisch zu integrieren. Einige Interaktionsspiele arbeiten nach dem Prinzip der Systems - Games, wo die Teilnehmer nacheinander verschiedene Kommunikationsnormen praktizieren, um die Konsequenzen verschiedener unterschiedlicher Kommunikationsstile kennenzulernen. Schließlich gibt es Experimente, die diesen Ansatz umdrehen, damit die Teilnehmer herausfinden können, welche Kommunikations- und Verhaltensnormen überhaupt in der Gruppe wirksam sind.

ANFORDERUNGEN AN DEN GRUPPENLEITER

Natürlich kann man alle Interaktionsspiele unter dem Gesichtspunkt betrachten, wie weit sie die Bedürfnisse der Teilnehmer und ihre psychologische Situation und Belastbarkeit berücksichtigen. Zu wenig wird meines Erachtens die Frage gestellt, wie weit der Gruppenleiter selbst in der Lage ist, die Auswertung eines Interaktionsspiels zu moderieren, so daß die aufgetauchten Probleme und Einsichten, Gefühle und Erfahrungen sinnvoll verarbeitet werden können. Dabei muß die Arbeitsfähigkeit der Gruppe erhalten bleiben und der einzelne Teilnehmer soll individuell etwas profitieren können. Eine Reihe von Interaktionsspielen sind durchaus für die Hand solcher Gruppenleiter bestimmt, die selbst keine Erfahrung in interaktionellen Gruppen machen konnten. Andere Interaktionsspiele setzen voraus, daß der Gruppenleiter selbst als Teilnehmer ähnliche Lernerfahrungen gemacht hat, wie sie in dem betreffenden Interaktionsspiel vorkommen und daß er daraus konstruktiv gelernt hat.

Die kritische Selbsteinschätzung des Gruppenleiters ist ein wesentlicher Punkt für den Erfolg seiner Arbeit. Wenn ein Gruppenleiter den Text eines Interaktionsspiels liest und sich ernsthaft fragt, ob er für die Auswertung genügend qualifiziert ist, sollte er das Spiel zunächst liegenlassen bzw. es ganz experimentell mit Freunden oder Kollegen als Teilnehmer erproben. (Bei besonders anspruchsvollen Interaktionsspielen haben wir

vorbeugend entsprechende Hinweise in den von uns herausgegebenen Bänden gegeben.)
Andererseits sollten die eigenen Ansprüche an die Leitung der Auswertung nicht über-
tireben hoch sein. Wenn Gruppenleiter und Gruppe vor der Wahl stehen, Interaktionsprobleme traditionell zu ignorieren oder aber versuchsweise - und zum Teil vielleicht
auch ungeschickt - aufzugreifen und zu bearbeiten, dann spricht m.E. viel dafür, die
letzte Möglichkeit zu wählen. Insgesamt ist es gefährlicher, psychosoziale Probleme zu
verdrängen als sie laienhaft in Angriff zu nehmen.

INTERVENTIONSBREITE

Je weniger Erfahrung ein Gruppenleiter mitbringt, desto sicherer ist es für ihn und die
Gruppe, ein Interaktionsspiel mit a l l e n Teilnehmern zu erproben. In diesem Fall
experimentieren also alle Gruppenmitglieder simultan, wodurch einerseits die Gruppenkohäsion betont und gefördert wird, andererseits aber in Kauf genommen wird,
daß verschiedene Teilnehmer unterschiedliche Lernbereitschaften und Lernbedürfnisse
mitbringen, so daß die Wirksamkeit des Interaktionsspiels nicht von allen voll ausge-
schöpft wird. Das bedeutet, daß erfahrene Gruppenleiter bestimmte Interaktionsspiele
durchaus teilnehmerzentriert einsetzen können. In diesem Fall wird also nicht die ganze Gruppe aktiv; das hat den Vorteil, daß ein aktuelles Problem, das sich im Gruppenprozeß ergeben hat, mit adäquaten Mitteln von den betroffenen Teilnehmern bearbeitet wird. In der Regel ist der Lernerfolg hier besonders hoch.
Es sind dabei folgende Konstellationen denkbar: Ein einzelner Teilnehmer wird in
bezug auf die Gruppe aktiv bzw. die Gruppe wird in bezug auf einen einzelnen Teilnehmer aktiv; zwei Teilnehmer erproben ein Interaktionsspiel gemeinsam in der Mitte der
Gruppe, wobei die übrigen Teilnehmer als „griechischer Chor" agieren und im Anschluß an das Experiment ihre Beobachtungen mitteilen. Oder aber mehrere Teilnehmer erproben ein Interaktionsspiel und die übrigen übernehmen die Aufgabe des grie-
chischen Chores. Die teilnehmerzentrierte Anwendung von Interaktionsspielen bringt
sowohl für den Gruppenleiter als auch für die betroffenen Teilnehmer höhere Risiken
mit sich, so daß sich der Gruppenleiter hier sehr ernsthaft fragen muß, ob ihm seine Erfahrungen und das Vertrauen, das er in der Gruppe hat, ein solches Angebot an einzelne Teilnehmer gestatten. In jedem Fall sollte er den Angebotscharakter betonen und
den Teilnehmern das Recht einräumen, dieses Angebot abzulehnen.

ZEITPUNKT

Ein letzter Klassifizierungsgesichtspunkt ist der günstige Zeitpunkt für ein Interaktionsspiel. Einige Experimente kann man relativ früh erproben, andere relativ spät etc. Für
ungeübte Gruppenleiter besonders schwer einzuschätzen ist die Frage, wann ein gege-
benes Interaktionsspiel sinnvollerweise im Leben einer Gruppe erprobt werden kann.
Der Gruppenleiter muß zu einer Diagnose gelangen, wie die Gruppenentwicklung bisher verlaufen ist und an welcher Stelle die Gruppe gerade steht. Dazu kann ihm das
weiter unten ausführlich dargestellte Modell einer Gruppenentwicklung eine Orientier-
ungshilfe sein. Darüber hinaus muß sich der Gruppenleiter darüber klar sein, daß nicht
allein die Diagnose der Gruppenentwicklung, die Identifizierung bestimmter Probleme
einzelner Teilnehmer oder der ganzen Gruppe ausreichende Gesichtspunkte dafür geben, ein bestimmtes Interaktionsspiel vorzuschlagen. Häufig erkennt der Gruppenleiter
bestimmte Probleme schon sehr frühzeitig, die er jedoch - wenn er weise handelt - lediglich registriert und zu einem späteren Zeitpunkt aufgreift. Das gilt für alle Probleme,
deren offene Behandlung ein hohes Maß an Gruppenkohäsion , wechselseitiger Kenntnis und Vertrauens in der Gruppe und zum Gruppenleiter voraussetzen. Ein gutes Beispiel dafür sind Fragen, die sich im Zusammenhang mit Erotik und Sexualität ergeben,
aber auch Probleme aud dem Bereich Macht und Einfluß bzw. Konsensus und Ko-

operation. Daher wird der erfahrene Gruppenleiter Interaktionsspiele aus diesen Bereichen erst dann vorschlagen, wenn die Teilnehmer innerlich bereit und in der Lage sind, hier einzusteigen.

Dementsprechend sind die von uns veröffentlichen Interaktionsspiele in Kapiteln zusammengefaßt, deren Reihenfolge ganz grob der Entwicklung einer neu zusammengetretenen Gruppe folgt. Ganz klar ist die Indikation bei den Interaktionsspielen zur Anfangsphase. Diese Experimente eignen sich besonders, um die Teilnehmer miteinander bekannt zu machen und um sie für die gemeinsame Tätigkeit in der Gruppe „anzuwärmen". Das bedeutet natürlich nicht, daß einzelne Experimente nicht auch zu späteren Zeitpunkten sinnvoll verwendet werden können.

Die Interaktionsspiele zum Thema „Wahrnehmen und Kommunizieren" sind ebenfalls besonders sinnvoll im frühen Leben einer Gruppe, um die Teilnehmer kommunikationsfähiger und das Interaktionssystem der Gruppe insgesamt effektiver zu machen. Die einzelnen Interaktionsspiele zu dem Kapitel „Aktivierung bei Müdigkeit und Unlust" werden ebenfalls häufiger in der ersten Lebenshälfte einer Gruppe benötigt werden als später, da die Gruppenstruktur sich ja unter vielen Schwierigkeiten und Spannungen erst bilden muß. Andererseits bleibt eine Gruppe nie frei von Schwierigkeiten und Störungen, so daß diese Experimente auch später immer wieder herangezogen werden können. Die Interaktionsspiele zu dem Thema „Entwicklung von Vertrauen und Offenheit" sind gegen Ende des ersten Drittels der Gruppenentwicklung nutzbringend zu erproben. Sie bereiten in der Regel die Gruppe auf die Experimente unter dem Thema „Beziehungsklärung und Feedback" vor.

In der zweiten Lebenshälfte einer Gruppe können Interaktionsspiele zum Thema „Umgang mit Einfluß, Macht und Konkurrenz" am besten herangezogen werden, so daß nach Klärung der Schwierigkeiten in diesem Problembereich die komplizierten Prozesse von „Konsensus und Kooperation" mit Hilfe der entsprechenden Interaktionsspiele aufgegriffen und trainiert werden können. Ebenfalls erst in der zweiten Lebenshälfte einer Gruppe sollten Experimente aus den Kapiteln „Personal Growth" und „Rollen flexibler spielen" erprobt werden.

Bei natürlichen und bereits länger existierenden Gruppen gilt dasselbe Prinzip: Auch wenn die Gruppenentwicklung hier bereits weiter fortgeschritten ist, muß der Gruppenleiter darauf achten, daß die Teilnehmer über bestimmte Fertigkeiten bereits verfügen und daß bestimmte Probleme bereits gelöst sind, ehe kompliziertere Fertigkeiten und Schwierigkeiten bearbeitet werden.

1.4   DIE VIER SCHRITTE IN DER ARBEIT MIT INTERAKTIONSSPIELEN

Ich möchte mit einem Beispiel beginnen, um Ihnen zu zeigen, wie Sie vorgehen müssen, um ein Interaktionsspiel zu erproben. In der Anfangsphase einer Gruppe drücken Gruppenmitglieder ihre Gefühle oft indirekt durch Fragen aus, um das Risiko klarer Aussagen zu vermeiden. Es scheint so, als ob es in der Gruppe eine Norm gibt, die sagt:„Es ist nicht erlaubt, eigene Eindrücke, Reaktionen und Gefühle auszudrücken."

Oft stellen die Teilnehmer einander und dem Gruppenleiter Fragen (besonders oft Warum-Fragen): „Warum sind Sie in diese Gruppe gekommen?" - „Warum sagen Sie

mir das?" - „Warum leiten Sie diese Gruppe?" - „Warum sind Sie als Leiter nicht aktiver?" etc. Solche Fragen sind schwer zu beantworten, weil nie ganz klar ist, was der
Fragende will. Wünscht er nur eine Information ? Meldet er heimlich Kritik an ? Wenn
mir als Gruppenleiter zum Beispiel die Frage gestellt wird:„Warum leiten Sie diese
Gruppe?" - dann kann ich mir sehr unterschiedliche Motive des Fragenden vorstellen:
1. Er freut sich, daß ich da bin. 2. Er ärgert sich darüber, daß ich da bin. 3. Er will
herausfinden, wie weit meine Vorstellungen von den Zielen der Gruppe zu seinen eigenen passen etc. Auf jeden Fall läßt mich der Fragende im Unklaren darüber, was er in
Erfahrung bringen will. Und meine Bereitschaft zu einer offenen Antwort wird durch
die kommunikative Sparsamkeit meines Interviewers nicht gerade gefördert.
Fragen sind allen Gruppenleitern gut bekannte Kommunikationsmanöver, durch die
der Fragesteller es elegant vermeidet, eigene Aussagen, kritische oder negative, zu
machen. Wenn ein solches Kommunikationsverhalten von vielen Teilnehmern praktiziert wird, kann der Gruppenleiter davon ausgehen, daß es in der Gruppe eine stillschweigend eingeführte Norm gibt, die den Ausdruck kritischer oder negativer Gefühle
oder Reaktionen als unhöflich oder unvernünftig verbietet.

Um nun der Gruppe zu helfen, sich über die Konsequenzen einer solchen einschränkenden Norm klar zu werden, kann der Gruppenleiter zum Beispiel sagen:
> „Wir scheinen hier in der Gruppe unsere Gefühle eher in Form von Fragen auszu-
> drücken und weniger in Form von eigenen Aussagen. Vielleicht gibt es hier eine
> Norm, die den offenen Ausdruck negativer Reaktionen verbietet. Wie denkt ihr
> darüber?"

Wir haben damit eine Gruppenleiterintervention vorliegen, die in der Form einer vorsichtigen Interpretation gegeben wird.

Um dasselbe Gruppenproblem zu bearbeiten, kann der Gruppenleiter jedoch auch eine
andere Möglichkeit der Intervention wählen, die möglicherweise noch nützlicher ist als
die Interpretation, nämlich ein Interaktionsspiel. Hierbei braucht der Teilnehmer sich
nicht auf die Weisheit des Gruppenleiters zu verlassen, sondern er macht eigene Erfahrungen. Der Gruppenleiter kann in diesem Fall folgendes zu den Teilnehmern sagen:
> „Ich habe bemerkt, daß ihr sehr viele Fragen stellt. Ich möchte euch ein Inter-
> aktionsspiel vorschlagen, damit ihr euch klarer werdet über die Auswirkungen,die
> Fragen auf die Kommunikation haben. Ich möchte gern, daß wir alle in den fol-
> genden fünf Minuten nur dadurch kommunizieren, daß wir Fragen stellen.
> Irgendeiner wird anfangen, einem anderen Gruppenmitglied eine Frage zu stel-
> len. Sowie diese Frage gestellt ist, kann der Befragte seinerseits eine Frage an
> einen Teilnehmer richten usw. So geht das immer hin und her. Es ist jedoch
> nicht erlaubt, irgendeine der gestellten Fragen im Rahmen des Spiels zu beant-
> worten. Bedenkt auch, daß ihr nicht mehr als zweimal hintereinander derselben
> Person eine Frage stellen dürft. Auf diese Weise soll verhindert werden, daß sich
> die Interaktion für längere Zeit auf nur zwei Gruppenmitglieder konzentriert.
> Wer möchte anfangen?..."

Im Verlauf dieses auf nur fünf Minuten angelegten Interaktionsspiels ist es möglich,
daß das Spannungsniveau in der Gruppe ansteigt und daß sehr viele Themen angesprochen werden, die möglicherweise vorher verborgen waren. Durch die Häufung der
Fragen kann klar werden, daß die Fragen der Teilnehmer gleichzeitig Aussagen enthalten. Zusätzlich können die Teilnehmer bemerken, wie affektgeladen im Grunde Fragen
sind und daß insbesondere Warum-Fragen oft eine anklagende und negative Tendenz
enthalten. Nach fünf Minuten stoppt der Gruppenleiter das Spiel und sagt etwa:

Ich möchte euch jetzt dazu einladen, eure Reaktionen auf das Interaktionsspiel in der Gruppe mitzuteilen. Was habt ihr dabei entdeckt? Wie habt ihr euch dabei gefühlt? Wann fühltet ihr euch eher gleichgültig, wann eher an- oder aufgeregt? Was war leichter für euch: Fragen zu stellen oder gefragt zu werden? Welche Aussagen habt ihr in den Fragen hören können? Gab es jemanden, der überhaupt nicht oder seiner Meinung nach zu wenig gefragt wurde?"

In der jetzt einsetzenden Auswertungsdiskussion haben alle Teilnehmer Gelegenheit, sich ihrer Erfahrungen bewußt zu werden und dieselben in der Gruppe zu besprechen. Dabei werden sich Ähnlichkeiten herausstellen (,,Du reagierst also auch ängstlich, wenn dir jemand eine Warum-Frage stellt. Ein Glück, ich bin also nicht allein so empfindlich.") und ganz unterschiedliche, individuelle Reaktionen (,,Ich mußte plötzlich an meinen Vater denken, der mich nach meinem Mopeddiebstahl immer wieder anschrie:,Warum hast du das getan?' ")

Ich möchte jetzt das vorangegangene Beispiel benutzen, um Ihnen zu zeigen, welche Schritte ein Gruppenleiter unternehmen muß, um ein Interaktionsspiel mit der Gruppe zu erproben.

Schritt 1: ANALYSE DER GRUPPENSITUATION
Der Gruppenleiter muß die Situation und die Lernbedürfnisse der Teilnehmer analysieren, um herauszufinden, auf welche Weise er die Gruppe in ihrer Arbeit unterstützen kann. Am Anfang einer Gruppe kommt dem Leiter m.E. hier eine größere Verantwortung zu als später, wenn die Teilnehmer besser in der Lage sind, ihre eigene Situation zu verstehen und ggf. notwendige Lernschritte selbst zu planen. Auf jeden Fall muß der Gruppenleiter hier sehr sorgfältig vorgehen. Dabei kann er sich folgende Fragen stellen:

- Welche Verhaltensweisen sehe ich momentan in der Gruppe? (Viele Teilnehmer stellen immer wieder Fragen, die Interaktion ist ohne besonderes Engagement und defensiv. Die Leute sitzen steif auf ihren Stühlen...)
- Welche inneren Vorgänge entsprechen diesen Verhaltensweisen? (Vermutlich haben die Teilnehmer Angst, eigene gefühlsmäßige Reaktionen auszudrücken. Unter Umständen praktizieren sie das Ritual 'Tu ich dir nichts, tust du mir nichts'. Möglicherweise soll stillschweigend die Gruppennorm eingeführt werden: Hier wird keinem wehgetan...)
- Welche Konsequenzen hat das beobachtete Verhalten der Teilnehmer für die augenblickliche Gruppensituation und die weitere Entwicklung der Gruppe? (Die Kommunikation ist momentan formell und defensiv. Wenn ich als Gruppenleiter hier nicht rechtzeitig interveniere, könnte das ,,unser Stil" werden...)
- Was soll das Ziel für meine Intervention sein ? (Von den verschiedenen Interaktionsformen der Gruppe stören im Moment die vielen Fragen am meisten. Ich möchte, daß die Teilnehmer praktisch die Dynamik von Fragen erfahren, um anschließend ggf. weniger Fragen zu stellen und stattdessen häufiger Aussagen zu machen...)
- Welche psychologische Technik soll das Interaktionsspiel verwenden? (Ich entscheide mich für ein Interaktionsspiel, welches das unerwünschte Verhalten der Teilnehmer - nämlich ihre Fragerei - übertreibt. Alle Teilnehmer sollen fünf Minuten lang nur noch Fragen stellen. Auf diese

Weise werden die Gruppenmitglieder besser herausfinden, was hinter ihren Fragen steckt, nämlich Ängstlichkeit oder Ärger bzw. auch wirkliche Neugier und Interesse an neuen Menschen. Sie können bemerken, wie unbefriedigend es auf die Dauer ist, nur zu fragen, statt sich selbst klar und unmittelbar auszudrücken. Andererseits haben die Teilnehmer eine Chance, sich klar zu werden, daß ihre Fragen den anderen leicht in die Defensive drängen und verschlossen bzw. ärgerlich reagieren lassen..)

- Welchen Fokus wähle ich? (Ich verzichte auf ein Paarexperiment, da ich das Zusammengehörigkeitsgefühl in der gesamten Gruppe fördern will. Daher entscheide ich mich für ein Gruppenspiel, das alle gemeinsam beteiligt...)

- Welche Interventionstiefe hat das Interaktionsspiel? (Das Experiment bezieht sich lediglich auf sichtbares Verhalten. Dadurch ist in der Gruppe, die in diesem Fall keine besonderen Vorerfahrungen hat, eine gewisse Plausibilität eher gegeben, als wenn sich das Experiment gleich auf unsichtbare, innere Prozesse beziehen würde...)

- Wie belastend ist das Interaktionsspiel? (Ich denke, daß die Teilnehmer dieser Gruppe in der Lage sind, sich auf das Experiment einzulassen und daß sie genügend Feingefühl und Selbsterkenntnis mitbringen, um von diesem spezifischen Interaktionsspiel zu profitieren...)

In diesem Fall sind also eine Reihe der im vorigen Abschnitt diskutierten Klassifizierungsgesichtspunkte herangezogen worden, um sicherzustellen, daß das Interaktionsspiel auf nützliche Weise in die Gruppensituation paßt.

Schritt 2: EINFÜHRUNG DES INTERAKTIONSSPIELS

Sobald der Gruppenleiter sich entschlossen hat, der Gruppe ein bestimmtes Interaktionsspiel vorzuschlagen, hat er wiederum eine Hürde zu nehmen: Der Wortlaut der Instruktionen und die Haltung, mit der er sie gibt, entscheiden wesentlich über den Lernerfolg des Experiments. Daher sind die Instruktionen bei fast allen von uns veröffentlichten Interaktionsspielen im vollständigen, erprobten Wortlaut für Erwachsenen-Gruppen angegeben. Wenn keine triftigen Gegengründe vorliegen, sollte der unerfahrene Gruppenleiter diesen Wortlaut nicht abändern.
Insbesondere muß der Gruppenleiter auf folgendes achten:

- **Information über die Lernziele**
  Die meisten Gruppenteilnehmer fühlen sich sicherer, wenn sie im Umriß wissen, was das Motiv des Gruppenleiters ist, ein bestimmtes Interaktionsspiel vorzuschlagen. (,,Ich habe bemerkt, daß ihr sehr viele Fragen stellt.'') Der Gruppenleiter spricht also ein beobachtbares Verhalten der Teilnehmer an. Er kann auch Vermutungen über die innere Situation der Teilnehmer äußern. (,,Ich vermute, daß viele Teilnehmer noch Angst haben, offen über ihre Reaktionen auf andere Gruppenmitglieder oder auf mich zu sprechen.'') Nach dieser kurzen diagnostischen Mitteilung informiert er die Teilnehmer ebenfalls kurz darüber, in welchen Bereichen sie durch das geplante Interaktionsspiel etwas lernen können. (,,Ich möchte euch ein Interaktionsspiel vorschlagen, damit ihr euch klarer werden könnt über die Auswirkungen, die Fragen auf die Kommunikation haben.'')

- **Klare Instruktionen über den Ablauf**

Je plastischer , knapper und überzeugter der Gruppenleiter das Interaktionsspiel erklärt, desto eher werden die Teilnehmer in der Lage und bereit sein, engagiert mitzumachen. Jetzt sollten keine Erklärungen mehr abgegeben werden. Oft versuchen Gruppenmitglieder, ein geplantes Interaktionsspiel vorher zu analysieren und über Sinn und Zweck zu diskutieren. Auf diese Weise kann die Gruppe möglicherweise unbewußt verhindern wollen, daß ein bestimmtes Experiment erprobt wird. In einem solchen Fall kann der Gruppenleiter die Teilnehmer auffordern, das Interaktionsspiel zunächst auszuprobieren und erst hinterher über die Zweckmäßigkeit zu diskutieren. Wenn einzelne Teilnehmer dieses Risiko nicht eingehen wollen, haben sie selbstverständlich das Recht, aus der Beobachterperspektive dabei zu sein.

Wenn eine größere Anzahl von Teilnehmern sich nicht auf das Risiko eines Interaktionsspiels einlassen will, dann drücken sie mangelndes Vertrauen zum Gruppenleiter, zu Gruppe bzw. zu dieser Art des Lernens aus. Dann sollte der Gruppenleiter die Kooperationsstörung mit der Gruppe diskutieren und das Spiel zunächst fallenlassen.

- **Betonung des experimentellen Charakters**

Der Gruppenleiter kann durch einige Bemerkungen dazu beitragen, daß die Teilnehmer ihre Tendenz zur Selbstbeurteilung, Defensivität und Perfektionismus aufgeben, indem er etwa sagt:,,Versucht, die ganze Geschichte als Experiment und als Spiel zu sehen. Ich möchte, daß ihr einfach seht, was passiert, wenn ihr dieses Spiel ausprobiert. Strengt euch nicht besonders an, um irgendwelche Resultate zu erzielen und kümmert euch nicht darum, ob das, was ihr tut, richtig oder falsch, gut oder schlecht ist. Stellt einfach fest, wie ihr reagiert, welche Gedanken euch dabei kommen und was ihr empfindet...''

- **Klarer Führungsstil**

Manche Gruppenleiter praktizieren einen ungeeigneten Führungsstil bei der Arbeit mit Interaktionsspielen, indem sie ein pseudo-demokratisches Gehabe zeigen und quasi die Gruppe um Verzeihung bitten, daß sie einen Vorschlag machen. Wenn ich als Gruppenleiter ein Interaktionsspiel vorschlage, dann praktiziere ich einen relativ direktiven Führungsstil, den ich zu diesem Zeitpunkt bewußt wähle. Besonders in der Anfangsphase von Gruppen ist dieser Führungsstil zweckmäßig. Ich kann mich in späteren Phasen des Gruppenprozesses mehr zurückhalten und der Gruppe stärker die Initiative überlassen. Wenn ich also mit einer Gruppe zu arbeiten beginne, werde ich nicht fragen:,,Wollt ihr dieses Interaktionsspiel ausprobieren?'', sondern ich werde sagen: ,,Ich möchte euch dieses Interaktionsspiel vorschlagen.'' Die Frage, ob die Teilnehmer ein Interaktionsspiel ausprobieren wollen, setzt voraus, daß die Gruppe bereits in der Lage ist, eine so schwierige Aufgabe, wie es ein gemeinsamer Beschluß ist, überhaupt zu bewältigen. Mit einer solchen Frage forciert der Gruppenleiter das Konfliktpotential in der Gruppe und steigert die Angst der Teilnehmer.

Andererseits sollte der Gruppenleiter flexibel genug sein, seine Pläne zu ändern, wenn eine größere Anzahl von Teilnehmern s p o n t a n ein Experiment ablehnt und möglicherweise andere Vorschläge ins Gespräch bringt.

● **Betonung der Freiwilligkeit**

Kein Teilnehmer darf den Eindruck haben, daß er an einem gegebenen Interaktionsspiel teilnehmen m u ß. Das Recht des Teilnehmers auf jederzeitigen Rückzug ist die sinnvolle psychologische Ergänzung zu dem klaren Führungsstil des Gruppenleiters. Auf diese Weise kennt jeder Teilnehmer die klare Absicht des Gruppenleiters, der er selbst das eigene klare NEIN entgegensetzen kann. Der Gruppenleiter kann mit einer einzigen kurzen Bemerkung dieses Recht verankern, indem er z.B.sagt: „Es können immer wieder Situationen auftreten, wo ein einzelner den Eindruck hat: Ich möchte mir das nicht zumuten und nicht mitmachen. Jeder von euch hat ein feines, intuitives Gefühl für seine Belastbarkeit, und ich respektiere jedes Nein, weil ich dasselbe Recht auch für mich in Anspruch nehme."

Wenn der Gruppenleiter dieses Recht nicht ausdrücklich bekräftigt, können einzelne Teilnehmer die Gruppe als Gefängnis und die Vorschläge des Gruppenleiters als Zwangsmaßnahmen erleben und in innere Panik geraten.

Schritt 3: EXPERIMENTIERPHASE

In dieser Phase sorgt der Gruppenleiter dafür, daß die Teilnehmer die geplante Aktivität ausführen können und gibt ggf. weitere Instruktionen, klärt über mißverstandene Anweisungen auf und achtet darauf, daß die Zeiten und Spielregeln eingehalten werden. Schließlich beobachtet er aufmerksam, was die Teilnehmer tun. In der Regel sollte er sich nicht an dem Spiel beteiligen. Ausnahme: Am Anfang einer Gruppe kann er sich manchmal beteiligen, um den Teilnehmern etwas von ihrer Befangenheit zu nehmen.

Wenn sich der Gruppenleiter nicht beteiligt, kann die Gruppe unabhängiger von ihm werden, und er behält seine Unabhängigkeit und Übersicht über die Ereignisse.

Schritt 4: AUSWERTUNG

Während der Gruppenleiter in der Experimentierphase relativ stark in den Hintergrund treten kann, muß er in der anschließenden Auswertungsphase wieder aktiver werden und den Teilnehmern helfen, ihre Lernerfahrungen auszuwerten. Hier lassen sich folgende Aufgaben unterscheiden:

● **Anleitung zur Reflexion**

Nach Beendigung des Experiments sollte jeder Teilnehmer Gelegenheit haben, s c h w e i g e n d seine Erfahrungen zu überdenken. Diesen Prozeß individueller Reflexion erleichtert der Gruppenleiter durch geeignete Auswertungsfragen, die das Bewußtsein der Teilnehmer für verschiedene wichtige emotionale und intellektuelle Aspekte der Erfahrung sensibilisiert. „Was hast du dabei erfahren? Welche Empfindungen hattest du? Sind dir Verhaltensweisen bei dir aufgefallen, die du auch sonst praktizierst? Wie hast du auf das Verhalten anderer reagiert?" Erprobte und bewährte Fragen sind aus diesem Grund bei jedem der von uns veröffentlichten Interaktionsspiele angegeben. Insbesondere die Auswertungsgesichtspunkte für die abschließende Auswertung im Plenum enthalten eine Fülle von wichtigen Gesichtspunkten, die selbstverständlich noch erweitert werden können.

● **Ermunterung, die Erfahrungen mitzuteilen**
Nach der Selbstreflexion fordert der Gruppenleiter die Teilnehmer auf, entweder zunächst einem einzelnen oder einer Kleingruppe ihre Erfahrungen mitzuteilen oder aber gleich der ganzen Gruppe, indem er etwa sagt:,,Wer möchte uns etwas von seinen Erfahrungen mitteilen?'' Dabei ist es zunächst wichtig, daß jeder Gelegenheit hat, sich mitzuteilen und daß er auch verstanden wird. Um das sicherzustellen, muß der Gruppenleiter von vornherein genügend Zeit für die Auswertungsphase einplanen.

● **Hilfestellung, um die Erfahrungen zu verstehen**
In der Regel ist es außerordentlich nützlich, wenn der einzelne seine Erfahrungen selbst beschreibt und in einen psychologischen Bezugsrahmen stellt. Auf diese Weise wird sichergestellt, daß er mehr Verständnis für sein Verhalten entwickelt, weil er weiß, w a s und w i e er etwas tut. Er erfährt, welche Auswirkungen sein Verhalten auf andere Teilnehmer hat und kann sein Selbstkonzept mit seinem tatsächlichen Verhalten vergleichen und dieses modifizieren.
Die Hilfestellung des Gruppenleiters sollte in erster Linie darin bestehen, den einzelnen davon abzuhalten, als sein eigener schlechter Psychotherapeut aufzutreten und sein Verhalten zu begründen und zu rechtfertigen (,,Ich verhalte mich so, weil mein Vater immer...''). Stattdessen sollte der Gruppenleiter ihm helfen, sich klarer darüber zu werden, wie er sich in dem Experiment verhalten hat, wie er sich ggf. früher verhalten hat und welche gefühlsmäßigen und sozialen Konsequenzen sich daraus ergeben. Im Blick auf die Gruppe sollte der Gruppenleiter sicherstellen, daß niemand be- bzw. verurteilt wird und daß jeder, der es möchte, von anderen Feedback erhält. Darüber hinaus sollte der Gruppenleiter den einzelnen Teilnehmern seine eigenen Beobachtungen zur Verfügung stellen und - je nach persönlicher Kompetenz und Gruppensituation - mit einem vorsichtigen Interpretationsangebot zu weiteren Einsichten helfen.

● **Anregung, Erfahrungen mit der täglichen Lebenspraxis zu verbinden.**
Das ist ein außerordentlich wichtiger Punkt, der häufig vom Gruppenleiter übersehen wird. Die Teilnehmer kommen ja in eine Gruppe, um etwas für den privaten und beruflichen Alltag zu lernen, und dieser Transfer muß bereits in der Gruppe angebahnt werden. Nützlich sind hier Fragen wie:,,Was willst du mit diesen Erfahrungen für die Zukunft anfangen? Willst du daraus Konsequenzen ziehen? Wenn ja, welche? Was willst du ggf. anders machen? Wie kannst du dazu vorgehen?''

1.5 DIE MOTIVIERENDEN KRÄFTE DER INTERAKTIONSSPIELE

Unabhängig von dem spezifischen Zweck kann man jedes Interaktionsspiel als eine mehr oder weniger locker strukturierte L e r n situation betrachten, welche den Teilnehmern gestattet, neue Einsichten und Verhaltensweisen zu entwickeln. Das gilt für das Interaktionsspiel, das in einer Organisationsgruppe angewendet wird, um das Konzept des Feedback einzuführen, wie für ein Interaktionsspiel, das in einer Gruppe von

Sozialarbeitern erprobt wird, um die Dynamik von Konkurrenzsituationen zu erfahren, wie auch für ein Interaktionsspiel, das in einer Schulklasse bestimmte Kommunikationsstörungen bearbeiten soll.

Im Unterschied zu den konventionellen Lernverfahren, die nur die intellektuelle Einsicht der Lernenden ansprechen, beziehen Interaktionsspiele den ganzen Lernenden ein, seine Gedanken und seine Gefühle, seine Kenntnisse und seine Neugier, insbesondere auch seinen Spieltrieb.

Viele Menschen beneiden immer wieder die Ernsthaftigkeit und die Energie, mit der sich Kinder ihrem Spiel hingeben. Dabei können wir beobachten, daß Kinder die Regeln von Spielen viel bewußter einhalten als die Regeln, die beispielsweise in der Familie oder im Klassenzimmer gelten. Kinder, die Regeln beim Spiel brechen, werden von ihren Kameraden heftig angegriffen, während Schüler, die im Unterricht stören, in der Regel mit dem Verständnis ihrer Altersgenossen rechnen können. Die Teilnahme an einem Spiel bedingt immer die Anerkennung der Regeln. Die Welt des Spiels ist gleichzeitig eine magische Welt mit eigenen Gesetzen von Raum und Zeit und eigenen Standards über akzeptables Verhalten.

So wirksame Kräfte dürfen wir heute nicht mehr von Lernsituationen ausschließen, für die wir als Gruppenleiter verantwortlich sind. Während Erzieher oft ganz intuitiv das Engagement kleiner Kinder am Spiel fördern, ist es uns weitgehend noch nicht gelungen, das Spiel in anderen Bereichen als im Kindergarten - schon gar nicht als wesentliches Mittel in der Erwachsenenbildung - einzusetzen.

Die Entwicklung von Interaktionsspielen gibt Gruppenleitern in allen Bereichen die Möglichkeit, die psychologische Energie des Spiels für geplante Lernprozesse zu verwenden. Spiele können die Motivation der Teilnehmer erheblich stärken; sie helfen ihnen, komplexe Konzepte für individuelles Verhalten und gruppendynamische Prozesse leichter zu lernen und Verständnis für komplizierte Zusammenhänge zu gewinnen. Sie unterstützen die Teilnehmer in ihrer Sozialisation und Persönlichkeitsentwicklung und geben ihnen die Möglichkeit, verschiedene bereits vorhandene Einsichten, Fähigkeiten und Fertigkeiten zu testen, weiterzuentwickeln und zu integrieren. Die Verwendung von Interaktionsspielen gestattet es Gruppenleitern, ein breites Spektrum von Lernzielen im psychosozialen Bereich unter Berücksichtigung der kognitiven und affektiven Dimensionen wirksamer zu realisieren als das bei den meisten konventionellen Lerntechniken der Fall ist.

> Konventionelle Lerntechniken wären zum Beispiel folgende Maßnahmen: Einem Schüler ein Dreiminuten-Referat darüber zu halten, warum er nicht vorlaut sein soll; einem Psychologiestudenten einen mehrseitigen Aufsatz über die optimale Interviewtechnik lesen zu lassen; einer Gruppe von Managern einen Vortrag über die Standards moderner Personalführung zu halten; mit einer Elterngruppe über Autoritätsprobleme zu diskutieren.

In all diesen Fällen verläuft der Lernprozeß in erster Linie inhaltsbezogen und intellektuell. Die Teilnehmer betätigen mehr oder weniger ihren Computer und es ist sehr fraglich, wie viele der an und für sich nützlichen und richtigen Einsichten später für die Teilnehmer wirklich handlungsrelevant werden. Das bedeutet, daß z.B. die Eltern aus der Elterngruppe ihren Kindern nicht nur einige Ergebnisse aus der Diskussion rezitieren, sondern daß sie sich so verhalten können, daß sie von den Kindern als verständnisvolle und konstruktiv begrenzende Autorität erlebt werden, die gleichzeitig Wärme und Konfrontationsmöglichkeiten bieten.

Ich bin mir durchaus darüber klar, daß dieses Buch ebenfalls durch die Form der Präsentation zu den konventionellen Lerntechniken gehört. Die Gruppenleiter, die in einem Seminar mit mir gearbeitet haben, werden ihre Verhaltensweisen eher verändern können als Leser, die nur das Buch benutzen. Meine Hoffnung geht allerdings dahin, daß viele der Seminarteilnehmer ergänzende Impulse für ihre Arbeit aus diesem Buch erhalten und daß andererseits Leser motiviert werden, selbst interaktionelle Seminare als Teilnehmer zu besuchen.

Ein wesentlicher Grund für die Effektivität der Interaktionsspiele ist ihr Vermögen, die Teilnehmer zu motivieren und neugierig zu machen. Denn die große Hürde für jeden Gruppenleiter ist Apathie oder Widerstand aufseiten der Teilnehmer. Wenn diese Barrieren nicht überwunden werden, dann ist Lernen fast immer wirkungslos. Man kann ein Gedicht zwanzigmal lesen; wenn man kein Motiv hat, es zu verstehen, wird man hinterher nicht wissen, worum es geht. Man kann ein Buch über die optimale Kommunikation auswendig lernen; wenn man kein Motiv hat, die eigene Kommunikation zu verbessern, wird sich der Kommunikationsstil nicht verändern.

Welche spezifischen Aspekte der Interaktionsspiele motivieren nun die Teilnehmer ?

AKTIVE BETEILIGUNG

Normalerweise möchte jeder Mensch aktiv sein und an Aktivitäten einer Gruppe teilhaben, dazu beitragen, daß sich etwas e r e i g n e t . Leider sind viel zu viele Lernsituationen auf Passivität und Rezeptivität der Teilnehmer hin angelegt. Die Lernenden werden mit Informationen gefüttert, wobei es unerheblich ist, ob diese von Lehrern, Vorgesetzten, Ausbildern oder - im besten Fall - von diskutierenden Gruppenmitgliedern kommen. In all diesen Situationen wird ständige passive Aufmerksamkeit verlangt und vorausgesetzt.

Es ist kein Wunder, daß solche Lernsituationen langweilig sind und abstumpfend wirken. Sie lassen wenig Möglichkeiten für die Entfaltung der natürlichen Neugier und für das natürliche Aktivitätsbewußtsein der Teilnehmer. Wenn die Teilnehmer den Eindruck gewinnen, daß sie wenig Einfluß auf ihren Lernprozeß haben und daß sie bestimmte Dinge lernen sollen, dann ziehen sie sich leicht zurück und wenden alle Verteidigungsmechanismen an, um nicht manipuliert zu werden. Im Unterschied zu diesen eher manipulativen traditionellen Lernsituationen räumen Interaktionsspiele den Teilnehmern die Möglichkeit zur aktiven Beteiligung ein.

Die Teilnehmer können subtile eigene innere Prozesse kennenlernen und beobachten. Sie können ihre eigenen Gefühle ins Spiel bringen, mit anderen verbal und nonverbal kommunizieren, unterschiedliche Rollen spielen, sich körperlich bewegen, Beziehungen klären, Verhandlungen führen, sich auseinandersetzen, Entscheidungen treffen. Sie können ein breites Spektrum von Aktionen erproben, die alle bewirken, daß durch sie und mit ihnen in der Gruppe etwas geschieht. Sie bewirken selbst bestimmte Ereignisse; sie sind das Subjekt von Handlungen und nicht nur lebende Briefkästen für die didaktische Weisheit anderer.

FEEDBACK

Die Teilnehmer experimentieren nicht nur mit eigenem und fremdem Verhalten, sondern sie werden sich auch darüber klar, was und wie sie etwas getan haben. Sie verhalten sich in irgendeiner Weise und bekommen durch das eigene bewußte Erleben und vonseiten der anderen Beteiligten eine sofortige Rückmeldung. In ein- und derselben Lernsituation experimentieren die Teilnehmer und erfahren zugleich die Konsequenzen ihres Handelns und Verhaltens.

Durch das unmittelbar erfolgende Feedback ist ein wertvoller Verstärker des Lernens eingebaut.

Wichtig ist auch die Qualität des Feedbacks, das ein Lernender bekommt. In traditionellen Lernsituationen ist es sehr künstlich. Es kommt in Form einer Note oder als ein „Richtig" oder „Falsch" des Lehrenden. In einem Interaktionsspiel ist das Feedback nicht nur schnell da, es kommt auch ganz natürlich. Hier arbeitet die Struktur des Spiels für die Teilnehmer. Sie erfahren die Auswirkungen durch bewußtes Registrieren der eigenen Gefühle und Gedanken; sie hören von den Mitspielern, wie diese auf ihr Verhalten reagieren. Mein gesamtes Verhalten, verbale und nonverbale Signale, all das wird beachtet, so daß ich bei weiteren Verhaltensschritten die Reaktionen der anderen berücksichtigen kann. Ich kann auch an meinen eigenen Gefühlen bemerken, ob mir das, was ich tue, gefällt oder ob ich mich lieber anders verhalten möchte. Ich bin nicht mehr so abhängig davon, daß die Autorität des Lehrenden mich als „okay" einstuft. Es geht auch nicht mehr nur um richtige oder falsche Ergebnisse, sondern um recht differenzierte Reaktionen. Ironischerweise gibt es in der Laboratoriumswelt der Interaktionsspiele mehr realistisches Feedback als in der wirklichen Welt.

INHALTLICHE UND ZEITLICHE GRENZEN

Interaktionsspiele geben den Lernenden nicht nur die Möglichkeiten, aktiv zu werden und Feedback zu bekommen, sondern sie bieten immer auch ein spezifisches, experimentelles Ziel. Am Ende eines Interaktionsspiels gibt es die Auswertungsphase, in der reflektiert wird, was während des Experiments geschehen ist. Das Bewußtsein, ein Experiment definitiv abzuschließen, fehlt bei den meisten konventionellen Lernsituationen. Es gibt zwar beispielsweise am Ende einer Diskussion oder am Ende einer Schulstunde oder nach Abschluß eines Informationsgesprächs für die Teilnehmer auch das Gefühl, einen bestimmten Abschluß erreicht zu haben, aber in der Regel ist es eine sehr viel stärkere Erfahrung, ein Interaktionsspiel abzuschließen. Das hängt damit zusammen, daß das Interaktionsspiel genau definierte Grenzen zeitlicher und inhaltlicher Art hat, die eine gewisse Sicherheit gewähren.

Innerhalb dieser Grnzen finden Aktivitäten statt, die in der Regel so neuartig sind und durch die verwendeten psychologischen Techniken so überraschende Erfahrungen ermöglichen, daß das Ende eines Interaktionsspiels in vielen Fällen mit einem Aha-Erlebnis und dem Bewußtsein, sich angestrengt und verausgabt zu haben, abgeschlossen wird. Die Teilnehmer verspüren eine organische Erschöpfung, weil sie sich verausgabt haben, die eine ganz andere Qualität hat als die Müdigkeit, die durch Mangel an Aktivität und Frustration ausgelöst wird.

OFFENE ERGEBNISSE

Während die Ziele eines Interaktionsspiels klar sind, ist das Ergebnis völlig offen - das ist ein weiterer, sehr wichtiger Punkt. Niemand weiß, was bei einem Interaktionsspiel für ihn und die Gruppe herauskommt, welche Ergebnisse eintreten werden, wie die anderen Teilnehmer reagieren werden usw. Man kann ein und dasselbe Spiel wiederholen; in der Regel hat es immer einen ganz unterschiedlichen Ausgang, mit einem unterschiedlichen Interaktionsmuster und unterschiedlichen Erfahrungen. Die meisten Menschen werden in ihrer Initiative und Kreativität sehr gebremst, wenn sie wissen, daß sie etwas tun, dessen Ergebnis bereits von vornherein festliegt. Andererseits ist für die meisten Leute auch gar nichts Schreckliches dabei, wenn sie wissen, daß die Dinge offen sind. Im Gegenteil: Eine solche Offenheit gibt der Lernsituation einen gewissen dramatischen Akzent.

In einem Interaktionsspiel gibt es keine richtigen und falschen Lösungen. Die Wirklichkeit wird respektiert und über Zweckmäßigkeit und Unzweckmäßigkeit einer bestimmten Verhaltensweise entscheidet der einzelne selbst und kann dazu seine eigenen inneren Reaktionen und die Rückmeldungen der anderen Teilnehmer befragen.

In diesem Sinne unterscheiden sich Interaktionsspiele sehr von der klassischen Pädagogik. In der klassischen Pädagogik sagt der Lehrer zu seinem Schüler:„Du mußt immer die Wahrheit sagen, wenn du ein guter Schüler sein willst." Die Pädagogik der Interaktionsspiele überläßt es dem Teilnehmer, selbst zu dosieren, wie aufrichtig er sein will, um dann z.B. festzustellen, daß Unaufrichtigkeit sich in körperlichem Unbehagen ausdrückt und/oder in verschiedenen Reaktionen der anderen Teilnehmer, die von Gleichgültigkeit und Ärger bis zu Verständnis reichen können. Das heißt, daß es die Pädagogik der Interaktionsspiele dem Teilnehmer selbst überläßt, Standards zu definieren, an denen er die Zufriedenheit mit sich und seinem Verhalten messen kann.

INTERAKTION

Viele Interaktionsspiele machen sich Kräfte zunutze, die normalerweise als störend für Lernprozesse angesehen werden, z.B. Redefreudigkeit und die physische Aktivitätslust der Gruppenteilnehmer. In den meisten Gruppen erwarten die Leiter, daß die Teilnehmer still an Tischen sitzen, um sich ganz auf die Arbeit zu konzentrieren, so daß nur ein Minimum an Interaktion stattfindet. Bei den Interaktionsspielen werden häufig Arrangements benutzt, die sogar das Bewegungsbedürfnis der Teilnehmer berücksichtigen. Die Gruppenmitglieder können bei zahlreichen Experimenten im Raum umhergehen, verbalen und nonverbalen Kontakt herstellen und dabei körperliche Energien freisetzen. Auf diese Weise werden Kräfte, die sonst eher zu Ablenkungen und Störungen führen, dem Lernen konstruktiv zugeordnet.

Noch wichtiger ist die verbale Interaktion mit anderen Gruppenmitgliedern. Leute, die in einer Gruppe arbeiten, lernen besonders gut von anderen Teilnehmern und wahrscheinlich lernen sie auf diese Weise intensiver und motivierter, als wenn sie sich nur auf den Lehrenden konzentrieren. Bei wenigen anderen Lernstrategien wird die Interaktion mit anderen Lernenden so ermutigt. Das natürliche Kommunikationsbedürfnis der Lernenden wird in konventionellen Lernsituationen oft als Bedrohung der Arbeitsdisziplin gefürchtet. Demgegenüber benutzen Interaktionsspiele auch hier die natürlichen Bedürfnisse und Energien der Teilnehmer als Lernvehikel, anstatt sie mühsam und letztlich vergebens zu unterdrücken.

WETTBEWERB UND KOOPERATION

Eine Reihe von Interaktionsspielen enthalten Wettbewerbselemente. Damit berücksichtigen sie Bedürfnisse, die bei allen Lernenden vorhanden sind. Sie kanalisieren die Wettbewerbswünsche der Teilnehmer im Spiel und geben ihnen eine Möglichkeit zum offenen Ausdruck. So werden Energien respektiert, die sonst als latente Rivalität das Klima in einer Lerngruppe belasten können.

Die meisten Interaktionsspiele stärken jedoch den Sinn der Teilnehmer für Kooperation. Bei vielen Aktivitäten wird das Zusammenwirken von zwei Leuten, eines Teams oder der gesamten Gruppe gefordert. So wird der natürliche Wunsch der Teilnehmer nach konstruktiver Zusammenarbeit befriedigt.

GLEICHMÄSSIGE PARTIZIPATION

In vielen Lerngruppen gibt es einige Teilnehmer, die sich besonders hervortun und besonders brillant sind. Die anderen Gruppenmitglieder erwarten bereits, daß diese kleine Elite die besten Arbeitsergebnisse bringt, die klügsten Ideen produziert, die besten Arbeiten schreibt usw. Diejenigen, die nicht zur Spitze gehören, haben meistens die Hoffnung aufgegeben, auf ähnliche Weise erfolgreich sein zu können. Ihre begrenzten Erfolgserwartungen verstärken gleichzeitig ihre negativen Lernergebnisse.

Hier geben Interaktionsspiele eine neue Chance denjenigen, die normalerweise zu den weniger Erfolgreichen gehören. Für die erfolgsgewohnten Gruppenmitglieder gibt es hier keine Erfolgsgarantien, so daß die übrigen Lernenden wieder stärker aktiviert werden. Es gibt auch keine Monopolisierung der Gruppenarbeit durch die Leute mit den besseren Leistungen, da alle gleichzeitig beteiligt sind. Während in konventionellen

Lerngruppen die Normen für erfolgreiches Verhalten von der Elite internalisiert sind, gibt es etwas Ähnliches bei Interaktionsspielen nicht. Zustimmung und Anerkennung hängen nicht von Konformitätsregeln ab, die der Lehrende gesetzt hat, sondern unorthodoxes, spontanes Verhalten und phantasievolles Handeln erweisen sich als ebenbürtig und sogar als besser als das konventionelle Verhalten. Verbale Fertigkeiten, die normalerweise hauptsächlich für Erfolg bürgen, werden hier nicht ausschließlich honoriert. Soziale Kompetenz, Offenheit und Initiative, Mut und Einfühlungsvermögen gelten hier genauso viel. Die Lernenden begreifen das schnell und können ihre Aufmerksamkeit unbefangen auf das Experiment konzentrieren und nicht so sehr auf die Frage: Werde ich wieder Mißerfolg haben?

FASZINATION

Interaktionsspiele unterscheiden sich nicht nur von normalen Lernaktivitäten, sondern auch von den Aktivitäten des Alltags auf eine immer wieder überraschende Weise. Ihre zum Teil recht ausgefeilte Struktur beleuchtet alltägliche Zusammenhänge und Situationen oft auf eine so verblüffende Weise, daß die Lernenden wieder beginnen, über sich und die Welt zu staunen. Die vielen Aha-Erlebnisse der Teilnehmer gehören zu dem Besten, was dabei geschieht. Hier haben es jüngere Teilnehmer oft leichter als ältere. Erwachsene haben manchmal zunächst die Tendenz, den Laboratoriumscharakter der Interaktionsspiele als Künstlichkeit abzuwerten und sich etwas mehr zurückzuhalten; aber in der Regel wird auch hier bald das Kind im Erwachsenen mobilisiert, das Freude am Spiel hat und an der Erforschung eigener geheimer Möglichkeiten und Wünsche.

GRUPPENKOHÄSION

Konventionelle Lerntechniken sind oft nicht in der Lage, eine Gruppe von mehr oder weniger zufällig zusammengekommenen Teilnehmern zu einer wirklich kohäsiven Gruppe werden zu lassen. Hier liegt eine weitere Stärke der Interaktionsspiele. Je früher sie im Leben einer Gruppe erprobt werden, desto schneller wächst die Gruppe zusammen.

Der einzelne Lernende hat dabei das Sicherheit gewährende Bewußtsein, nicht nur als Auszubildender, als Mitarbeiter, als Träger einer bestimmten Rolle zur Gruppe zu gehören, sondern als P e r s o n. Er fühlt sich akzeptiert und schätzt daher auch seinerseits die übrigen Teilnehmer. Da sein grundlegendes Bedürfnis, dazuzugehören, befriedigt ist, kann er seine psychische und intellektuelle Energie für die Erreichung der Gruppenziele mobilisieren. Es gibt meines Erachtens kaum andere Verfahren, die einen derart wirksamen Beitrag zur Entwicklung einer kohäsiven Gruppe leisten wie die Interaktionsspiele.

ZURÜCKTRETEN DES LEITERS

Besonders in der Experimentierphase eines Interaktionsspiels tritt der Gruppenleiter stärker zurück als in anderen Lernverfahren, da er seine Steuerungsfunktionen für den Lernprozeß an das Arrangement und die Struktur des Spiels delegiert hat. Die Teilnehmer erfahren dabei das anregende und insgesamt stützende Potential der Gruppe und sie erleben, daß sie auch ohne unmittelbare Hilfestellung des Gruppenleiters wichtige Erfahrungen machen können. Dieser Umstand ist besonders für solche Gruppenmitglieder wichtig, die eine übermäßig abhängige oder gegenabhängige Einstellung zu Autoritäten in die Gruppe mitbringen.

In der Experimentierphase sind sie davon entlastet, sich Gedanken darüber zu machen, in welcher Weise der Gruppenleiter auf sie reagiert bzw. welche Empfindungen sie für den Gruppenleiter haben; sie sind viel stärker in dieser quasi leiterlosen Situation mit ihrer eigenen Autorität konfrontiert. Sie erleben ihre eigene Verantwortlichkeit für den

Ausgang eines Experiments.

Durch den Wechsel von gruppenzentrierten Lernsituationen (Experimentierphase) mit solchen Lernsituationen, in denen die Gruppe mit dem Leiter gemeinsam lernt (Auswertungsphase) bzw. mit leiterzentrierten Lernsituationen (Einführungsphase) können die Teilnehmer gut dosiert den konstruktiven Umgang mit der funktionalen Autorität des Gruppenleiters einüben.

Der klare Einfluß des Gruppenleiters in Einführungs- und Auswertungsphase gibt Sicherheit und die Möglichkeit zur Auseinandersetzung; der freiwillige Rücktritt des Leiters in der Experimentierphase zeigt symbolisch seine Bereitschaft, sich so weit wie möglich überflüssig zu machen und langfristig möglichst viel Einfluß und Entscheidungskompetenz an die Gruppe zu delegieren.

Damit die Vorteile der unterschiedlichen Gruppenleiter-Aktivitäten tatsächlich wirksam werden, ist es unbedingt notwendig, daß der Gruppenleiter von seiner eigenen Einstellung her dieses Wechselspiel bejaht und insgesamt das Ziel verfolgt, die Gruppe so unabhängig von sich zu machen, wie es für den spezifischen Charakter dieser Gruppe möglich ist.

ATTRAKTIVITÄT DES LEITERS

Teilnehmer schätzen in der Regel Leiter, die Inteaktionsspiele verwenden, mehr als die, die keinen Gebrauch davon machen. Das gilt auf jeden Fall für Trainingsgruppen, deren Mitglieder nur für eine begrenzte Zeit miteinander arbeiten. Hier wird der Gruppenleiter durch seine Verwendung von strukturierten Lernsituationen als besonders kompetent, verständnisvoll und attraktiv erlebt. Dieser Umstand läßt sich vermutlich dadurch erklären, daß der Gruppenleiter den Teilnehmern besonders in der Anfangsphase die Frustrationen erspart, die auftreten würden, wenn entweder ein autoritärer Führungsstil praktiziert würde, wo die Teilnehmer nach dem Gusto des Leiters lernen und arbeiten oder wenn ein Laissez-faire-Stil benutzt wird, wo die Teilnehmer nach dem Prinzip von trial-and-error lernen müßten. Außerdem drückt sich in der Wertschätzung des Gruppenleiters, der Interaktionsspiele verwendet, eine gewisse Dankbarkeit dafür aus, daß er den Teilnehmern das Gefühl von Wärme und Zugehörigkeit zur Gruppe vermittelt (vgl. die Ausführungen zur Gruppenkohäsion).

Vermutlich schätzen die Gruppenmitglieder auch so etwas wie die Innovationsbereitschaft des Gruppenleiters, der durch die Verwendung von Interaktionsspielen dokumentiert, daß er die traditionellen Gruppenleitermethoden kritisch sieht und mehr Wert darauf legt, das Arbeitsklima in der Gruppe zu individualisieren. Ohne Zweifel geht die Arbeit mit Interaktionsspielen auch an dem Gruppenleiter nicht spurlos vorbei, es sei denn, daß er rein mechanisch eine neue Lerntechnologie anwendet. In vielen Fällen wird er selbst mit mehr Interesse und persönlicher Beteiligung seine Aufgabe als Gruppenleiter wahrnehmen, und er wird seine eigene persönliche und professionelle Entwicklung neu bedenken und offener und neugieriger werden. Er wird selbst motiviert sein, dazuzulernen und nicht zuletzt in verschiedener Hinsicht auch von den Teilnehmern lernen. So kann der Gruppenleiter selbst einen Beitrag dazu liefern, seine Autorität menschlicher und unvollkommener zu erleben.

1.6 MÖGLICHKEITEN UND GRENZEN
BEI DER ARBEIT MIT INTERAKTIONSSPIELEN

Aus dem bisher Gesagten ist hoffentlich deutlich geworden, daß die Verwendung von Interaktionsspielen allein erfolgreiche Lernprozesse in Gruppen nicht garantieren kann, sondern daß eine Reihe von zusätzlichen Bedingungen gegeben sein müssen, um die in Aussicht gestellten günstigen Lernergebnisse herbeizuführen. Jeder, der mit Interaktionsspielen arbeiten will, muß sich in diesem Punkt sehr klar darüber sein, daß er hier Werkzeuge in der Hand hat, die er kritisch und vorsichtig einsetzen muß, damit sie nicht zu irrelevanter Gruppenaktivität bzw. auch zu schädlichen Ereignissen führen. Um hier das notwendige Problembewußtsein zu wecken, sollen in diesem Abschnitt die möglichen Vorteile der Interaktionsspiele den ebenso möglichen Nachteilen gegenübergestellt werden, so daß eine realistische Einschätzung des tatsächlichen Lernpotentials von Interaktionsspielen erleichtert wird.

Die radikalste Kritik an allen strukturierten Lernsituationen hat CH.ARGYRIS (1967) ausgedrückt, indem er die Hypothese formuliert, daß alle praeskriptiven Leiterinterventionen zu einem unproduktiven Lernklima und zu einem unstabilen Lerngewinn führen. Nach seiner Meinung wird nur dann dauerhaft gelernt, wenn der Betreffende selbständig und ohne fremde Hilfe Lernerfahrungen macht. Diese Position ist m.E. eindeutig überzeichnet, und man kann zu Recht darauf hinweisen, daß die relativ strukturlosen Lernverfahren, wie sie in klassisch-analytischen Gruppen, in der frühen T-Gruppe bzw. in minimal strukturierten Organisations-Laboratorien praktiziert wurden, außerordentlich viel Zeit verbraucht haben, die Teilnehmer stark belasteten und häufig zu nur bescheidenen Lernerfahrungen führten.
Argyris' Kritik hat allerdings zu Recht darauf aufmerksam gemacht, daß der größte Vorteil der Interaktionsspiele - nämlich eine differenzierte Struktur - auch den potentiell größten Nachteil mit sich bringen kann - nämlich eine dem Lernen abträgliche Überorganisation der Lernsituation. Lernen bedeutet immer auch, Ordnung in die potentiell als chaotisch erfahrene innere und äußere Welt zu bringen. Wenn der Lernende zu wenig Anleitung bekommt, dann wird er von der Strukturlosigkeit seiner Umgebung überwältigt. Dieser Sachverhalt zeigt sich am stärksten im Schicksal von Kindern, die ohne sprachlichen Kontakt aufwachsen und dadurch sogar in ihrer biologischen Existenz bedroht werden.
Wenn der Lernende dagegen zuviel Anleitung bekommt, dann wird er durch die aufgezwungene Struktur erdrückt. Diesen Sachverhalt kennen eigentlich alle von uns in mehr oder weniger ausgeprägtem Maße, wenn wir an die vielen Ge- und Verbote unserer Eltern denken, die wir als kleine Kinder in uns aufgenommen haben, um den Schutz der Eltern nicht zu verlieren. Je mehr unverdaute und vor allem je mehr unverdauliche Normen ein einzelner internalisiert hat, desto bedrückter und eingeschränkter geht er durchs Leben.

Wir können also festhalten, daß Interaktionsspiele in einem solchen Ausmaß und auf eine solche Weise vom Gruppenleiter gebraucht werden müssen, daß genügend freie Interaktion zwischen den Teilnehmern - und im Verlauf des Gruppenlebens in zunehmendem Maße - stattfinden kann und daß der einzelne das Bewußtsein seiner Selbstverantwortlichkeit und seiner Kompetenz vertiefen und entsprechend verantwortlich handeln kann.

MÖGLICHE VORTEILE

Nach dieser grundsätzlichen Vorüberlegung sollen die möglichen Vorteile der Interaktionsspiele einmal zusammenhängend in Form von Hypothesen aufgezählt werden.

- Interaktionsspiele können zum Lernen auf intrinsische Weise motivieren. Sie wecken die Neugier des Teilnehmers und seinen Spaß am erfahrungsbezogenen Lernen überhaupt, sowie sein Interesse an psycho-sozialen Zusammenhängen im Besonderen.

- Interaktionsspiele können zu einem Ausgleich zwischen dominanten und weniger aktiven Teilnehmern führen, indem sie die Beteiligung einer ursprünglich passiven Untergruppe anregen.

- Sie erleichtern die Einführung neuer Kommunikations- und Verhaltensnormen, die in der alltäglichen Kultur stärker vermieden oder tabuisiert sind. Auf diese Weise helfen sie, das Gruppenleben von der Kultur der Außenwelt zu differenzieren, um später selektiv bestimmte, getestete Verhaltensnormen in die Alltagswelt einzuführen.

- Interaktionsspiele geben dem Lernenden eine Hilfe, die eigenen Existenzbedingungen auf ganzheitliche Weise zu sehen. Er kann dann die Komplexität und den Zusammenhang psychischer, sozialer und organisatorischer Prozesse besser verstehen und mit ihnen aktiv umgehen lernen.

- Interaktionsspiele regen die Teilnehmer an, bestimmte psychosoziale Fertigkeiten zu trainieren, nämlich differenziert wahrzunehmen, offen zu kommunizieren, Forderungen zu stellen, Entscheidungen zu treffen, anderen zu helfen, zu kooperieren, selbst Hilfsmöglichkeiten zu suchen, Widerstandskraft und persönliche Verantwortung zu entwickeln.

- Interaktionsspiele können im günstigen Fall auch die Einstellungen der Teilnehmer verändern. Sie bekommen unter Umständen ein Gefühl dafür, daß das Leben viel komplexer ist als sie es bisher angenommen haben. Sie werden toleranter für andere Meinungen und Wertvorstellungen. Vielleicht verändert sich auch ihr Selbstkonzept, daß sie mehr und effektiver lernen können und daß sie selbst etwas Wichtiges beizutragen haben in ihrer Gruppe, ihrem Beruf, in der Gesellschaft.

- Interaktionsspiele können den Teilnehmern auch einen realistischen Ansatz für erfahrungsbezogene und gefühlsverankerte Konzepte und Wertvorstellungen geben, die menschliches Verhalten und Handeln klären und erklären. Die meisten Menschen haben ohnehin eine Art Persönlichkeits- und Sozialtheorie des Alltagslebens, die in vielen Fällen jedoch unzweckmäßig und lernhemmend ist. Durch die Teilnahme an Interaktionsspielen können sie diese persönlichen Anschauungen überprüfen und ggf. revidieren.

- Interaktionsspiele können die Persönlichkeitsentwicklung der Teilnehmer fördern. Sie können im besten Fall ein andauerndes Interesse an der eigenen Entwicklung und an der Entfaltung ihres gesamten menschlichen Potentials gewinnen.

- Interaktionsspiele reduzieren besonders in der Anfangsphase einer Gruppe die Angst der Teilnehmer und erleichtern die Bildung einer kohäsiven Gruppe.

- Interaktionsspiele können zu einem Zeitgewinn führen, da das Lernen nach dem Prinzip von trial-and-error stärker eingeschränkt wird. Sie tragen damit zur Ökonomie geplanter Lernprozesse bei.

- Interaktionsspiele entlasten von einigen Abwehrmechanismen, da die Strukturen der Spiele und die mitgelieferten Handlungsanweisungen das Ausprobieren auch schwieriger Verhaltensweisen legitimieren.
- Interaktionsspiele können zu einer positiven Einstellung dem Gruppenleiter gegenüber führen und zu einer konstruktiven Auseinandersetzung mit seiner Autorität.
- Interaktionsspiele können die Teilnehmer anregen, die in ihnen angewendeten Lernmechanismen zu erkennen, zu verstehen und zu beurteilen. Sie können auf diese Weise später selbst in der Lage sein, Interaktionsspiele in bestimmten Situationen in der Gruppe vorzuschlagen bzw. selbst neue Interaktionsspiele zu entwickeln.
- Interaktionsspiele können in großen Gruppen eingesetzt werden, wo andere Lernverfahren nur informative Prozesse ermöglichen.
- In natürlichen, aufgabenorientierten Gruppen bieten Interaktionsspiele die wirksamste Möglichkeit, die soziale Struktur relativ schnell transparent zu machen und zu humanisieren.
- Interaktionsspiele ermöglichen den Teilnehmern in allen Gruppen, die wesentlichen Probleme und Störungen zu bearbeiten, die sich im Zusammenhang mit der sozialen Struktur der Gruppe, den unterschiedlichen Bedürfnissen der Teilnehmer und im Zusammenhang mit der Aufgabenbewältigung und den unterschiedlichen Arbeitsauffassungen und -stilen der Teilnehmer ergeben.

MÖGLICHE GEFAHREN

Unter bestimmten Umständen kann die Verwendung von Interaktionsspielen unproduktiv oder auch sogar gefährlich sein. Das ist vor allem dann der Fall,

- wenn der Gruppenleiter keine geeignete Theorie über Lernprozesse und über die Arbeit mit Interaktionsspielen hat,
- wenn der Gruppenleiter sich nicht bewußt ist, aus welchen Motiven heraus er Interaktionsspiele verwendet,
- wenn der Bezug zu der Alltagsrealität fehlt, eine Gefahr, die vor allem in Gruppen besteht, deren Teilnehmer nur für eine kurze Zeit zusammenarbeiten,
- wenn kognitive Komponenten und insbesondere eine sorgfältige Auswertung zu kurz kommen oder sogar fehlen,
- wenn sich der Gruppenleiter hinter Interaktionsspielen versteckt und den Teilnehmern keine Gelegenheit gibt, sich mit seinem gesamten Verhalten und mit seinen Ansichten auseinanderzusetzen,
- wenn der Gruppenleiter laufend Interaktionsspiele praktiziert und damit die natürliche Dynamik des Gruppenprozesses überdeckt bzw. gewaltsam in eine Richtung lenkt, die ihm Vorteile bringt. In diesem Fall kann man davon sprechen, daß der Gruppenleiter die Interaktionsspiele zur Abwehr eigener Ängste und Befürchtungen einsetzt.
- wenn der Gruppenleiter die Teilnehmer nicht über die Ziele der Interaktionsspiele informiert und sie nicht zunehmend in eine gemeinsame Aufgaben- und Entwicklungsplanung einbezieht.
- wenn der Gruppenleiter Interaktionsspiele ohne Bezug zur konkreten Gruppensituation einsetzt, so daß das einzelne Experiment entweder zu wenig oder zu viel Anregung bietet,
- vor allem, wenn der Gruppenleiter nonverbale Experimente ohne Takt-

gefühl verwendet, so daß - insbesondere bei Interaktionsspielen, die den Ausdruck psychischer Nähe gestatten - die Teilnehmer verführt werden, Spontaneität und Intimität vorzutäuschen (in diesem Fall besteht die Gefahr, daß die Teilnehmer ein neues soziales Fassadenverhalten übernehmen, das genauso unangenehm ist wie die übliche kulturelle Distanziertheit),

● wenn einzelne Teilnehmer gezwungen werden, sich an Interaktionsspielen zu beteiligen.

Den möglichen Vorteilen der Interaktionsspiele steht also eine Reihe sehr ernstzunehmender potentieller Nachteile gegenüber, die jedoch alle unter gewissen Bedingungen eingeschränkt oder vermieden werden können.

Den einfachsten Nachweis für die Lernwirksamkeit von Interaktionsspielen haben Versuche mit leiterlosen Gruppen erbracht, wo die Gruppenaktivität durch eine sorgfältig geplante Reihe von Interaktionsspielen strukturiert wurde (vgl.B.BERZON,1966f., K.W.VOPEL,R.KIRSTEN, 1974). Andererseits gibt es genügend Belege dafür, daß die Verwendung von Interaktionsspielen in geleiteten Gruppen zu keinem Lerngewinn oder sogar zu Nachteilen führte (vgl. LIBERMAN,YALOM,MILES, 1973; LEVIN, KURTZ, 1974). Die entscheidenden Bedingungen für ein erfolgreiches Arbeiten mit Interaktionsspielen lassen sich nicht allein aus der Theorie dieses bestimmten Lernverfahrens und der Beachtung bestimmter Anwendungsprinzipien ableiten. Sie liegen vielmehr in einer Reihe weiterer Faktoren, die für jedes Gruppenverfahren wichtig sind. Diese Faktoren hängen mit der Person des Gruppenleiters zusammen, mit der sozialen Struktur der Gruppe, mit der Gruppenaufgabe und der Beziehung der Gruppe zur Umwelt. Ich halte es daher für sehr wichtig, daß jeder Gruppenleiter sich mit den Problemen beschäftigt, die sich im Zusammenhang mit diesen Faktoren ergeben. Er wird dann eher in der Lage sein, Gruppen und ihre Entwicklung besser zu verstehen; er wird die verschiedenen Probleme und Schwierigkeiten, die in allen Gruppen immer wieder auftreten, klarer erkennen und akzeptieren können; er wird die Ansprüche, die die Teilnehmer an ihn haben, deutlicher wahrnehmen und besser erfüllen können.

Aus diesem Grund sollen in den folgenden Kapiteln wichtige Zusammenhänge beleuchtet werden, die zwischen den verschiedenen Faktoren im Gruppenprozeß bestehen.

Ich bin mir dabei der Tatsache bewußt, daß Leser, die selbst nie an einem interaktionellen Seminar teilnahmen, Schwierigkeiten haben werden, bestimmte Dinge voll zu verstehen. Andererseits hoffe ich, daß die Leser mit eigenen Seminarerfahrungen als Teilnehmer durch die folgenden Ausführungen einen Teil ihrer Erfahrungen besser verstehen und klarere Vorstellungen und Orientierungsmöglichkeiten für künftige Gruppenaktivitäten finden.

Kapitel 2

PSYCHOSOZIALES LERNEN IN DER GRUPPE

Psychosoziales Lernen findet in den verschiedensten Gruppen statt. Es beginnt in der Familie, setzt sich fort in der Schule, auf Kinderspielplätzen, in verschiedenen Ausbildungssituationen etc. In den genannten Gruppen ereignet sich psychosoziales Lernen in der Regel entweder spontan oder nach bestimmten kulturellen und sozialen Mustern. Die Lernenden sind sich dabei in der Regel nicht bewußt, daß und auf welche Weise sie im Hinblick auf Verhaltensweisen, Einstellungen und Haltungen lernen. Ausdrückliche Kommunikation über den Prozeß psychosozialen Lernens wird in den meisten Fällen erst in interaktionellen Gruppen geübt, in denen die Interaktion verschiedener Persönlichkeitsaspekte des einzelnen bzw. die soziale Interaktion zwischen den Teilnehmern häufiger zum Thema wird.

Das ist in höchstem Maße der Fall in Gruppen, die der Persönlichkeitsentwicklung dienen, wie z.B. Encountergruppen, wo die Teilnehmer daran arbeiten, ihr gefühlsmäßiges und soziales Potential weiter auszudehnen; das ist weiter der Fall in Beratungsgruppen, wo z.B. Eltern an ihren eigenen Kommunikationsproblemen und an Familienschwierigkeiten arbeiten können; das kann aber ebensogut der Fall sein in einer Schulklasse, wo der Lehrer seine Aufgabe auch darin sieht, mit den Schülern an Beziehungsschwierigkeiten zu arbeiten, wie in einer Organisationsgruppe, die für ein Teamtraining in ein Seminar geht.

Es liegt auf der Hand, daß interaktionelle Gruppen, deren ausschließliche Aufgabe die Arbeit am Thema der Interaktion ist, wie das zum Beispiel in Trainings-, Encounter- und Beratungsgruppen der Fall ist, in konzentrierterer Weise psychosoziales Lernen ermöglichen können als natürliche interaktionelle Gruppen, deren Ziel die Erfüllung bestimmter Arbeits- bzw. Lernaufträge ist, und die nur teilweise an den eigenen Interaktionsproblemen arbeiten können, wie zum Beispiel in der oben angeführten Schulklasse.
Wenn im folgenden von psychosozialem Lernen in Gruppen die Rede ist, dann denke ich dabei an interaktionelle Gruppen, deren einzige Aufgabe Lernen im Bereich von Interaktion, Kommunikation und Kooperation ist. Gleichzeitig kann man jedoch annehmen, daß die dabei angesprochenen strukturellen Zusammenhänge für alle interaktionellen Gruppen gelten, das heißt auch für solche Gruppen, die nur einen Teil der Zeit für psychosoziales Lernen erübrigen.

Jeder Mensch ist in einem gewissen Ausmaß für die Erfahrungen verantwortlich, die er in seinem Leben macht und seine Verhaltensweisen beruhen - wenigstens zum Teil - auf freien Entscheidungen. Auch in einer Gruppe macht er bestimmte soziale Erfahrungen dadurch, daß er seinen Lebensstil und seine Verhaltensmuster, die er auch sonst außerhalb der Gruppe zeigt, reproduziert.
In einer interaktionellen Gruppe kann sich der einzelne stärker bewußt werden, wie er sich tatsächlich verhält bei Kommunikation und sozialer Interaktion. Durch das Feedback anderer Teilnehmer kann er sich mehr bewußt werden, was er tut, und er kann sich mehr auf die Auswirkungen seiner spezifischen Verhaltensweisen und Transaktionen konzentrieren und sie klarer erkennen. Damit solche Lernprozesse , die im Alltag

ja eher zufällig und über weite Zeiträume verteilt, auftreten, den einzelnen Teilnehmer nicht überwältigen, müssen Gruppenleiter und Teilnehmer das Verhalten jedes einzelnen Mitglieds zu verstehen suchen, indem sie sich fragen, wie weit seine grundlegenden sozialen und emotionalen Sicherheitsbedürfnisse erfüllt werden. Die spezifischen Bedürfnisse nach Identität und Zugehörigkeit des einzelnen müssen ebenso berücksichtigt und respektiert werden wie sein System von Werthaltungen, Einstellungen etc., das er schon zur Gruppe mitbringt. Dann kann der einzelne Teilnehmer seine Annahmen über das Selbst und über seine Interaktionspartner überprüfen und mit denen anderer vergleichen.

2.1   LERNZIELE

Im folgenden möchte ich die wichtigsten Lernziele kurz anführen, die in jeder interaktionellen Gruppe angestrebt werden sollten. Sie bilden die Standardziele der meisten Gruppen-Lernverfahren, die eine Integration kognitiven und emotionalen Lernens bewirken wollen.

SENSIBILISIERUNG DER WAHRNEHMUNGSFÄHIGKEIT

Hierunter verstehe ich, daß der einzelne seine eigenen sinnlichen Wahrnehmungen, Gefühle, Gedanken, Ideen, Phantasien, Wünsche, Befürchtungen und Bedürfnisse differenzierter und umfassender wahrnimmt und daß er gleichzeitig eine größere Offenheit für Gefühle und Gedanken anderer in seiner Umgebung entwickelt. Sensibilisierung der Wahrnehmungsfähigkeit ist ein Prozeß, dessen wichtigstes Ziel darin besteht, das eigene Selbst und das Selbst anderer präziser zu erfassen.

VERTIEFUNG DER SELBSTVERANTWORTLICHKEIT

Hiermit ist eine wichtige innere Einstellung angesprochen, nämlich die Bereitschaft, das eigene Verhalten und die Verfassung der eigenen Persönlichkeit nicht überwiegend mit biographischen Umständen bzw. früheren und gegenwärtigen Einflüssen von außen zu erklären und zu entschuldigen, sondern bereit zu sein, als Erwachsener für die eigene Lebenssituation und für das eigene Verhalten in allen Bereichen Verantwortung zu übernehmen und das Bewußtsein für die Tatsache zu vertiefen, über sich selbst verfügen zu können. Dazu gehört die Erkenntnis, daß ich Wahlmöglichkeiten habe, daß ich nicht auf eine psychologische Rolle festgelegt bin, daß ich meine Verhaltens-, Gefühls- und Wertemuster ändern kann, wenn ich das will. Dazu gehört weiter die Einsicht, daß andere Menschen letzten Endes meine Gefühle nicht beeinflussen können, wenn ich ihnen das nicht gestatte, daß ich also nicht andere Leute dafür verantwortlich machen kann, wie ich mich fühle. Ebenso gehört auch dazu die Bereitschaft, verantwortlich und lebensfreundlich mit den eigenen Grundbedürfnissen umzugehen.

ABBAU VON ROLLENSTEREOTYPEN UND UNERWÜNSCHTEN VERHALTENSSTANDARDS

Im Rahmen einer interaktionellen Gruppe kann ein Teil der individuellen Rollenstereotype erforscht und teilweise durchbrochen werden. Unsere Rollenstereotype sind oft so stark verinnerlicht, daß wir uns in der Regel kaum bewußt machen, in welchem Ausmaß wir unsere eigenen Gefühle unterdrücken. Unser Verhalten, das oft inkonsequent und ohne innere Logik ist, symbolisiert die Akzeptierung von solchen Rollenstereotypen in den verschiedenen Lebensbereichen. Außerdem müssen wir alle auf irgendeine Weise widersprüchliche Appelle aus Gegenwart und Vergangenheit miteinander in Verbindung bringen. Daraus ergeben sich innere Konflikte. Häufig sind eine ganze Reihe von Verhaltensstandards, die dem heranwachsenden Kind durch die Eltern auferlegt wurden, für den Erwachsenen nicht länger sozial notwendig und nützlich. Ein Teil der überholten und einschränkenden Verhaltensstandards kann ebenfalls abgelegt werden zugunsten eines flexibleren und realistischen Verhaltens.

FUNKTIONALER AUSDRUCK VON GEFÜHLEN

Die Teilnehmer können erfahren, daß der offene Ausdruck eigener Gefühle nicht nur gestattet, sondern sogar von anderen Menschen belohnt wird. Damit ist weiter gemeint, daß ich mit meinen Gefühlen umgehen kann, daß ich mir meine Gefühle bewußt machen kann, daß ich sie anerkenne, daß ich sie - soweit ich das will - im Handeln und Sprechen ausdrücken kann, daß ich andererseits auch in der Lage bin zu bemerken, wie weit ich meine Gefühle in meinem Verhalten ausdrücke. Viele Teilnehmer können lernen, daß sie bisher gefühlsmäßig entweder überwiegend in der Vergangenheit oder in der Zukunft lebten. Hier ist eine wichtige Bewußtseinsveränderung möglich.

BEWUSSTHEIT EIGENER MOTIVATIONEN

Hier geht es um die Frage, was mich dazu führt, daß ich mich so verhalte, wie ich mich verhalte. Was sind meine Ziele? Was sind die Werte, die ich im Leben realisieren will? Hier ist weiter Bereitschaft und Fähigkeit angesprochen, über diese Dinge mit anderen Menschen zu sprechen und die eigene Wertvorstellung immer wieder verantwortlich zu überprüfen.

SELBSTAKZEPTIERUNG

Hier ist gemeint, daß die Teilnehmer sich stärker selbst akzeptieren, mehr Selbstachtung entwickeln und sich bewußt werden, wie sie auf die sichtbar werdenden Differenzen zwischen ihrem Selbst-Ideal und ihrem de-facto-Selbst reagieren wollen. Bin ich so, wie ich sein möchte? bzw.: Paßt mein Selbst-Ideal zu dem, der ich bin?
Ein Gefühl für den Wert der eigenen Person zu bekommen, heißt auch, unabhängiger zu werden von sozialen Konventionen und Erwartungen anderer Leute. Das Zentrum der Selbstachtung liegt dann mehr in den eigenen Ich-Grenzen, und es wird nicht überwiegend bestimmt durch soziale Anerkennung und früh angeeignete, fremde Wertvorstellungen.

AKZEPTIERUNG ANDERER

Hier nun ist eine Haltung gemeint, die Respekt und Toleranz für Meinungen, Gefühle und Lebensstile anderer Leute aufbringt. Gemeint ist weiter eine Einstellung, die es dem einzelnen gestattet, sich weniger für andere verantwortlich zu fühlen und weniger das Bedürfnis zu entwickeln, andere zu bestimmen und zu manipulieren. Akzeptierung anderer bedeutet letztlich, daß ich einer fremden Individualität in allen ihren Aspekten dieselbe Existenzberechtigung einräume wie mir selbst. Das schließt gleichzeitig die Bereitschaft ein, bei bestimmten, meine Interessen berührenden Divergenzpunkten auch in eine harte Auseinandersetzung einzutreten.

INTERDEPENDENTES VERHALTEN

Hier ist gemeint, daß der einzelne nicht nur die Verantwortlichkeit für das eigene Selbst und damit seine Autonomie weiterentwickelt, sondern daß er sich auch gleichzeitig der Tatsache bewußt ist, daß er seine eigene Weiterentwicklung nur im Kontakt mit anderen Menschen realisieren kann. Gemeint ist weiter, daß der einzelne an Kommunikation und Kooperation mit anderen interessiert ist und daß er in den verschiedensten sozialen Situationen er selbst sein kann, ohne daß er den Kontakt mit anderen aufgeben müßte.

INTERPERSONELLE OFFENHEIT

Damit ist eines der bekanntesten Lernziele genannt. Die meisten Teilnehmer berichten, daß sie nach der Teilnahme an einer interaktionellen Gruppe offener und aufrichtiger kommunizieren, daß sie sich vertrauensvoller verhalten, daß sie sich selbst weniger verstecken, ihre Meinungen, Ideen und Wünsche direkter ausdrücken. Weiter gehört dazu, daß sie eine höhere Konfrontationsbereitschaft haben, indem sie anderen Leuten Feedback geben und auch Feedback für sich holen und daß sie sich gleichzeitig bewußt sind, daß zuviel Offenheit für zwischenmenschliche Beziehungen genauso schädlich ist wie zuwenig Offenheit.

2.2   LERNMECHANISMEN

Während die in dem voranstehenden Abschnitt genannten Lernziele inzwischen vielen Gruppenleitern bekannt geworden sind, sind die zugrunde liegenden Lernmechanismen oft noch relativ unbekannt.

Meines Erachtens muß jeder Gruppenleiter einer interaktionellen Gruppe die unterschiedlichen Lernprozesse, die in einer Gruppe stattfinden, voneinander differenzieren können, um selbst Kriterien für die Beurteilung seines eigenen Vorgehens zur Hand zu haben.

Sehr viel komplizierter als die Differenzierung einzelner Lernmechanismen ist natürlich die Frage nach dem Zusammenwirken der einzelnen Lernmechanismen. Hier sind sehr unterschiedliche Einschätzungen möglich und nur relativ wenige Aussagen wirklich hieb- und stichfest. Am allerwichtigsten ist daher, daß der Gruppenleiter nicht so sehr nach ein für alle Mal feststehenden Antworten auf die ihn bewegenden Fragen sucht, sondern daß er die verschiedenen Konzepte und Theorien vorwiegend dazu benutzt, immer wieder neue, auf die konkrete Situation bezogene Fragen zu formulieren.

In diesem Sinne sollten auch die Ausführungen dieses Abschnitts verstanden werden.

WAHRNEHMUNG EIGENER GEFÜHLE

Die Unfähigkeit vieler Menschen, differenziert auch subtile Gefühle bei sich wahrzunehmen, ist ein beklagenswerter Tatbestand. Viele Gruppenleiter betrachten es zu Recht als eine ihrer Hauptaufgaben, hier behilflich zu sein. Von daher sind viele Techniken entwickelt worden, welche die sinnliche Wahrnehmung von Gruppenmitgliedern verbessern, ihre körperlichen Empfindungen verstärken und überhaupt stärkere Gefühle auslösen können. Es gibt eine ganze Reihe von ausgezeichneten Experimenten, die darauf abzielen, abgestorbene Gefühle zu re-vitalisieren und den Menschen in einen stärkeren gefühlsmäßigen Kontakt zu seinem eigenen inneren Leben, seinem Körper und zu anderen Leuten zu bringen.

Wichtig ist in diesem Zusammenhang, daß es hier zunächst einmal darum gehen muß, daß der einzelne die Gefühle bei sich selbst überhaupt wahrnimmt. (Diese Gefühle dann auszudrücken, ist ein zweiter Schritt, der nicht notwendigerweise dem ersten folgen muß.) Die Wahrnehmung der eigenen Gefühle ist deshalb so wichtig, da wir von hier die vitalste Möglichkeit erhalten, uns zu orientieren, zu bemerken, was wir wollen bzw. nicht wollen. Hier profitieren besonders die Teilnehmer, die auch ihre weniger starken Gefühle respektieren und die nicht unbedingt darauf aus sind, in einer Gruppe nur große und gewaltige Gefühle zu erfahren. Teilnehmer mit einer solchen „big-bang"-Orientierung werden nämlich oft wenig lernen.

DIREKTER AUSDRUCK VON GEFÜHLEN

Dieser Vorgang wird durch die Methodologie vieler neuer Therapieformen und pädagogischer Ansätze gefördert. Hier wird zu Recht festgestellt, daß der unmittelbare Ausdruck von Gefühlen oft ein wesentlicher Schritt im Prozeß der Persönlichkeitsentwicklung ist. Entsprechend ihrer theoretischen Orientierung betonen einige Leiter interaktioneller Gruppen vor allem den Ausdruck positiver Gefühle anderen gegenüber; andere Gruppenleiter finden es wichtig, daß die Teilnehmer negative Gefühle ausdrücken, vor allem auch Wut und Ärger. Wieder andere Gruppenleiter ermutigen den unmittelbaren Ausdruck von starken Gefühlen überhaupt im Zusammenhang mit wichtigen Lebensereignissen oder im Umgang mit wichtigen Bezugspersonen. Einige Gruppenleiter ermutigen die Teilnehmer, sich überhaupt mehr gehen zu lassen.

Hier halte ich eine sorgsame Unterscheidung für angebracht. Es kann für viele Teilnehmer außerordentlich wichtig sein, starke Gefühle in einer Gruppe ausdrücken zu dürfen - sehr häufig Ärger und Schmerz. Der erste Ausdruck spontaner Gefühle in einer Gruppe ist oft Ärger und Feindseligkeit. Viele Teilnehmer reagieren abwehrend darauf und ängstlich. Sie versuchen, die ärgerlichen Gruppenmitglieder zu beruhigen etc. Da Einsicht und reife Selbstkontrolle für wütende Teilnehmer selten möglich sind, ehe sie ihre unterdrückten Gefühle herausgebracht haben, sehe ich m e i n Ziel als Gruppenleiter beim Umgang mit ärgerlichen Teilnehmern darin, ihnen den vollen Ausdruck ihres Ärgers zu ermöglichen. Nach der vollen regressiven Erfahrung von Wut oder Zorn reintegriert ein Teilnehmer fast immer seine Gefühle auf einer reiferen Ebene. Er ist danach sehr viel bereiter, sensitiv auf andere einzugehen. Es ist jedoch nicht sinnvoll, daß ein Gruppenleiter darauf hinarbeitet, daß alle Teilnehmer starke Gefühle äußern. Meiner Ansicht nach darf kein Gruppenleiter der Ideologie verfallen, die dem an und für sich wichtigen Ausdruck starker Gefühle eine stereotype und rituelle Bedeutung gibt. Man wird immer wieder Gruppenmitglieder finden, die den Ausdruck starker Gefühle für sich als eine wichtige Lernmöglichkeit empfinden. Andererseits gibt es immer wieder Teilnehmer, die diese Art des Lernens für sich nicht in Anspruch nehmen wollen und die auch ohne gefühlsmäßige Durchbrüche in einem bestimmten Umfang konstruktiv lernen. Somit sollte kein Gruppenleiter expressives Verhalten als ausschließliche Möglichkeit psychosozialen Lernens betrachten.

Wahrscheinlich liegen die Dinge so, daß der Ausdruck starker Gefühle unersetzliche Anstöße zur Persönlichkeitsentwicklung geben kann, daß aber die Entwicklung nicht allein hiervon abhängt. Die unmittelbare Äußerung positiver und negativer Gefühle allein ist nicht automatisch mit einem späteren veränderten Verhalten oder veränderten Einstellungen verbunden. In jedem Fall müssen auch hier kognitive Komponenten, bestimmte Einsichten und Erkenntnisse hinzukommen, um diesen Lernmechanismus fruchtbar werden zu lassen (vgl. die Ausführungen zu dem Punkt Erwerb eines kognitiven Bezugsrahmens).

Angesichts der starken sozialen Tabus für den Ausdruck starker Gefühle kann man sagen, daß die Teilnehmer in einer interaktionellen Gruppe das Recht haben, starke Gefühle zu äußern. Es ist jedoch unzulässig, wenn der Gruppenleiter die Teilnehmer dazu drängt, oder wenn er ihnen einredet, daß sie ohne den Ausdruck starker Gefühle nichts lernen könnten.

Jeder Teilnehmer hat das Recht, die Intensität seiner Lernprozesse selbst zu bestimmen.

OFFENHEIT

Gruppenmitglieder berichten immer wieder, wie wichtig für sie die offene Selbstdarstellung in der Gruppe war. In der Regel handelt es sich hier um Mitteilungen sehr privater Natur. Und in der Tat sind solche Mitteilungen außerordentlich fruchtbar. Es spricht einiges für die Annahme, daß die offene Selbstdarstellung einer der wesentlichen Mechanismen für psychosoziales Lernen der Teilnehmer ist.

Hier ist es jedoch besonders wichtig, daß der Gruppenleiter nicht zu früh auf eine solche offene Selbstdarstellung drängt. Normalerweise hat eine solche Offenheit dann positive Auswirkungen für das Selbstgefühl des Betreffenden, wenn sie in einem Gruppenklima stattfindet, das bereits unterstützend und akzeptierend ist. Teilnehmer, die sich zu früh öffnen, ehe die Gruppe in einer konstruktiven Weise auf sie reagieren kann, sind häufig enttäuscht und ziehen sich dann zurück, wenn nicht der Gruppenleiter dem Teilnehmer zur Seite springt und ihn wissen läßt, wie weit er sich mit ihm identifizieren kann.

Man kann also sagen, daß kommunikative Offenheit eine sehr wichtige Rolle für psychosoziales Lernen spielt, aber nur dann, wenn bestimmte andere Bedingungen gewährleistet sind, wenn der Betreffende den rechten Zeitpunkt wählt und das Ausmaß seiner Offenheit im Blick auf die Gruppe selbst bestimmt. Wichtig ist es auch hier, Abstand zu nehmen von der überzogenen Vorstellung totaler Offenheit. Offenheit sollte immer selektiv sein, um mit RUTH COHN zu sprechen, bei der der Betreffende selbst bestimmt, wie weit er sich im Blick auf Situation und Kommunikationspartner öffnen möchte.

Wichtig ist schließlich, daß entweder der Gruppenleiter oder die Gruppenmitglieder helfen, wichtige kognitive Perspektiven für das, was der Betreffende mitgeteilt hat, zu entwickeln. Wenn dieser wichtige Schritt nicht stattfindet, dann gerät der Teilnehmer leicht in ein gefühlsmäßiges Vakuum, weil er sich lediglich entlastet hat, ohne eine weiterführende Integration wichtiger Aspekte des von ihm Mitgeteilten vorgenommen zu haben.

FEEDBACK

Feedback ist sozusagen der klassische Lernmechanismus aller interaktionellen Gruppen. Viele Teilnehmer schätzen im Rückblick das Feedback als ganz wesentliche Lernerfahrung. Ich möchte an dieser Stelle jedoch auf einen wesentlichen Unterschied aufmerksam machen im Vergleich zur Offenheit.

Beim Feedback ist es in der Regel so, daß der Teilnehmer Empfänger einer Mitteilung anderer ist, d.h. andere Gruppenmitglieder werden aktiv und äußern sich in bezug auf ihn und sein Verhalten, und er hat unter Umständen nicht die Möglichkeit zu sagen: „Ich möchte das Feedback nicht hören." Es ist also immer eine kritische Frage, ob den einzelnen Teilnehmer das Feedback zu einem Zeitpunkt erreicht, wo er nicht gerade defensiv reagiert. Bei einer offenen Selbstdarstellung dagegen ist er selbst aktiv und bestimmt, was und wann er etwas sagt. So kann sich sein Selbstwertgefühl sehr viel stärker durch die eigene Selbstdarstellung entwickeln als durch die mehr passive Entgegennahme von Feedback. Andererseits ist Feedback ein wichtiger sozialer Mechanismus, auf den keine Gruppe verzichten kann, insbesondere dann nicht, wenn viele Teilnehmer auf narzistische Weise gekränkt auf kritisches Feedback reagieren. Hier wird man sagen können, daß bestimmte Frustrationen unumgänglich sind, wenn die Gruppe vorankommen will. Um jedoch die damit verbundenen Kränkungen konstruktiv zu benutzen, ist es wichtig, daß der Gruppenleiter einige Hilfestellungen gibt. Dazu gehört z.B. die Rückfrage des Feedback-Gebers, wie weit sein kritisches Feedback den anderen getroffen hat; eine andere erleichternde Geste ist es, wenn der potentielle Feedback-Geber den Betreffenden fragt, ob er sein Feedback hören möchte. In anderen Fällen kann es wichtig sein, daß nach negativ-kritischem Feedback auch positives Feedback geäußert wird. Vor allem ist es wichtig, daß Verletzungen ausgedrückt und als solche respektiert werden können.

ERWERB EINES KOGNITIVEN BEZUGSRAHMENS

Um psychosozial zu lernen, müssen die Teilnehmer kognitiv lernen können. In einer verantwortlich geleiteten Gruppe und bei gut entwickelten Gruppentechniken erhalten die Teilnehmer diese Chance. Sie können sich klar werden über ihre Beziehungen zu anderen, sie können Erfahrungen machen, wie sich ihr Verhalten auf andere auswirkt, wie sie in bestimmten Situationen reagieren; sie können ihre Gefühle erforschen, können Verhaltensmuster identifizieren und Wahrnehmungen überprüfen. Durch den offenen Austausch mit anderen Teilnehmern können sie sich selbst und andere besser verstehen. Gleichzeitig können sie sich auch klar werden, von welchen Standards ihr Verhalten geleitet wird und welche Konsequenzen diese Standards haben. Sie können - je nach theoretischer Orientierung des Gruppenleiters - mit Konzepten vertraut gemacht werden, die sich an verschiedenen psychologischen Anschauungen orientieren, sei es an der freudianischen, transaktionsanalytischen, gestalttherapeutischen etc. In diesem Zusammenhang sind wiederum zwei Dinge wichtig: Die notwendige Betonung von emotionalen Erfahrungen darf nicht dazu führen, daß die kognitive Verarbeitung von Gruppenerlebnissen zu kurz kommt oder ganz ausbleibt. Andererseits muß der Gruppenleiter genau verstehen, wie wirksames kognitives Lernen stattfindet.
Kognitives Lernen, das auf die Eigeninitiative und das aktive Interesse des Teilnehmers zurückgeht, wird eher zu einer Verhaltensänderung führen als die unfreiwillige Aufnahme kognitiver Informationen von anderen, da hier der Betreffende allzuleicht passiv bleibt und u.U. gar kein Interesse an der Mitteilung hat. Es ist daher außerordentlich wichtig, daß der Gruppenleiter immer wieder mit den Teilnehmern überprüft, ob und was der einzelne lernen will.
Genauso wichtig ist, daß intellektuelle Einsichten, die nicht gleichzeitig gefühlsmäßig verankert sind, fast nie zu Einstellungs- und Verhaltensänderungen führen.
Aus dem Gesagten ergibt sich, wie wichtig das Zusammenspiel von emotionalen Lernmechanismen (Wahrnehmung und direkter Ausdruck von Gefühlen) mit kognitiven Lernmechanismen (Erwerb eines kognitiven Bezugsrahmens) ist.

INTENSIVE NÄHE

Eine weitere wichtige Erfahrung, die die Teilnehmer in einer guten interaktionellen Gruppe machen können, ist das Erlebnis einer intensiven Nähe zu anderen Menschen. Von Teilnehmern wird immer wieder bestätigt, daß das Gefühl, wirklich zu einer Gemeinschaft zu gehören, eine Erfahrung ist, die sie häufig im Leben vermissen. Darüber hinaus ist dieses Gemeinschaftserlebnis eine wichtige Lernerleichterung für diejenigen Teilnehmer, die sich wirklich verändern wollen. Wer das Gefühl hat, in einer kohäsiven Gruppe geborgen und akzeptiert zu sein, der kann leicht mit sich und seinem Verhalten experimentieren. Wenn ein Teilnehmer dieses Gefühl nicht hat, wenn er sich isoliert und nicht zugehörig fühlt, dann sind seine Aussichten sehr schlecht, etwas lernen zu können. Es ist für jeden Gruppenleiter überaus wichtig, diesen Zusammenhang immer im Auge zu behalten. Ein solides Gefühl der Zugehörigkeit zur Gruppe ist für j e d e n w chtig, der experimentieren und sein Verhalten verändern möchte. Sicherzustellen, daß eine Gruppe kohäsiv wird und daß sie ein Klima der Akzeptierung, der Wärme entwickelt, ist also eine der wichtigsten Pflichten eines verantwortungsbewußten Gruppenleiters.

GEBEN KÖNNEN

Die Erfahrung, anderen helfen zu können, ist ebenfalls wichtig für jeden Teilnehmer. Eine Gruppe bietet auch dafür Möglichkeiten, und hier ergeben sich wichtige korrektive Erfahrungen für solche Teilnehmer, die bisher nicht allzu viel von sich hielten. Menschen mit geringem Selbstwertgefühl und einem negativen Selbstbild zweifeln in der Regel daran, daß sie anderen wirklich etwas bedeuten, geschweige denn, daß sie ihnen einmal helfen können. Die Gruppe eignet sich hervorragend als Medium, hier andere Erfahrungen zu machen und ein positiveres Selbstbild zu entwickeln. Dieser Umstand sollte den Gruppenleitern zu denken geben, die allzu sehr von ihrem eigenen Hilfsmonopol besessen sind und zu wenig darauf hinarbeiten, daß mit fortschreitender Gruppe die Teilnehmer einander immer effektiver helfen können.

Teilnehmer, die im Verlauf einer interaktionellen Gruppe die Erfahrung machen konnten, daß sie anderen etwas bedeuteten, verlassen die Gruppe mit einer günstigeren Prognose auf verändertes Verhalten als Teilnehmer, die diese Gelegenheit nicht hatten.

ZUHÖREND LERNEN

Das ist ein wichtiger Lernmechanismus, der oft vom Gruppenleiter übersehen wird. Die Teilnehmer können nämlich durch innere gefühlsmäßige und gedankliche Beteiligung etwas Wichtiges für sich selbst lernen, während andere Teilnehmer wesentliche sichtbare Erfahrungen machen. Dieser Lernmechanismus erklärt vor allem, daß Teilnehmer auch dann etwas lernen können, selbst wenn sie - äußerlich gesehen - lediglich passiv dazusitzen scheinen, wenig sagen und wenig Aktivität zeigen. Sie können innerlich außerordentlich intensiv teilnehmen und eine bestimmte Sitzung oder eine bestimmte Gruppe dennoch mit wichtigen Lernerfahrungen verlassen.

Es ist also wichtig für jeden Gruppenleiter, sich immer wieder zu sagen, daß Passivität von Teilnehmern nicht in allen Fällen beunruhigend sein muß: Teilnehmer, die in der Lage sind, aus dem Verhalten und dem Schicksal anderer Menschen aktiv Rückschlüsse für die eigene Situation zu ziehen, lernen dadurch. Von daher sollte der Gruppenleiter die Teilnehmer immer wieder auffordern, auch bewußt solche Verbindungen zwischen fremdem Verhalten und der eigenen Situation herzustellen.

DIE ENTDECKUNG VON ÄHNLICHKEITEN

Hier liegt ein weiterer, wichtiger Lernmechanismus in Gruppen vor, der es den Teilnehmern gestattet, sich weniger defensiv mit eigenen Problemen zu beschäftigen. Sie können nämlich bemerken, daß es anderen Leuten ähnlich geht wie ihnen, daß andere ähnliche Gedanken und Gefühle haben wie sie selbst und ähnliche Schwierigkeiten. Sie fühlen sich dann nicht mehr so isoliert, sie betrachten sich nicht länger als Außenseiter, ihr Selbstwertgefühl steigt. Besonders am Anfang einer Gruppe ist dieser Lernmechanismus wichtig, da er den Gruppenmitgliedern die Basis für ein gewisses Selbstvertrauen und vorsichtigen Optimismus für ihr Lernen in der Gruppe gibt.

SELBSTGEWÄHLTE AKTIVITÄT

Teilnehmer, die unfreiwillig längere Zeit im Brennpunkt des Gruppeninteresses stehen, machen oft keine allzu positiven Erfahrungen. Wenn sie durch einzelne Teilnehmer oder gar durch die ganze Gruppe gezwungen werden, sich zu exponieren, oder wenn sie ohne eigenes Interesse umfangreiches Feedback bekommen, dann reagieren sie oft ängstlich und defensiv, auch wenn sie das vielleicht selbst nicht sogleich bemerken bzw. der Gruppe nicht mitteilen.

Der Gruppenleiter muß unbedingt dafür sorgen, daß es nicht zu einer so unfreiwilligen Konzentration der Gruppenenergie auf einen einzelnen kommt. Dauerhaft stellen sich

Lernerfolge nämlich vor allem dann ein, wenn die Teilnehmer Zeitpunkt, Art und Ausmaß ihrer Aktionen in der Gruppe selbst bestimmen.

MODELL-LERNEN
Manchmal kommt es vor, daß bestimmte Teilnehmer ein Gruppenmitglied oder den Gruppenleiter als Modell für ihr eigenes Verhalten betrachten. Auch dieser Mechanismus kann bei einer Reihe von Teilnehmern dazu beitragen, daß sie Mut bekommen, sich in einer bestimmten Weise zu verändern.

EXPERIMENTIEREN MIT NEUEM VERHALTEN
Das ist wieder ein besonders wichtiger Lernmechanismus. Teilnehmer, die in der Gruppe bewußt mit ihrem Verhalten experimentieren, werden besonders viel profitieren, und es spricht viel dafür, daß sie auch später - nach Beendigung der Gruppe - neu erprobte Verhaltensweisen weiter anwenden und realitätsgerecht ausbauen werden.

OPTIMISMUS
Das ist schließlich ein weiterer, nicht zu unterschätzender Lernmechanismus, der für das Experimentier-Verhalten in- und außerhalb der Gruppe die Basis abgibt. Gemeint ist, daß die Teilnehmer ein Gefühl dafür entwickeln, daß sie sich verändern und auch schwieriges Verhalten ausprobieren können und daß andere Teilnehmer - und insbesondere auch der Gruppenleiter - sie dabei unterstützen können.
Ich halte es für ausschlaggebend, daß der Gruppenleiter diesen Lernmechanismus versteht. Er wird dann den Teilnehmern behilflich sein, Verhaltensdefizite realistisch wahrzunehmen, das jedoch auf eine solche Weise, daß hinter dem Defizit immer die noch nicht realisierte Möglichkeit bzw. Fähigkeit des Teilnehmers angesprochen wird. Auf eine knappe Formel gebracht, sollte der Gruppenleiter dem Teilnehmer immer wieder sagen:,,Du kannst, wenn du willst".

2.3   LERNVORAUSSETZUNGEN
AUFSEITEN DES TEILNEHMERS

Der Gruppenleiter muß nicht nur orientiert sein über das, was die Teilnehmer in einer interaktionellen Gruppe lernen können und auf welche Weise sie profitieren, sondern er sollte auch eine Vorstellung davon haben, wer von den spezifischen Lernmöglichkeiten einer interaktionellen Gruppe besonders viel oder besonders wenig profitieren wird. Dann kann er versuchen, besonders in der Anfangsphase der Gruppe, den Teilnehmern behilflich zu sein, die mit ungünstigen Einstellungen und Erwartungen zur Gruppe gekommen sind.

Von ausschlaggebender Bedeutung sind die Erwartungen, mit denen die Teilnehmer in eine interaktionelle Gruppe kommen. Günstige Voraussetzungen sind folgende: Der Teilnehmer hat durchaus das Bewußtsein, daß seine Wahrnehmungsfähigkeit nicht voll entwickelt ist, daß er seine eigenen Gefühle nicht immer ganz versteht und daß er auch gelegentlich Kommunikationsschwierigkeiten hat. Er hat darüber hinaus den Eindruck, daß er im täglichen Leben zu wenig Gelegenheit für offene Kommunikation hat. Im Blick auf eine interaktionelle Gruppe nimmt er an, daß sie ihm eine gute Chance zum Lernen in den Bereichen gibt, wo er Defizite festgestellt hat, nämlich für offene Kommunikation und für größere Sensibilität in bezug auf eigene und fremde Gefühle, Bedürfnisse usw.

Dazu kommt allerdings eine weitere wichtige Erwartung: Der Teilnehmer ist sich durchaus bewußt, daß die Teilnahme an einer interaktionellen Gruppe nicht ganz harmlos ist, daß es für ihn Risiken gibt und hier und da vielleicht schmerzliche Einsichten und Erfahrungen. Teilnehmer mit positiven Lernaussichten schätzen also interaktionelle Gruppen und halten sie zugleich für potentiell gefährlich, womit sie die Lage durchaus realistisch einschätzen.

Ein Teilnehmer, der wenig oder gar nicht profitiert, kommt mit ganz anderen Einstellungen und Erwartungen: Er hält sein eigenes Verhalten im interpersonellen Bereich für adäquat und geht davon aus, daß er im Alltag genügend Gelegenheiten für offene Kommunikation hat. Er erwartet darum auch nicht, daß er durch die Teilnahme sein Verhalten verändert. Er wünscht sich ganz einfach intensive gefühlsmäßige Erlebnisse in der Gruppe, die er im übrigen für sicher und harmlos hält. Damit liegt eindeutig eine unrealistische Erwartung vor. Denn wie jede Gruppe, so ist auch eine interaktionelle potentiell gefährlich und schmerzbereitend.

Nun gibt es natürlich auch den Teilnehmer, der durch die Teilnahme an einer interaktionellen Gruppe in psychologische Schwierigkeiten kommt. Der Betreffende würde in der Regel unter anderen Umständen, wo er in eine interpersonelle Streß-Situation gerät, z.B. in einer Arbeitsgruppe mit starken Machtauseinandersetzungen, ebenfalls Schwierigkeiten haben, sein seelisches Gleichgewicht aufrecht zu erhalten. Dieser Teilnehmer kommt mit einem viel geringeren Selbstwertgefühl als die Teilnehmer, die viel oder gar nicht profitieren. Er glaubt, daß er nur schwer Kontakt zu anderen herstellen kann und möchte in der interaktionellen Gruppe seine Kontaktfähigkeit verbessern. Andererseits ist er durchaus der Meinung, daß er sich selbst und andere Leute außerordentlich gut versteht, daß er sehr sensitiv ist. Zugleich glaubt er (wie die Teilnehmer, die viel lernen), daß er im Alltag zuwenig Möglichkeiten für offene Kommunikation hat. Er betrachtet interaktionelle Gruppen jedoch als ungefährliche Lernsituation (wie die Teilnehmer, die gar nicht profitieren), die ihm andererseits auf wunderbare Weise aus allen seinen Schwierigkeiten helfen wird. Und mit dieser Einstellung verharmlost bzw. überschätzt er die Potenz jeder interaktionellen Gruppe.

Man kann sagen, daß von all den genannten Teilnehmervariablen im Blick auf ihren Lernerfolg am wichtigsten die Einstellung der Teilnehmer zu ihrer Persönlichkeitsentwicklung ist.

Die Teilnehmer, die damit rechnen und Wert darauf legen, sich in kleinen Schritten zu verändern, profitieren am meisten.

Demgegenüber betonen Teilnehmer, die sich nicht verändern wollen, daß sie vor allem gefühlsmäßige Erfahrungen in der Gruppe suchen. Sie wollen die Intimität einer interaktionellen Gruppe genießen und haben ein geringes Interesse an beruflichen und intellektuellen Fragen.

Schließlich ist die Wertstruktur von Teilnehmern, die in psychologische Schwierigkeiten geraten, dadurch charakterisiert, daß sie unrealistische Erwartungen an die eigene Persönlichkeitsentwicklung haben. Sie wollen sich unbedingt schnell verändern. Die Intensität dieser Ziele ist oft ein Ausdruck für ihre tiefen therapeutischen Bedürfnisse. Sobald ein Gruppenleiter diesen Eindruck von einem Teilnehmer hat, ist es sehr wichtig, eine offene Aussprache unter vier Augen darüber zu führen.

Die beschriebenen Sachverhalte sind meines Erachtens für jeden Gruppenleiter von großer Bedeutung, weil hier eine gewisse Skepsis und Zurückhaltung von Teilnehmern in einem neuen Licht erscheint. Allzu leicht ist der naive Gruppenleiter in der Gefahr, den Teilnehmern auf den Leim zu gehen, die sich unbesehen mit bestimmten Lernzielen interaktioneller Gruppen, wie Offenheit, Ausdruck starker Gefühle usw. identifizieren und die - welch ein Glück! - scheinbar keine Widerstände gegen die Gruppe und den Gruppenleiter entwickeln. Diese Teilnehmer ignorieren jedoch de facto ihre eigenen Widerstände und überspringen ihre Ängste. Tatsächlich hat kein Gruppenleiter in ihnen wirksame Bundesgenossen für seine langfristigen Ziele, langsam und nach Schwierigkeiten mehr Möglichkeiten für Offenheit zu entwickeln. Diese Gefühlsenthusiasten machen ihm häufig die Arbeit schwer, weil sie andere, vorsichtigere Teilnehmer erschrecken.

In Wirklichkeit sind es gerade die veränderungsbereiten und vorsichtig-skeptischen Teilnehmer, die ihre eigenen gefühlsmäßigen Widerstände ehrlich ausdrücken und an ihnen zu arbeiten bereit sind, welche die Gruppe voranbringen und die wirklichlichen Bundesgenossen des Gruppenleiters sind. Ihre offen ausgedrückte Vorsicht ist für sie selbst und für die Gruppe konstruktiver als das Strohfeuer der Gruppenfans.
Wichtig ist es in besonderer Weise, daß der Gruppenleiter rechtzeitig die Teilnehmer identifiziert, die die Gruppe mit unrealistischen Heilserwartungen betreten haben und die annehmen, daß hier ein magischer Prozeß zu ihren Gunsten ablaufen wird. Wenn diese Einstellung nicht herausgebracht und offen besprochen werden kann, besteht die ernstzunehmende Gefahr, daß die Betreffenden verletzt und pessimistischer aus der Gruppe gehen als sie gekommen sind.

Denn diese Teilnehmer kommen zwar mit einem Problemdruck, wie die anderen, die viel lernen, aber sie gehen leer aus, weil sie nicht damit rechnen, daß wichtige Lernprozesse immer auch Frustrationen beinhalten. Wer andererseits ganz ohne Problemdruck in einer interaktionellen Gruppe ist bzw. sich diesen nicht eingesteht, wird ebenfalls leer ausgehen.

Diese Überlegungen gelten für alle Teilnehmer, die freiwillig in einer interaktionellen Gruppe mitarbeiten. Wer gezwungenermaßen an einer interaktionellen Gruppe teilnimmt, für den sind die Lernaussichten ohnehin gering, es sei denn, daß der Betreffende nach sorgfältiger Überlegung oder Abklärung seiner Interessen, die Bereitschaft entwickelt, auch von sich aus mitzumachen. Die hiermit verbundenen Probleme werden weiter hinten ausführlich diskutiert.

2.4 LERNBEDINGUNGEN IM ZUSAMMENHANG MIT DER SOZIALEN STRUKTUR DER GRUPPE

Um die Lernchancen des einzelnen Teilnehmers realistisch einschätzen zu können und um ggf. die notwendige Hilfestellung zu geben, muß der Gruppenleiter die wichtigsten Faktoren der sozialen Struktur seiner Gruppe kennen. Er hat dann eine Orientierung, welche Daten er ermitteln muß, um die aktuelle Lernsituation jedes Teilnehmers zu beurteilen. Darüber hinaus kann er versuchen, planmäßig die soziale Struktur der Gruppe so zu entwickeln, daß möglichst günstige Lernbedingungen für alle Teilnehmer gewährleistet werden.

GRUPPENNORMEN

Unter einer Gruppennorm versteht man eine gemeinsame Vorstellung der Teilnehmer für passendes und angemessenes Verhalten in einem konkreten sozialen System. Solche Vorstellungen hat nun nicht nur der einzelne Teilnehmer für sich selbst, sondern er nimmt die Gruppennorm so wahr, als ob sie von den meisten anderen Mitgliedern der Gruppe auch anerkannt wäre . Verhalten, das solche Vorstellungen verletzt, wird normalerweise als unerwünscht erlebt und mit Sanktionen bestraft, um das abweichende Verhalten zu reduzieren und die Gruppe in das alte Gleichgewicht zurückzubringen. Normalerweise werden Sanktionen nicht sehr oft ausgeübt. Allein die Vorstellung der Sanktionen ist für die Gruppenmitglieder in der Regel ausreichend, um sich von vornherein anzupassen. Normen und das dazu passende Sanktionierungssystem garantieren eine gewisse Stabilität und Voraussagbarkeit für das soziale Leben. Die Teilnehmer eines sozialen Systems wissen, was sie voneinander zu erwarten haben. Normen repräsentieren somit eine Art stillschweigenden Kontrakt, der zitiert werden kann, wenn jemand sich unerwünscht verhält. Auf diese Weise können Normen das Leben in einer Gruppe außerordentlich stark beeinflussen.

Wichtige Fragen, wie z.B. wieviel Energie angewendet werden soll, in welchem Stil die Teilnehmer miteinander umgehen, auf welche Weise Beschlüsse gefaßt werden etc. werden normalerweise durch Normen beantwortet.

Einflußreiche und sehr geschätzte Teilnehmer einer Gruppe haben normalerweise einen größeren Einfluß auf die Ausbildung von Gruppennormen als wenig beachtete Teilnehmer. Wenn in irgendeiner Situation die Verhaltensnormen nicht ganz klar sind, dann warten die „einfachen" Teilnehmer darauf, daß Gruppenmitglieder mit einem höheren Status ein bestimmtes Verhaltensmuster entwickeln bzw. billigen. Ein hoher Status in der Gruppe gibt den Betreffenden auch immer etwas Improvisationskredit, d.h. die Berechtigung, zeitweilig innovatives Verhalten zu praktizieren, ohne Sanktionen befürchten zu müssen. Teilnehmer mit hohem Status können auf diese Weise die Normen leichter in Bewegung bringen und verändern als andere.

Dementsprechend sind auch die Normen in einer interaktionellen Gruppenkultur für den Lernprozeß entscheidend. Der Erfolg jeder interaktionellen Gruppe hängt mit davon ab, daß eine gut funktionierende, eng aufeinander bezogene Gruppe entsteht, deren Kommunikationsnormen sich von der alltäglichen Interaktionsmoral deutlich abheben. Bei alltäglichen Kommunikationsmustern wird es z.B. als Normverletzung betrachtet, wenn jemand die äußere Erscheinung oder das Verhalten eines anderen direkt kommentiert oder wenn er seine eigenen Gefühle mitteilt. Solches Verhalten wird normalerweise als unfair und ungebildet definiert und findet selten statt. Die Menschen reagieren normalerweise auf den Inhalt einer Interaktion, nicht aber auf die Beziehungsaspekte.

Interaktionelle Gruppen verletzen nicht nur diese Normen, sondern sie schaffen Gegennormen. Das Sprechen über interaktionelle Prozesse und Gefühle ist ein erwünschtes Verhalten und das Vermeiden eines solchen Kommunikationsstils wird hier abweichend erlebt. In ähnlicher Weise bilden interaktionelle Gruppen Normen aus, die zu mehr zwischenmenschlicher Nähe ermutigen, als das bei gewöhnlichen Transaktionen der Fall ist.

Allerdings gibt es für die Etablierung der spezifischen Normen einer interaktionellen Gruppe immer gewisse Grenzen. Diese Grenzen werden vor allem durch die von den Teilnehmern mitgebrachten Normen-Erwartungen bestimmt. Der Einfluß des Gruppenleiters auf die sich entwickelnden Gruppennormen ist in der Regel darauf beschränkt, bestehende Erwartungen zu bestärken, offene Erwartungen der Teilnehmer in spezi-

fisch definierte Normen umzuformen. Aber es ist sehr fraglich, ob es einem Gruppenleiter gelingt, gegen mitgebrachte, fest definierte Erwartungen der Teilnehmer anzuar-
beiten.

Aus den genannten Gründen sind die Gruppenleiter besonders erfolgreich, die in der
Lage sind, ihre eigenen Normenerwartungen über die Arbeit in der Gruppe mit den ge-
nerellen Erwartungen der Teilnehmer an Stil und Inhalt der Arbeit wenigstens in einigen wichtigen Punkten miteinander zu verbinden. Von daher sind alle Interaktionsspiele, die der Erwartungsanalyse dienen (vgl. IAS Nr.2, Graffitti; Nr. 35, Paar-Interview; Nr. 98, Quäker-Treffen), von großer praktischer Bedeutung für den Gruppenanfang, da sich der Gruppenleiter hier einen guten Einblick in die wichtigen Normenerwartungen der Teilnehmer verschaffen kann.

Je länger und je intensiver in einer interaktionellen Gruppe die Interaktion selbst
Thema und Aufgabe darstellt (das ist besonders wichtig für mehrtägige Klausurtagun-
gen, wie sie z.B. bei Trainings mit natürlichen Gruppen, Ausbildungsgruppen für Teilnehmer helfender Berufe oder bei Encounterseminaren etc.), desto wichtiger ist es für
einen konstruktiven Lernprozeß der Beteiligten, daß der Gruppenleiter folgende Gruppennormen einführt bzw. garantiert, die alle sicherstellen sollen, daß kein Teilnehmer
so sehr unter Druck gesetzt wird, daß er nicht länger konstruktiv arbeiten kann :

- **Die Gruppe hat eine offene Grenze,**
  d.h. jeder Teilnehmer darf einzelnen Sitzungen fernbleiben ohne sank-
  tioniert zu werden (es ist natürlich sinnvoll, wenn die Betreffenden
  eine kurze Information geben, daß sie nicht kommen wollen); das heißt
  weiter, daß persönliche Kontakte zur Außenwelt gestattet und möglich
  sind (von daher sind Trainingsgruppen in einsamen Berghütten unter
  gewissen ungünstigen Umständen ein ziemliches Sicherheitsrisiko für
  manchen Teilnehmer).
- **Die einzelnen können selbst Themen vorschlagen,**
  d.h. die Teilnehmer können selbst bestimmen, wie weit sie Themen aus
  dem Bereich des Hier und Jetzt der spezifischen Gruppensituation, bzw.
  aus dem Da und Dort der persönlichen und beruflichen Vergangenheit
  und Zukunft bearbeiten wollen.
- **Jeder bestimmt die Intensität seines Engagements selbst,**
  d.h. der einzelne hat das Recht auf zeitweiligen intellektuellen, emotionalen und physischen Rückzug.
- **Jeder Teilnehmer gehört zur Gruppe,**
  ganz gleich, was und wie er beiträgt. Physische Kontakte und der Ausdruck positiv-wertschätzender Gefühle sind ebenso gestattet wie der
  Ausdruck negativer Empfindungen.
- **Die Gruppenereignisse müssen kognitiv verstanden werden**
  von Gruppenleiter und Teilnehmern.

Alle die genannten Normen betonen eine gewisse Klarheit und Besonnenheit, ohne die
eine interaktionelle Gruppe sehr leicht zu einer modernen Form des Okkultismus
degenerieren könnte.

GRUPPENKLIMA

Zuviel Intensität am Anfang einer Gruppe ist in der Regel nicht wünschenswert, sie
verhindert manchmal sogar die Entwicklung vertrauenswürdiger und stabiler Beziehungen in der Gruppe, die notwendig für psychosoziales Lernen sind. Gruppen, die mit

einem Raketenstart beginnen, werden vermutlich nie eine Grundlage der Sicherheit und des Vertrauens entwickeln. Sobald sich jedoch eine kohäsive Gruppe gebildet hat, ist eine höhere emotionale Intensität günstig für den Lernprozeß.

Von besonderer Bedeutung scheint mir ein gewisser Realismus zu sein, bei dem Teilnehmer und Gruppenleiter aufrichtig versuchen, Ereignisse und Verhaltensweisen der Gruppenmitglieder zunächst einmal unverzerrt wahrzunehmen. Wenn die Gruppe z.B. am Anfang langsame Fortschritte macht, dann ist es am besten, daß alle Teilnehmer diesen Umstand bemerken und akzeptieren und sich zugleich der eigenen gefühlsmässigen Reaktionen darauf klar werden. Dann wird ein gewisser Wandel der Situation von selbst eintreten. Realismus in diesem Sinne heißt die Akzeptierung des jeweiligen status quo und damit die Freigabe von Entwicklungsmöglichkeiten.

HARMONIE
Es ist eine offene Frage, wie weit harmonische Gruppen zu mehr Lernerfolg führen als andere. Häufige Äußerungen von Ärger können einerseits ein Anzeichen dafür sein, daß die Teilnehmer authentisch sind, so daß dadurch mehr gelernt werden kann. Auf der anderen Seite kann chronischer Ärger auch ein Anzeichen dafür sein, daß es permanente Machtkämpfe und eine unstabile Gruppenstruktur gibt. So kann dann wiederum Lernen verhindert werden.

TEILNEHMERSTATUS
Mit W.C.SCHUTZ (1967, 1972) kann man annehmen, daß in allen Gruppen die Teilnehmer drei grundlegende Bedürfnisse haben, nämlich nach Zugehörigkeit, Einflußnahme und nach Wertschätzung.

Das grundlegende Bedürfnis ist das nach Z u g e h ö r i g k e i t. Symptom für ungelöste Probleme in diesem Bereich ist das Gefühl von Isolation, Einsamkeit, Zurückgezogenheit und das Gefühl, nicht beachtet zu werden. Positiv ausgedrückt bedeutet das, daß die Teilnehmer von anderen gesehen werden möchten, daß sie Aufmerksamkeit bekommen möchten und für andere interessant sein wollen.

Wenn das Bedürfnis nach Zugehörigkeit für einen Teilnehmer nicht erfüllt wird, dann sind die Chancen für den Betreffenden gering, in einer interaktionellen Gruppe etwas zu profitieren. In diesem Fall ist das wichtigste soziale Grundbedürfnis nicht abgedeckt und der Betreffende muß große Energien darauf verwenden, sich im psychologischen Sinn selbst nicht als ein Nichts zu erleben. Von daher ist es wichtig, daß der Gruppenleiter immer darauf achtet, wieviel soziale Resonanz der einzelne in der Gruppe bekommt. Er muß durch geeignete Maßnahmen feststellen, wie weit einzelne Teilnehmer Außenseiterpositionen einnehmen.

Ein klassisches Interaktionsspiel zu diesem Zweck ist das folgende:
> Der Gruppenleiter legt irgendeinen Gegenstand, zum Beispiel ein Buch, in die Mitte des Raumes und fordert die Teilnehmer auf, sich näher oder weiter entfernt zu bzw. von diesem Buch hinzustellen, so daß deutlich wird, wie der einzelne momentan seine Zugehörigkeit zur Gruppe erlebt. (Vgl. die Instruktionen und Erklärungen des IAS Nr. 11, Motorinspektion.)

Eine andere Möglichkeit, hier wichtige Daten zu sammeln und zu besprechen bietet IAS Nr. 24, Apfelkiste.

In besonderer Gefahr, einen Außenseiterstatus einzunehmen, sind die Teilnehmer, die sich in vollständiger Opposition zu den sich herausbildenden Gruppennormen verhalten. Am Anfang versucht die Gruppe, solche Außenseiter zu verändern, sie auf das

„richtige Gleis" zu bringen und sie zu gruppenkonformem Verhalten anzuhalten. Wenn dieser Versuch fehlschlägt, dann verändert sich der Status des Außenseiters. Er wird von der Gruppe psychologisch isoliert, und wenn der Gruppenleiter hier nicht helfend eingreift, sind die psychischen Konsequenzen für den Außenseiter erheblich. Sein Selbstwertgefühl wird verringert oder gar bedroht, er muß viele Verteidigungsmechanismen anwenden, um seine Selbstachtung zu erhalten. Besonders gefährdet sind hier die Teilnehmer, die in dieser Situation schweigen; die Teilnehmer, die wenigstens gelegentlich stören, bleiben dann stärker im Kontakt mit der Gruppe und tun aktiv etwas, um sich zu behaupten. Es ist natürlich wichtig, daß der Gruppenleiter in diesem Fall auf die damit ausgesendeten Hilfewünsche des Teilnehmers entsprechend reagiert.

Nächstwichtig ist das Bedürfnis nach E i n f l u ß n a h m e . In diesem Bereich geht es darum, daß der einzelne einen gewissen Einfluß auf das Geschehen in der Gruppe hat, daß er genügend Macht ausüben kann, genügend persönliche Autorität besitzt, um mitzubestimmen. Teilnehmer, die den Eindruck haben, daß sie überhaupt keinen Einfluß auf das Gruppengeschehen nehmen können, sind ebenfalls in der Gefahr, in der interaktionellen Gruppe nicht zu profitieren.
Ein einflußreicher Status gibt dem Teilnehmer die subjektive Erfahrung, die Situation mitbestimmen zu können und damit auch entsprechende Ermutigung, mit sich und anderen zu experimentieren. Um die Verhältnisse in diesem Bereich transparent zu machen, kann der Gruppenleiter das IAS Nr. 136, Selbstentfaltungsreihe; Nr. 143, Gruppenmaschine oder Nr. 117, Diadochensessel und Nr. 149, Machtspiel erproben. Darüber hinaus kann der Gruppenleiter ein sehr einfaches, dynamisches Soziogramm vorschlagen:

> Die Teilnehmer stellen oder setzen sich in zwei einander gegenüberstehende Teilgruppen zusammen. In der einen versammeln sich alle die, die ihrer Meinung nach genügend Einfluß haben, in der anderen versammeln sich die Teilnehmer, die nach ihrer Ansicht zuwenig Einfluß auf das Geschehen haben. Anschließend wird die Situation analysiert und besprochen.

Das letzte der drei Grundbedürfnisse ist das Bedürfnis nach W e r t s c h ä t z u n g . Dieses Bedürfnis ist befriedigt, wenn der Betreffende von sich sagen kann, daß ihm andere aus der Gruppe nahestehen, daß sie ihn schätzen und ihm Freundschaft und Zuneigung entgegenbringen. Teilnehmer, die in diesem Bereich nicht auf ihre Kosten kommen, haben ebenfalls schlechte Aussichten, in einer interaktionellen Gruppe erfolgreich zu lernen. Die Gründe liegen auf der Hand: Teilnehmer, die in der Gruppe Zuneigung finden, können ihr positives Selbstbild verstärken und werden ermutigt, mehr aus sich herauszukommen und zu experimentieren.
Um die Situation zu erfassen, eignet sich auch hier wieder ein dynamisches Soziogramm, wo sich die Teilnehmer, die sich zu wenig geschätzt fühlen, in einer Untergruppe zusammenfinden und die anderen Teilnehmer in einer zweiten Gruppe. Um die Situation für die nach ihrer Meinung nicht geschätzten Teilnehmer zu verbessern, kann der Gruppenleiter auch IAS Nr. 47, Wertschätzung, erproben.

Zusammenfassend kann man sagen, daß die psychosozialen Beziehungen in der Gruppe eine ausschlaggebende Bedeutung dafür haben, wer in einer interaktionellen Gruppe lernt und wer nicht lernt. Sehr selten wird ein Teilnehmer, der ein geringes Gefühl von Zugehörigkeit, Einfluß und Wertschätzung hat, in einer interaktionellen Gruppe etwas lernen können. Die Befriedigung dieser Bedürfnisse ist allein zwar immer noch keine Erfolgsgarantie; wenn diese Bedürfnisse jedoch nicht befriedigt sind, ist die Wahrscheinlichkeit eines Scheiterns außerordentlich hoch.

2.5   TRANSFER IN DEN ALLTAG

Eine wichtige Frage ist es, unter welchen Umständen die Teilnehmer nach Beendigung einer interaktionellen Gruppe das, was sie gelernt haben, im Alltag praktizieren können. Dazu sollen die wichtigsten Verhaltensweisen besprochen werden, die eine Anwendung des in der Gruppe Gelernten im täglichen Leben sicherstellen können. Wenn der Gruppenleiter diese Bedingungen kennt, kann er bereits in der Gruppe mit den Teilnehmern den Transfer vorbereiten.

AKTIVES VERHALTEN

Hiermit sind alle Real-Experimente gemeint, die ein Teilnehmer später im Alltag unternimmt, um das, was er in der Gruppe für sich gelernt hat, anzuwenden. Neben dem Experimentieren mit neuem Verhalten ist die geduldige weitere Verfeinerung neuer Verhaltensweisen wichtig. Jeder Mensch braucht Zeit, um neue Reaktionsweisen zu konsolidieren. Man muß dabei sorgsam die wechselnden Umstände von Zeit, Ort und Personen berücksichtigen, um schließlich über ein flexibles erweitertes Verhaltensrepertoire zu verfügen, das dann konstruktiv in den eigenen Lebensstil integriert werden kann. Geduld, Perspektive und Balance zwischen eigenen und fremden Interessen sind hier wichtig.

Manche Teilnehmer gehen später in der Praxis spontaner vor als früher. Die meisten Teilnehmer, die von der Gruppe profitiert haben, sprechen später häufiger und offener mit anderen Leuten. Sie berichten offen über ihre Gruppenerfahrung und die Auswirkungen auf die eigene Person. Das hilft ihnen, eine Perspektive für die Erfahrung zu gewinnen und herauszufinden, wie die weitere Umsetzung erfolgen kann. Außerdem kann das offene Gespräch mit anderen auch dazu führen, daß diese den Betreffenden ermutigen und unterstützen.

Viele Teilnehmer praktizieren später ihr neues Verhalten, weil sie selbst gemerkt haben, daß sie so besser leben können. Sie betrachten Veränderungen besonders im interpersonellen Bereich als so ergiebig, daß sie sich lebendiger und zufriedener fühlen. Das gilt sehr oft für den privaten, familiären Bereich, zum Teil auch für die berufliche Sphäre. Andererseits gibt es leider immer wieder Teilnehmer, die mit ihrem geänderten Verhalten in Schwierigkeiten geraten. Das ist am häufigsten im Berufsleben der Fall. Dort gibt die Umgebung oft keine positive Verstärkung, und bei fehlender Unterstützung durch die Interaktionspartner tritt die Gruppenerfahrung dann schnell in den Hintergrund und wird vergessen. Für sehr viele Teilnehmer ist die alltägliche Umgebung, in die sie zurückkehren, kalt, indifferent und unbeweglich, so daß sie sich leicht wieder in ihr Schneckenhaus zurückziehen.

Durch geeignete Rollenspiele kann der Gruppenleiter die Teilnehmer auf die späteren Realexperimente und auf den Eintritt in die Alltagswelt vorbereiten.

> Ein Teilnehmer spielt beispielsweise die Rückkehr in seine Organisation und berichtet seinem Chef davon, was er auf dem Seminar gelernt hat.

> Ein anderer Teilnehmer kann die Rückkehr in die Familie spielen und seinem Partner zu Hause mitteilen, welche Erfahrungen er gemacht hat und welche Konsequenzen er daraus ziehen möchte.

INTELLEKTUELLE VERARBEITUNG

Einige Teilnehmer verbinden später viele Ereignisse des Alltags mit ihrer Gruppenerfahrung, mit bestimmten Einsichten und Erkenntnissen aus der Gruppe, so daß sie Situationen im realen Leben im Blick auf das, was sie in der Gruppe erfahren haben, besser bewältigen. Häufig nehmen die Teilnehmer überhaupt eine bewußtere Haltung ein. Sie nehmen sich Zeit, Gefühle, Situationen und Beziehungen zu durchdenken, um nicht wieder in alte Verhaltensmuster zurückzufallen. Eine ganze Reihe von Teilnehmern beginnt, die persönliche und berufliche Weiterentwicklung bewußt zu planen, z.B. jährliche Fortbildung, Besuch weiterer interaktioneller Seminare etc. (Um hier die Teilnehmer entsprechend vorzubereiten, eignen sich IAS Nr. 59, Geheime Botschaft; Nr. 60, Selbst-Sabotage und Nr. 96, Ich habe gelernt...).

Insgesamt kann man sagen, daß die Teilnehmer, die dauerhaft von interaktionellen Gruppen profitieren, bereits in der Gruppe mehr dafür tun als andere. Sie experimentieren bereits hier häufig mit neuem Verhalten. Sie versuchen dann im Alltag, neue Verhaltensweisen auszuprobieren und zu verfeinern und sehen darin einen ebenso lohnenswerten wie schwierigen Prozeß, der von ihnen die Bereitschaft verlangt, immer neu zu entscheiden, wie sie weitermachen wollen.
Damit ist eine wichtige Einstellung angesprochen, nämlich eine Balance zwischen experimentellem Verhalten und dem Nachdenken darüber. Weder gute Vorsätze und abstrakte gedankliche Aktivität noch blinder Aktionismus führen zu einer erfolgreichen Bewältigung der eigenen Lebensprobleme. Daher sollte der Gruppenleiter mit den Teilnehmern darüber sprechen, was sie tun können und wollen, um ihren Lernerfolg nach Beendigung der Gruppe zu stabilisieren. Jeder Teilnehmer sollte einige der hier diskutierten Aktivitäten ausprobieren, denn niemand wird automatisch neue Verhaltensweisen beibehalten. Er muß bewußt weiter experimentieren, neue Reaktionen verfeinern, über die Konsequenzen neuen Verhaltens nachdenken usw. Denn Wunder geschehen auch in interaktionellen Gruppen nicht.

2.6 ABGRENZUNGEN ZUR THERAPIE

Zunächst möchte ich einige Ähnlichkeiten ansprechen, die zwischen interaktionellen Lerngruppen und therapeutischen Gruppen bestehen. In beiden wird die Entwicklung der Persönlichkeit und die Entwicklung des kreativen Potentials betont. Desgleichen werden ähnliche Verhaltensweisen geschätzt und entwickelt: klare und präzise Kommunikation, die Fähigkeit, lebendige Beziehungen herzustellen, Risikobereitschaft, Interdependenz, funktionale Flexibilität, Selbstkontrolle, Bewußtsein des eigenen Verhaltens, Sensitivität in bezug auf Gruppenprozesse und in bezug auf andere Menschen, Akzeptierung anderer, Toleranz für neue Informationen, Vertrauen, das Vermögen, sich und andere zu genießen, Einsicht in das eigene Selbst etc.
Die Teilnehmer, die in Therapiegruppen gehen oder in interaktionelle Gruppen, teilen die gleiche kulturelle Atmosphäre, in der Regel Einsamkeit, Konfusion und Entfremdung. Sie haben ähnliche Identitätsprobleme und oft ein ähnliches Gefühl persönlicher Inadäquatheit.
Nun gibt es nicht nur eine starke Ähnlichkeit zwischen Therapiegruppen und interaktionellen Lerngruppen im Blick auf den soziokulturellen Hintergrund der Teilnehmer und die Lernziele, sondern auch im Blick auf die angewendeten Lernmechanismen, Gruppentechniken und Gruppenregeln (Betonung des Hier und Jetzt, Offenheit, Feedback, Analyse von Verhalten usw.).
Darüber hinaus kann man sagen, daß es heute viele Gruppenleiter gibt, die nicht-therapeutische Gruppen so effizient leiten, daß es in bestimmten Situationen kaum einen Unterschied zur Arbeit eines Therapeuten gibt. Das heißt, es ist schwer, eine klare Grenze zwischen therapeutischen und intensiven interaktionellen Gruppen zu ziehen.

Es gibt allerdings einige äußere Differenzen, die man benennen kann. In der Regel dauert eine Therapiegruppe länger als eine interaktionelle Lerngruppe. Der Leiter einer Therapiegruppe hat eine andere Position als der Leiter einer interaktionellen Lerngruppe. Normalerweise sehen die Teilnehmer in interaktionellen Lerngruppen den Leiter realistischer als das Patienten einer Therapiegruppe tun. Sie nehmen den Leiter anders wahr, sie können sich eher mit ihm vergleichen, nur daß er eben ein umfassenderes professionelles Wissen hat als sie selbst. Das Ziel des Leiters einer interaktionellen Gruppe ist es auch oft, daß die Teilnehmer hier Gruppenleiter-Fertigkeiten von ihm lernen.

In der Gruppentherapie wird der Leiter viel unrealistischer von den Teilnehmern gesehen. Er spricht auch seltener über eigene Probleme,und es ist nicht sein Ziel, den Teilnehmern Dinge beizubringen, die er selbst tut.

Wichtiger noch sind andere Unterschiede: Interaktionelle Gruppen sollten in der Regel aus normal funktionierenden Teilnehmern zusammengesetzt sein, die eine größere soziale Kompetenz erwerben, sich entwickeln wollen, während in einer Therapiegruppe zumeist Teilnehmer sind, die selbst mit den kleineren Schwierigkeiten des Lebens nicht richtig zurechtkommen.

Der wichtigste Unterschied ist folgender: Während die Teilnehmer in eine interaktionelle Gruppe gehen, um ihre personelle und interpersonelle Kompetenz zu erweitern, gehen Patienten in eine Therapiegruppe, um überhaupt zu überleben. Die Teilnehmer einer Therapiegruppe haben also eine Überlebensorientierung, während die Teilnehmer in der interaktionellen Gruppe eine Kompetenzorientierung haben.

Ein zusätzlicher Unterschied ergibt sich in der Anfangs- und Endphase. Am Anfang einer interaktionellen Gruppe sind die Teilnehmer natürlich etwas ängstlich, aber sie haben die Unterstützung eines gewissen Selbstwertgefühls und ihrer beruflichen und zwischenmenschlichen Erfahrung. Patienten dagegen beginnen eine Therapiegruppe mit Furcht und Zittern. Es geht alles sehr viel langsamer.

Eine interaktionelle Gruppe endet in der Regel nach einer festgelegten Zeit, wenn die Gruppe eine gewisse Kohäsion erreicht hat. Das aber ist in der Therapiegruppe der Zeitpunkt, an dem die eigentliche Arbeit beginnen kann, denn die Therapiegruppe dauert für jeden Teilnehmer so lange, bis er seine Lebensprobleme einigermaßen gelöst hat.

Aus dem Gesagten wird klar, wie schwierig es für jeden Gruppenleiter in einer interaktionellen Gruppe ist, eine zu starke Annäherung an die therapeutische Gruppe zu verhindern. Das gelingt nur, wenn der Gruppenleiter immer wieder sein eigenes Verhalten überprüft und die Ziele der Gruppe klar definiert.

Eine zusätzliche Schwierigkeit ergibt sich daraus, daß in der Praxis oft Teilnehmer interaktionelle Gruppen aufsuchen, die eigentlich in eine therapeutische Gruppe gehen müßten, um dort gründlich an ihren Problemen zu arbeiten. Die Betreffenden sind sich manchmal gar nicht darüber klar, wie schwer ihre Störungen sind; häufiger noch kennen sie ihre Schwierigkeiten, scheuen aber aus verschiedenen Gründen davor zurück, die Hilfsmöglichkeiten von Einzel- oder Gruppentherapie für sich in Anspruch zu nehmen. Sie machen vielleicht nicht zuletzt deshalb einen weiten Bogen um die Therapie, weil sie - zum Teil sicherlich zu Recht - befürchten, daß Kollegen oder Verwandte für diesen Schritt wenig Verständnis aufbringen würden. Dementsprechend hoffen solche Teilnehmer, in einer interaktionellen Gruppe um eine klare Konfrontation mit ihrer Therapiebedürftigkeit zu kommen.

Daraus ergeben sich für viele Gruppenleiter ernsthafte Probleme. Wann immer der

Gruppenleiter den Eindruck hat, daß gewisse Schwierigkeiten eines Teilnehmers über seine persönliche Kompetenz oder über die Problemlösungskapazität der konkreten Gruppe hinausgehen, sollte er das offen mitteilen.

Wenn ein Gruppenleiter einem Teilnehmer nicht weiterhelfen will oder kann, heißt das natürlich nicht immer, daß der Betreffende tatsächlich Therapie benötigt. Andererseits darf es auch kein Tabu in einer interaktionellen Gruppe geben, das es dem Gruppenleiter oder den Teilnehmern untersagt, jemanden mit der Frage zu konfrontieren, ob nicht die Therapie für ihn eine bessere Lernmöglichkeit und Hilfe bietet.

Kapitel 3

DER GRUPPENLEITER

In den beiden folgenden Kapiteln möchte ich mich mit der Person und den Aufgaben des Gruppenleiters beschäftigen, wobei ich vor allem an solche Gruppenleiter denke, die in interaktionellen Gruppen tätig sind. Viele der angesprochenen Zusammenhänge und Feststellungen gelten m.E. jedoch auch für Gruppenleiter in aufgabenorientierten Gruppen.

Ich hoffe sehr, daß die Gruppenleiter, die dieses Kapitel lesen, sich anregen lassen, ihre eigene Praxis hier und da kritischer zu betrachten und vielleicht da und dort auch einiges anders zu machen. Vielleicht beginnen sie auch, sich selbst einige Fragen neu zu stellen, an die sie vorher nicht gedacht haben. Eine besondere Bewandtnis haben alle normativen Feststellungen nach dem Muster:,,Es ist wichtig, daß der Gruppenleiter das und das tut" oder: ,,Der effektive Gruppenleiter hat die und die Einstellung". Wenn ein Gruppenleiter bemerkt, daß er selbst in manchen Punkten von dem hier skizzierten - mehr idealtypisch gesehen - inneren und äußeren Verhaltensmuster eines vorzüglichen Gruppenleiters abweicht, dann ist bereits die Feststellung nützlich. Wenn der Gruppenleiter dann in geeigneter Weise und mit der notwendigen Geduld an sich arbeitet, dann ist das erfreulich. Unerfreulich verhalten sich in meinen Augen dagegen alle diejenigen, die sich per Entschluß und um die ganze Angelegenheit abzukürzen, die Charaktermaske des perfekten Gruppenleiters vorhängen, um z.B. in der Gruppe später so zu tun, als ob sie zuhörten, wenn sie in Wirklichkeit gar nicht dabei sind, oder um z.B. Zärtlichkeit für einen Teilnehmer auszudrücken, die sie nicht empfinden, oder um zu interpretieren, obgleich sie von seelischen Zusammenhängen sehr wenig verstehen. Solche Maskerade zahlt sich in den meisten Fällen nicht aus, weder für den Gruppenleiter, der dadurch sein eigenes Wachstum blockiert, noch für die Teilnehmer, die glücklicherweise häufig ein feines Gefühl für Unaufrichtigkeit haben. Schließlich sind die meisten von uns ja durch Unaufrichtigkeit unserer wichtigsten Bezugspersonen belastet worden, und wir legen keinen Wert darauf, weiter an der Nase herumgeführt zu werden.

Ich glaube, daß es auf der einen Seite eine Menge Dinge gibt, über die ein Gruppenleiter verfügen muß und daß die Ansprüche an seine menschlichen und beruflichen Qualitäten steigen, je prekärer die Situation der Teilnehmer ist, mit denen er arbeitet. Auf der anderen Seite bin ich der Meinung, daß neben dem Qualitätsbewußtsein gleichrangig die Forderung der Aufrichtigkeit und der Übereinstimmung mit sich selbst steht. Von daher muß jeder Gruppenleiter langsam - und sicherlich auch durch Irrtümer und Versäumnisse - seinen eigenen Stil entwickeln, der zu ihm paßt und zu seiner Person. Er sollte dabei selbst sein strengster und freundlichster Kritiker zugleich sein, und darüber hinaus sollte er eine Anzahl möglichst heterogener ernsthafter Kollegen haben, mit denen er immer wieder zusammenarbeitet, um ihr Feedback zu erhalten. Ansonsten sollte er mit den Teilnehmern seiner Gruppen darüber sprechen, wie sie mit ihm zurechtkommen.

Die beste Orientierungsmöglichkeit bietet für den Gruppenleiter und für jeden Teilnehmer das Signalsystem des eigenen Körpers. Wenn ich bemerke, daß ich mich anspanne, verkrampfe usw., dann habe ich Grund, mich zu fragen, wie weit ich auf Unaufrichtigkeit, Täuschungsmanöver usw. in meiner augenblicklichen Umgebung reagiere oder wie weit ich selbst mir bewußte Gefühle, Gedanken, Wünsche und Befürchtungen nicht offen ausdrücke.

Schließlich ist es für jeden Gruppenleiter lebenswichtig, immer wieder dafür zu sorgen, daß seine eigenen gefühlsmäßigen Bedürfnisse nicht zu kurz kommen und daß er die erheblichen Investitionen an Aufmerksamkeit und Identifikation, an Zorn und Zärtlichkeit, Nachforschung und Intuition in geeigneter Weise ausgleicht.

3.1   EIN VIERDIMENSIONALES FUNKTIONSMODELL DER GRUPPENLEITUNG

Im folgenden soll ein Modell dargestellt werden, das auf sehr vereinfachende Weise vier grundlegende Funktionen jedes Gruppenleiters beschreibt, und zwar die emotionale Stimulation, den Ausdruck persönlicher Wertschätzung, das Anbieten von Erklärungen und die Strukturierung. Diese vier Verhaltensdimensionen des Gruppenleiters können dazu dienen, Aspekte der Gruppenleitung in allen möglichen Gruppen zu untersuchen, nicht nur in interaktionellen Gruppen. Entwickelt wurde das Modell von LIBERMAN, YALOM und MILES im Rahmen einer größeren Untersuchung über interaktionelle Gruppen (1973). Ich persönlich halte dieses Modell für eine ausgezeichnete Ergänzung zu der von GIBB (1964) entwickelten Typologie persuasiver und permissiver Gruppenleiter (vgl. auch B.GENSER u.a., 1972).

EMOTIONALE STIMULATION

Hiermit wird ein Verhalten des Gruppenleiters bezeichnet, bei dem er eigene Gefühle, Einstellungen und Ansichten äußert und die Teilnehmer herausfordert und konfrontiert. Dazu gehört weiter alles Verhalten, durch das der Gruppenleiter die Aufmerksamkeit der Gruppe auf seine Person konzentriert. Technisch gesprochen, dient dieses Verhalten des Leiters zum Teil dazu, durch Demonstration Gefühle bei den Teilnehmern in Bewegung zu setzen - er geht sozusagen als Modellpartizipant voran und macht damit exemplarisch vor, wie und was auch ein Teilnehmer in der Gruppe alles machen kann. Andererseits entspringt dieses Verhalten natürlich auch den Selbstdarstellungsbedürfnissen des Gruppenleiters bzw. seinem Wunsch, sich wenigstens partiell wie ein Teilnehmer zu verhalten.
Ein hohes Maß an emotionaler Stimulation führt zu einem sehr persönlichen Stil der Gruppenleitung, wobei der Gruppenleiter mehr oder weniger häufig im Mittelpunkt der Gruppe steht und durch seine persönliche Ausstrahlung und durch das Gewicht seiner Persönlchkeit die Gruppe anregt, sich mit ihm auseinanderzusetzen. Die persönliche Ausstrahlung des Leiters und sein Charisma vermögen in der Tat eine ganze Reihe von Teilnehmern zu motivieren, sich ebenfalls stärker zu exponieren. Gruppenleiter, die mit einem hohen Maß an emotionaler Stimulation arbeiten, betrachten es als eine unabdingbare Lernvoraussetzung für die Teilnehmer, daß sie diese in Unruhe versetzen und sie aus den gewohnten Verhaltensbahnen hinausdrängen. Dabei konfrontieren sie auch die Teilnehmer mit den Annahmen, die sie über sich und über ihre Wirkung auf andere haben.

Gruppenleiter, die überwiegend mit emotionaler Stimulation arbeiten, werden von vielen Teilnehmern als charismatisch wahrgenommen, als Quelle der Inspiration. Wenn diese Gruppenleiter relativ wenig Anstrengungen machen, den Teilnehmern zu helfen, ihr Verhalten besser zu verstehen und selbst über Verhaltensänderungen zu entscheiden, und wenn sie darüber hinaus die Hilfestellung, die die Teilnehmer einander geben können, nicht in ihre Arbeit einbeziehen, dann wird dieser Stil bedenklich. Ein Stil der Gruppenleitung, dessen Hauptfunktion emotionale Stimulation ist, überbetont die zentrale Person des Leiters und ignoriert das wichtige Potential der Gruppe. Der allzu charismatische Gruppenleiter erscheint ebenso als Karikatur wie der allzu unsichere Gruppenleiter.

Andererseits sollte nicht verkannt werden, daß in bestimmten Situationen und bestimmten Teilnehmern gegenüber die emotionale Stimulation außerordentlich fruchtbar sein kann, nämlich als Anregung für die Teilnehmer, sich selbst mehr zu entdecken und mehr zur eigenen Person zu stehen.

Speziell beim Ausdrücken aggressiver Gefühle muß sich der Gruppenleiter fragen, wie weit eine konkrete Gruppe oder ein konkreter Teilnehmer diesem Gefühl gewachsen ist.

AUSDRUCK PERSÖNLICHER WERTSCHÄTZUNG

Dies ist die zweite Dimension des Gruppenleiterverhaltens. Sie äußert sich als Eintreten und Schutz für die Teilnehmer, im Äußern von freundschaftlichen Gefühlen und in Gesten, die Zuneigung, Unterstützung, Anerkennung und Ermutigung ausdrücken. Basis eines solchen Gruppenleiterverhaltens sind persönliche Wärme, Akzeptierung des Teilnehmers, so wie er ist, und ein wirkliches Interesse an seiner Person. Gruppenleiter, die häufig ihre persönliche Wertschätzung für die Gruppenmitglieder ausdrücken, werden als gebend, verständnisvoll, fürsorglich, sympathisch, warm, offen und freundlich empfunden. Sie sind der Gegenpol zu Gruppenleitern, die eher technisch orientiert sind, entschieden, solide, kompetent und voller Wissen. Der Ausdruck persönlicher Wertschätzung ist ohne Zweifel die wichtigste Dimension jedes Gruppenleiterverhaltens, da sie mit den grundlegenden Bedürfnissen der Teilnehmer nach Zugehörigkeit, Anerkannt- und Respektiertwerden korrespondiert.

Bedauerlicherweise ist in der Praxis immer wieder zu beobachten, daß viele Gruppenleiter diese Dimensionen simulieren und Freundlichkeit äußern und Verständnis, die sie nicht empfinden. Es ist besonders häufig der Fall bei Gruppenleitern, die eine oberflächliche Ausbildung in gesprächstherapeutischen Techniken erhalten haben und die diese Verhaltensdimension als technisches Requisit benutzen und nicht, weil sie Sympathie oder Freundlichkeit empfinden. Eine solche Pseudowertschätzung schränkt die Wirksamkeit der persönlichen Interaktion zwischen Gruppenleiter und Teilnehmer stark ein, ja, ich halte sie sogar für schädlich.

ANBIETEN VON ERKLÄRUNGEN

Damit sind alle Bemühungen des Gruppenleiters gemeint, mit denen er den Teilnehmern Konzepte und funktionale Zusammenhänge erklärt, damit sie ihr eigenes Verhalten und die Vorgänge in der Gruppe besser verstehen können. Der Gruppenleiter stellt den Teilnehmern einen passenden Bezugsrahmen für Prozesse der Persönlichkeitsentwicklung, des Lernens, der Interaktion, der Gruppenentwicklung usw. zur Verfügung. Dabei gehen einige Gruppenleiter so vor, daß sie ihre Interpretationen stärker auf die ganze Gruppe richten. Sie betonen dabei den Gruppenprozeß, die soziale Interaktion und fordern die Gruppe oft auf, die augenblickliche Gruppensituation zu bedenken und eine Analyse der Gruppenereignisse vorzunehmen. Andere Leiter sorgen hauptsächlich dafür, daß der einzelne Teilnehmer seine Situation reflektiert, seine Gefühle, Werthaltungen, Interaktionsstil usw. versteht, indem er geeignete psychologische Modelle und Konzepte   heranzieht , welche dem Teilnehmer helfen, eine gewisse Ordnung in sein Erleben zu bringen.

Am wirksamsten sind die Gruppenleiter, die b e i d e Aspekte kombinieren, indem sie individuelles Verhalten und Gruppenverhalten aufeinander beziehen. Mit diesem eher didaktischen Verhalten übernimmt der Gruppenleiter eine ähnliche Funktion, wie sonst Eltern, Pädagogen etc. Effektive Gruppenleiter üben diese Funktion daher zwar konsequent, aber sparsam aus, um die Teilnehmer nicht zu Abwehrreaktionen zu provozieren und um sie nicht von eigenen möglichen und notwendigen gedanklichen Anstrengungen zu entlasten.

Gruppenleiter, die diese Dimension übertrieben praktizieren, töten damit die Interaktion und die Initiative der Teilnehmer. Sie verwandeln die Gruppe in ein akademisches Seminar.

STRUKTURIERUNG

Dies ist die vierte Dimension von Gruppenleitung. Hier geht es um ein Verhalten des Gruppenleiters, das Grenzen setzt, Spielregeln vorschlägt oder definiert und Normen setzt, die sich auf die Ziele der Gruppe, ihren Arbeitsstil, die Reihenfolge verschiedener Aktivitäten usw. beziehen. Durch Strukturieren reguliert der Gruppenleiter, wie schnell die Gruppe vorangeht und wann sie mit einer bestimmten Aktion aufhört. Dazu gehört weiter, daß der Gruppenleiter der Gruppe oder einem einzelnen bestimmte Experimente vorschlägt, daß er sich darum kümmert, wann welche Entscheidungen getroffen werden etc.

Gruppenleiter, die vorwiegend diese Funktion ausüben, fördern die Teilnehmer eher durch Vorschläge und weniger durch eigene Demonstration. Sie werden von den Teilnehmern als eine Art Regisseur erlebt, der die Aktion in Gang bringt oder stoppt. Darüber hinaus haben diese Gruppenleiter die Tendenz, selbst die Lernziele der Teilnehmer zu bestimmen und die Wege festzulegen, wie sie zu erreichen sind. Sie neigen weiter dazu, viele strukturierte Experimente vorzuschlagen und treiben auf diese Weise leicht Mißbrauch mit Interaktionsspielen.

Bei den angeführten vier Dimensionen des Gruppenleiterverhaltens handelt es sich natürlich um idealtypische Vorstellungen. Jeder wirkliche Gruppenleiter wird immer etwas aus allen vier Verhaltensdimensionen realisieren. Die spezifische Mischung dieser vier Gruppenleiterfunktionen prägt den „Stil" des betreffenden Leiters und entscheidet über die Effektivität seiner Arbeit.

Der günstigste Leitungsstil für interaktionelle Gruppen, der den meisten Teilnehmern gerecht werden dürfte, wird von den Gruppenleitern praktiziert, die mäßigen Gebrauch machen von der emotionalen Stimulation, die persönliche Wertschätzung häufig ausdrücken, die den Teilnehmern genügend Erklärungen anbieten und die ihre Strukturierungsfunktion sparsam ausüben. Andererseits sind in interaktionellen Gruppen die Leiter am wenigsten effektiv, die entweder sehr wenig oder sehr viel emotionale Stimulation benutzen, die wenig Interesse an den Teilnehmern haben, wenig Verständnishilfen geben und die entweder gar nicht oder zuviel strukturieren.

Nun darf man die einzelnen Funktionen nicht isoliert betrachten. Es gibt zwei Funktionen des Gruppenleiters, die besonders wichtig sind und die in der Kombination miteinander wirksam werden müssen, nämlich der Ausdruck persönlicher Wertschätzung und qualifizierte Verständnishilfen. Es ist also nicht genug, daß der Gruppenleiter nur Wärme und Zuneigung gibt. Es ist auch zu wenig, wenn er nur interpretiert. Die Kombination beider Verhaltensdimensionen ist die Voraussetzung dafür, daß die Teilnehmer gut lernen können.

Zusätzlich zu dieser Kombination ist es dann nicht mehr so entscheidend, ob der Gruppenleiter emotionale Stimulation bevorzugt und weniger strukturiert oder umgekehrt. Das ist eher eine Frage des persönlichen Stils und eine Frage der Verträglichkeit dieses Stils mit der konkreten Gruppe.

Insgesamt kann dieses relativ einfache vierdimensionale Modell der Gruppenleitung jedem Leiter helfen, sich schnell darüber klar zu werden, wie er gegenwärtig arbeitet, um möglicherweise die Akzente dann anders zu setzen.

3.2   DER EFFEKTIVE GRUPPENLEITER

In diesem Abschnitt geht es um wichtige Kenntnisse und Einstellungen, die einen guten Gruppenleiter auszeichnen.

KENNTNISSE

Jeder Gruppenleiter muß einiges wissen, um der Gruppe und dem einzelnen Teilnehmer nützlich sein zu können. Als minimalen fachlichen Hintergrund für die Leitung einer interaktionellen Gruppe betrachte ich:

- **Allgemeine Kenntnisse von Gruppendynamik,**
  die praktisch durch gruppendynamisches Training und/oder durch eine gruppenbezogene Ausbildung (wie z.B. beim Gruppentherapeuten) erworben werden   und durch Studium einschlägiger Literatur vertieft werden können.

- **Genügend Einsichten in die individuelle Psychodynamik,**
  um in der Lage zu sein, Angstreaktionen in der Gruppe zu erkennen und damit so umzugehen, daß weder die Funktion der Gruppe leidet noch der einzelne Teilnehmer Schaden nimmt. Diese Einsichten können vor allem in therapeutischen Gruppen praktisch erworben werden.

- **Spezialkenntnisse,**
  die für die spezifischen Zwecke der Gruppe geeignet sind. Wenn ich zum Beispiel eine interaktionelle Gruppe in der Lehrerbildung leite, muß ich genügend wissen über die aktuellen pädagogischen, schulpolitischen und organisatorischen Probleme, die die Lehrer zur Gruppe mitbringen, damit ich sie schnell verstehen kann.

- **Teilnehmererfahrungen in den angewandten Gruppenverfahren**
  Schließlich ist es sinnvoll, daß jemand, der eine Gruppe leitet und bestimmte Gruppenverfahren anwendet, diese zuvor als Teilnehmer kennengelernt hat. Das gilt für die anspruchsvolleren Interaktionsspiele wie auch für eine Reihe der weiter hinten detaillierter beschriebenen Interventionstechniken des Leiters.

Für alle Kenntnisse, die der Gruppenleiter benötigt, gilt, daß sie nach Möglichkeit durch eigenes Erleben auch eine gefühlsmäßige Komponente erhalten sollen. Die wenigsten Leute haben so viel Phantasie und Intuition, daß sie allein durch das Studium von Büchern gefühlsmäßig und kognitiv ausreichend lernen.

Im folgenden sollen wichtige Einstellungen und Haltungen, die die Wirksamkeit des Gruppenleiters unterstützen, diskutiert werden.

ENGAGEMENT UND INTERESSE

Ein effektiver Gruppenleiter wird von den Teilnehmern so verstanden, daß er jeden einzelnen respektiert und sich für ihn als Individuum einsetzt. Damit ist gemeint, daß der Gruppenleiter eine spezifische und deutlich wahrnehmbare Einstellung hat, daß er sich um j e d e n Teilnehmer kümmert und für jeden da ist. Die Teilnehmer sind ja immer wieder in einem dynamischen Prozeß befindlich, eine gewisse Rangordnung herzustellen, z.B. mit den Dimensionen mächtig und schwach, kompetent und inkompetent, sympathisch und unsympathisch, sie konkurrieren in verschiedenen Bereichen miteinander. Ein verantwortungsvoller Gruppenleiter ist in der Lage, diese Dynamik zu erkennen und konstruktiv damit umzugehen, und zwar auf eine solche Weise, daß er nicht selbst Partei ergreift und seine Hilfestellung für den einzelnen Teilnehmer nicht davon abhängig macht, wie er einen Teilnehmer in irgendeiner möglichen Hinsicht als besser oder schlechter einstuft.

Dieser Gruppenleiter erwartet auch von keinem Teilnehmer, daß er auf irgendeine Gruppentechnik reagieren muß und übt auf keinen Teilnehmer Druck aus, daß dieser irgendetwas tun muß, wozu er nicht wirklich bereit ist. Kein Gruppenleiter kann Achtung und Sympathie einer Gruppe gewinnen, wenn der einzelne Teilnehmer nicht weiß, daß der Leiter an ihm als Person interessiert ist und seine Autonomie respektiert. Mit einer solchen Einstellung garantiert der Gruppenleiter auf symbolische Weise die psychische Zugehörigkeit jedes Teilnehmers, welche keineswegs automatisch von der Gruppe selbst sichergestellt wird.

SENSITIVITÄT

Diese Qualität ist abhängig vom Interesse eines Gruppenleiters für andere Menschen und von seiner Wahrnehmungsfähigkeit. Sensitivität im besten Sinne ist die Fähigkeit, eigene Vorurteile und Präferenzen zeitweilig aufzugeben und bereit zu sein, den Standort eines Teilnehmers unreserviert einzunehmen, unabhängig davon, wie der andere gerade denkt und fühlt.

Sensitivität, die dem Teilnehmer wirklich hilft, hat nur ein Gruppenleiter, der innere Sicherheit und ein persönliches Zentrum besitzt. Der Grad, in dem der Gruppenleiter in der Lage ist, einen anderen zu verstehen, hängt unmittelbar zusammen mit seiner Selbsterkenntnis und der Akzeptierung seiner eigenen Person. Wenn das gegeben ist, kann der Gruppenleiter Werte, Ziele und augenblickliche Gefühle eines Teilnehmers verstehen und die Welt zeitweise mit dessen Augen sehen. Diese Haltung setzt voraus, daß der Gruppenleiter den Teilnehmer wirklich verstehen möchte und daß er von dem Wunsch frei ist, ihn verändern zu wollen.

Verständnis mit dem Ziel, den Teilnehmer auf eine bestimmte Weise zu verändern, ist immer fragwürdig und manipulativ. Ein Gruppenleiter, der den Teilnehmer nur durchschauen möchte, um ihn besser für seine Ziele einspannen zu können, weckt zu Recht das Mißtrauen der Teilnehmer.

KONTAKT ZUM GRUPPENPROZESS

Ein guter Gruppenleiter kann mit den verschiedenen affektiven Phasen der Gruppenentwicklung umgehen. Er muß genügend Kenntnis von der Gruppenentwicklung haben und in der Lage sein, sein eigenes Verhalten so zu steuern, daß das, was er sagt und tut, die Vorgänge in der Gruppe berücksichtigt und die sich langsam entwickelnde Kompetenz der Gruppe fördert. Zum Beispiel gehört dazu, daß der Gruppenleiter weiß, daß am Anfang jeder Gruppe wenig Kohäsion vorhanden ist, und er muß sich damit abfinden und darf sich nicht darüber beklagen. Er versucht, dafür zu sorgen, daß sich langsam ein Klima der Akzeptierung entwickelt, das ebenso den Austausch feindlicher wie freundlicher Reaktionen ermöglicht.

Er muß auch damit rechnen, daß die Teilnehmer in der Anfangsphase häufig Beiträge an seine Person richten, und er muß dann dafür sorgen, daß die Interaktion immer stärker zwischen den Teilnehmern stattfindet und daß zunehmend auch gefühlsmäßige Reaktionen ausgesprochen werden können. Es ist weiter sehr wichtig, daß der Gruppenleiter bemerkt, welches emotionale Klima in der Gruppe gerade herrscht, um den Teilnehmern die notwendigen Anregungen geben zu können, auch latente Empfindungen und Gedanken auszudrücken. Ein Gruppenleiter, der ständig das affektive Niveau einer Gruppe mit seinen Interventionen verfehlt, drängt leicht die einzelnen Teilnehmer und die ganze Gruppe in eine künstliche Richtung, welche die natürliche Gruppenentwicklung blockiert. Ohne Kontakt zur jeweiligen Gruppenstimmung stört der Gruppenleiter die Entwicklung einer kohäsiven Gruppe, die Entwicklung einer hohen Gruppenmoral und die Aufgabenerfüllung der Teilnehmer.

OPTIMISMUS

Ein guter Gruppenleiter ist überwiegend optimistisch eingestellt; er sieht die Menschen grundsätzlich positiv. Er geht davon aus, daß jeder Teilnehmer für sich selbst verantwortlich ist und über ein großes latentes Potential verfügt. Er betrachtet es als seine Aufgabe, dem einzelnen Teilnehmer zu helfen, Fähigkeiten und Möglichkeiten auszubilden, über die er ansatzweise schon verfügt. Ein konstruktiver Gruppenleiter läßt sich nicht so leicht aus der Fassung bringen, wenn die Gruppe gelegentlich wenig Neigung zur Arbeit zeigt und chaotisch oder lethargisch reagiert, und er akzeptiert es als normal, wenn einzelne Teilnehmer bedrückende und problematische Dinge erzählen bzw. sich dysfunktional verhalten.

Im Ganzen gesehen hat er folgende Einstellungen zu seiner Arbeit:

- Er weiß, daß der Erfolg seiner Tätigkeit ebenso von technischem Wissen und Geschick abhängt wie von spezifischen inneren Haltungen, die er den Teilnehmern gegenüber einnimmt, z.B. Verständnis, Kontakt und Respekt.
- Er interessiert sich mehr für die Teilnehmer als für Sachfragen oder Aufgaben, auch wenn er weiß, daß bestimmte Aufgaben von der Gruppe erledigt werden müssen.
- Er betrachtet die Teilnehmer als kompetent und entwicklungsfähig. Zugleich kann er anerkennen, daß die Teilnehmer teilweise abhängig sind und entsprechend reagieren, dabei aber andererseits auch in der Lage sind, eigene Entscheidungen zu treffen.
- Er weiß, daß er an Menschen interessiert ist und daß er Kontakt mit ihnen wünscht. Ungeeignete Gruppenleiter haben das Gefühl, daß sie nicht zu den Teilnehmern gehören und von ihnen abgelehnt werden.
- Er betrachtet die Gruppenereignisse sowohl unter der Fragestellung: Was bedeutet das für die betroffenen Teilnehmer? - als auch unter dem Gesichtspunkt: Was bedeutet das für mich und für meine Funktion als Gruppenleiter?
- Seine Aufgabe sieht er zu einem großen Teil als Hebammenfunktion, nämlich unentdeckte Potentiale der Teilnehmer zu mobilisieren; dabei hat er nicht das Bedürfnis, die Teilnehmer zu disziplinieren, zu mani-

pulieren oder zu kontrollieren.

● Er ist in der Lage, sich offen und authentisch darzustellen. Schlechte Gruppenleiter haben davor Angst.

● Er ist stolz auf seine eigenen Fähigkeiten und zeigt das auch und freut sich zugleich, wenn andere ebenfalls stolzer auf sich werden.

PERMISSIVITÄT

Ein innerlich ausgeglichener Gruppenleiter trägt dazu bei, daß die Teilnehmer ihr Selbstwertgefühl steigern können. Viele Teilnehmer kommen mit Gefühlen der Minderwertigkeit in eine Gruppe. Diese Inferioritätsgefühle werden durch den Gruppenleiter und/oder andere Teilnehmer aktualisiert. Es ist daher wichtig, daß der Gruppenleiter autoritäres und übermäßig direktives Verhalten meidet und in der Lage ist, die Gefühle jedes Teilnehmers im Blick auf seine Gruppenleiterautorität zu verstehen und mit dem Teilnehmer abzuklären.

Um sicherzustellen, daß alle Teilnehmer genügend Entwicklungsmöglichkeiten haben, ist es wichtig, daß der Gruppenleiter das Muster der Gruppeninteraktion gut beobachtet und die Rangfolge unter den Teilnehmern. Er muß die Teilnehmer, die sich wenig an der Interaktion beteiligen, ermuntern, mehr beizutragen.

KUNST UND TECHNIK

Ein lebendiger Gruppenleiter ist eine integrierte Mischung von einem Gruppensachverständigen und einem Künstler. Er braucht Einfühlungsvermögen, Sensitivität und Intuition und ein gewisses Charisma. Dieser eher künstlerische Aspekt der Gruppenleiterpersönlichkeit ist in einem gewissen Ausmaß erlernbar, z.T. sicher auch Begabung. Andererseits muß der Gruppenleiter auch theoretisch vertraut sein mit den Konzepten von Gruppendynamik, Kommunikationsforschung, Psychodynamik etc. Das heißt also, daß er seine persönliche Begabung verbinden muß mit seinen lerntheoretischen Vorstellungen von der Gruppenarbeit.

FELDABHÄNGIGKEIT

Ein aufmerksamer Gruppenleiter ist verhältnismäßig feldabhängig. Seine Wahrnehmung von Ereignissen in der Gruppe wird bestimmt durch den gesamten Kontext und die Konfiguration des Gruppenprozesses. Dieser Gruppenleiter berücksichtigt vor allem die Beziehung zwischen verschiedenen Komponenten seiner Wahrnehmung und nicht allein die bestimmten Charakteristika einzelner Komponenten. Er schaut auf die Datenzusammenhänge, nicht nur auf isolierte Fakten. Beispielsweise macht er sich Gedanken über den Zusammenhang zwischen dem Status eines Teilnehmers und seinen Lernchancen. Oder er betrachtet den Zusammenhang zwischen der Gruppenstimmung und den augenblicklichen Aussichten der Gruppe, bestimmte Aspekte der Gruppenaufgabe zu bearbeiten.

PARTIZIPATIVES VERHALTEN

Ein selbständiger Gruppenleiter versucht, den Teilnehmern möglichst viel Autonomie einzuräumen. Das Ziel jeder Gruppe ist für ihn, daß der einzelne Teilnehmer freier und autonomer werden kann ohne unnötige Abhängigkeit von anderen. Es ist wichtig, daß der Gruppenleiter so arbeitet, daß die Teilnehmer von der Anfangsabhängigkeit vom Gruppenleiter fortschreiten können zu einem Zustand, wo jedes Mitglied der

Gruppe und auch der Gruppenleiter selbst sich autonomer und interdependenter zugleich verhalten können, indem von beiden Seiten Anregungen und Hilfestellung gegeben und empfangen werden. Ein Gruppenleiter, der eine Gruppe zu lange kontrolliert und bestimmt, ist wie ein possessiver Vater, der sich weigert, die Kinder selbständig werden zu lassen.

ANPASSUNGSBEREITSCHAFT

Der Gruppenleiter hilft seiner Gruppe besonders gut, wenn er seinen Arbeitsstil den Einstellungen der Teilnehmer anpaßt, ohne dabei allerdings seine eigene Persönlichkeit aufzugeben. Wenn ein Gruppenleiter konfrontatives Arbeiten schätzt, wird er sehr gut mit Teilnehmern auskommen, die einen ähnlichen Stil bevorzugen. Wenn er jedoch mit Leuten zusammenarbeitet, die eher überlegt und behutsam zu kommunizieren gewohnt sind, wird er sich schwer tun, wenn er zu konfrontativ mit der Gruppe arbeitet. In diesem Fall wird er konfrontierende Interventionen sparsamer und vorsichtig verwenden müssen. Der Gruppenleiter wird dabei gelegentliche stilistische Änderungen in der Arbeit eher als eine Herausforderung an seine Geschicklichkeit ansehen und weniger als eine Einschränkung seiner Persönlichkeitsrechte.

TOLERANZ

Sichere Gruppenleiter zeigen Toleranz gegenüber den verschiedenen Werten, Einstellungen und Persönlichkeitsausprägungen der Teilnehmer. Er verzichtet darauf, die Beiträge der Teilnehmer zu beurteilen. In gleicher Weise respektiert er die Äußerung aller Gefühle; er toleriert den Ausdruck von Aggression, Hostilität und Ärger ebenso wie den Ausdruck von Liebe, Zärtlichkeit und Unsicherheit. In jedem Fall versucht er, den anderen zu verstehen, um besser mit ihm kommunizieren zu können.

Nur wenn der Gruppenleiter die inneren Gefühle eines Teilnehmers und die Motive seines Verhaltens verstehen kann - ganz gleich, wie verwirrend, unerfreulich oder sogar erschreckend dieses Verhalten auch sein mag - wird er ein guter Katalysator für den Gruppenlernprozeß sein.

KENNTNIS DER EIGENEN BEDÜRFNISSE

Jeder Gruppenleiter bringt eigene, spezifische Bedürfnisse mit in die Gruppe. Er hat vielleicht bestimmte Statusbedürfnisse, Kontaktwünsche oder den Willen, bestimmte Experimente zu erproben etc. Was immer seine Bedürfnisse sind: Es ist wichtig, daß er sie kennt und daß er weiß, was deren möglicher Einfluß auf seinen Stil und sein Verhalten ist. Ein verantwortungsvoller Gruppenleiter hält den unvermeidbaren Störeffekt seiner eigenen Bedürfnisse auf den Lernprozeß der Teilnehmer möglichst klein.

Wenn er es für nötig hält, wird er spezifische eigene Bedürfnisse der Gruppe mitteilen, so daß die Teilnehmer selbst die Auswirkungen der Gruppenleiter-Bedürfnisse auf den Gruppenprozeß überprüfen können.

MUT

Ein effektiver Gruppenleiter nimmt die Herausforderung von neuen Situationen und Menschen mutig auf und entwickelt sein eigenes menschliches und berufliches Potential weiter. Ein mutiger Gruppenleiter traut seinen Einsichten; andererseits ist er auch in der Lage, sein Verhalten als Leiter kritisch zu betrachten und seine Überzeugungen und Werthaltungen gelegentlich zu überprüfen. Er öffnet sich neuen Einsichten, die als

Resultat seiner Reflexion aufkommen. Ein solcher Gruppenleiter glaubt an seine eigenen Entwicklungsmöglichkeiten. Er experimentiert in Übereinstimmung mit seinem eigenen Urteil und seiner Verantwortung. Er erwartet und akzeptiert Risiken und Fehlschäge im Blick auf die eigene Person und Position.

SELEKTIVE OFFENHEIT

Ein aufrichtiger Gruppenleiter weiß, was er fühlt und bestimmt entsprechend der Situation, welche Gefühle er in der Gruppe äußern will. Eigene persönliche Schwierigkeiten spricht er nur unter besonderen Umständen an.

Da dieser letzte Punkt für viele Gruppenleiter ein schwieriges Problem darstellt, möchte ich ihn ausführlicher erörtern. Die entscheidende Frage lautet: Unter welchen Umständen und in welchem Ausmaß soll der Gruppenleiter seine eigenen persönlichen Schwierigkeiten äußern? Meine persönliche Überzeugung ist, daß eine Gruppe Anspruch auf die Geschicklichkeit des Gruppenleiters und auf seine ganze Aufmerksamkeit hat. Darum soll der Gruppenleiter die Gruppe nicht als eine Möglichkeit benutzen, um eigene ungelöste Probleme voranzubringen oder um Unterstützung für Schwierigkeiten zu bekommen, die er gerade hat.

Es gibt jedoch drei Ausnahmen, bei denen der Gruppenleiter seine eigenen Schwierigkeiten mitteilen sollte: 1. wenn er nicht in der Lage ist, ein emotionales Problem zu überwinden, so daß seine Effektivität in der Gruppe insgesamt stark beeinträchtigt ist, 2. wenn er sich bewußt ist, daß irgendetwas zwischen ihm und einem Teilnehmer steht, was die Beziehung schwierig macht und 3. wenn eine besonders dramatische Situation in der Gruppe ihm nahelegt, seine persönlichen Gefühle auszudrücken.

Wenn der Gruppenleiter eine eigene emotionale Schwierigkeit hat und bemerkt, daß die Gruppe durch seine eingeschränkte Wirksamkeit und Aufmerksamkeit defensiv und ängstlich reagiert, sollte er die Teilnehmer kurz darüber informieren, daß er im Augenblick ein Problem hat und sich nicht ganz auf die Gruppe konzentrieren kann. Oft ist dieser Hinweis genug, um die Blockierung der Teilnehmer aufzuheben und um die Störung des Gruppenleiters abzuschwächen. Manchmal bringen die Teilnehmer direkt oder indirekt zum Ausdruck, daß sie eine kurze Erklärung möchten, dann sollte der Gruppenleiter kurz andeuten, welcher Art sein Problem ist. In jedem Fall sollte er sich nicht auf manchmal erfolgende Hilfsangebote der Teilnehmer einlassen. Er kann sich dann bedanken und gleichzeitig mitteilen, daß er seine Schwierigkeit mitgeteilt hat, damit die Teilnehmer wissen, wo er ist und wie er sich fühlt. Solche Art der Störungsbearbeitung hilft dem Gruppenleiter fast immer, wieder frei und arbeitsfähig zu werden.

Wenn der Gruppenleiter die eigene Beziehung zu einem Teilnehmer gestört sieht, insbesondere wenn er sich verletzt und bedroht fühlt, sollte er das dem Betreffenden offen mitteilen, um gemeinsam mit ihm herauszufinden, wie beide besser kooperieren können.

Wenn bestimmte Gruppenereignisse die eigenen Gefühle des Leiters so stark berühren, daß er ungewöhnlich viel Selbstkontrolle braucht, um seine Ruhe zu bewahren, dann kann er offen seine Bewegung ausdrücken und über die eigenen, durch das Gruppengeschehen aktualisierten Gefühle sprechen.

Kapitel 4

AUFGABEN DES GRUPPENLEITERS

Im folgenden sollen die wichtigsten Aktivitäten des Gruppenleiters diskutiert werden, wie sie sich schwerpunktmäßig ergeben im Zusammenhang mit der Vorbereitung auf die Gruppe und im Blick auf die Durchführung. Dabei soll unterschieden werden zwischen mehr gruppenzentrierten und mehr teilnehmerzentrierten Aufgaben.

An manchen Stellen werde ich Hinweise darauf geben, durch welche Interaktionsspiele einige Gruppenleiteraufgaben auf besonders wirksame Weise gelöst werden können. Es scheint mir jedoch sehr wichtig zu sein, daß der Gruppenleiter aus dem Bezugsrahmen eines Aufgabenkonzeptes an die Arbeit in einer konkreten Gruppe herangeht und nicht mit der naiven Vorstellung:,,Ich kenne da ein Interaktionsspiel, mal sehen, wo es hinpaßt.''

4.1 VORBEREITUNG

Der Erfolg eines Gruppenleiters hängt weitgehend von einer angemessenen Vorbereitung ab, wozu eine sorgfältige Diagnose der eigenen Person und ihrer Rolle gehört, eine Diagnose der Gruppe, ihrer Erwartungen und Lernbereitschaft und eine Diagnose der gesamten Lernsituation.

Der Gruppenleiter muß verschiedene Alternativen für sein Vorgehen in Erwägung ziehen, um dann zu bestimmen, welches Verfahren der konkreten Gruppe am besten helfen wird. Unter Umständen kann er dann im Verlauf der Arbeit seine Vorgehensweise abändern. Die durch eine gute Vorbereitung gewonnene Sicherheit gibt dem Gruppenleiter die wünschenswerte leichte Hand beim Vorgehen und eine informelle Präsentation seiner Arbeitsvorschläge. Auf diese Weise begünstigt er ein Klima, das zum Mitteilen von Informationen und Gefühlen ermutigt.

Ehe der Gruppenleiter bestimmt, wie er die Lernsituation plant, wieviel theoretische Informationen er gibt, welche Interaktionsspiele er vorschlägt etc., muß er sich einige grundlegende Fragen stellen. Sie hören sich sehr allgemein an, aber wenn er sie sich nicht stellt, dann ergeben sich später oft Frustrationen für ihn und die Gruppe, wenn nämlich die angestrebten Ziele nicht erreicht werden.

WER BIN ICH IN BEZUG AUF DIESE GRUPPE ?

Zuerst muß diese Frage gestellt werden, welche die persönliche Identität des Gruppenleiters in bezug auf die konkrete Gruppe bestimmen soll. Der Gruppenleiter muß sich selbst ernsthaft fragen, wer er ist in bezug auf diese Gruppe. Hat er eine legitimierte Rolle in der Gruppe? Wie ist diese Rolle? Wie wird sie seine Effektivität beeinflussen? Welche Arten von Interventionen kann er machen?

Die Antworten auf diese Fragen bestimmen, auf welchem Niveau er anfängt. Zum Beispiel kann ein Lehrer in einer Grundschulklasse auf ganz natürliche Weise Interaktionsspiele mit seinen Schülern erproben. Er kann ein Interaktionsspiel vorschlagen und anschließend eine Auswertung versuchen. Möglicherweise ergibt sich dabei, daß die Schüler bei der Auswertung sehr zurückhaltend sind, weil sie bisher nie aufgefordert wurden, persönliche Reaktionen in der Klasse auszusprechen. Ein Lehrer, der bisher nicht daran gedacht hat, die Schüler nach ihren Gefühlen zu fragen, wird große Schwierigkeiten haben, wenn er auf einmal die Schüler auffordert, ihre Gefühle zu äußern. Wenn es bisher eine Norm gab, daß nur die Gefühle, die dem Unterricht dienlich waren, genannt werden dürfen, und daß andere Gefühle bei der Lehrer-Schüler-Interaktion unterdrückt werden müssen, dann muß dieser Lehrer sich nun besonders vorbereiten. Er wird vielleicht ausführlicher seine Motive darlegen müssen, weshalb er jetzt seinen Unterrichtsstil ändern will etc., um die Schüler zu ermutigen, sich wirklich offen zu äußern.

WER IST IN DER GRUPPE ?

Es ist darüber hinaus sehr wichtig zu wissen, wer in der Gruppe sein wird. Wie weit sind die Teilnehmer für persönliche und berufliche Lernprozesse und Veränderungen noch empfänglich? Sind sie bereits in ähnlichen Gruppen gewesen oder ist dies ihre erste interaktionelle Gruppe? Wie werden sie diese spezielle Lernsituation erleben? Kommen sie freiwillig oder sind sie gezwungenermaßen in der Gruppe? Wie weit kennen sich die Teilnehmer, und welche Vorerfahrungen haben sie miteinander? Wie homogen bzw. heterogen ist die Gruppe zusammengesetzt? Wie werden die Teilnehmer auf meine Person reagieren, auf meinen Gruppenleiterstil und auf meine Persönlichkeit?

Alle diese Fragen sind wichtig, da sie Angaben über Lernmöglichkeit und Lernbereitschaft der Teilnehmer enthalten. Wenn der Gruppenleiter hier einigermaßen zutreffende Antworten findet, kann er z.B. bestimmte Interaktionsspiele vermeiden, die zu früh zu viel Streß erzeugen, weil sie die meisten Teilnehmer weit überfordern. Wenn der Leiter die Gruppe als ziemlich defensiv einschätzt, kann er Anwärmtechniken einplanen, die die Gruppe langsam „auftauen".

WAS SIND MEINE ZIELE ?

Wichtig ist, daß der Gruppenleiter besonders für die ersten Sitzungen klare Ziele hat. Wenn der Gruppenleiter sich nur sagt: „Ich möchte den Teilnehmern gern behilflich sein" - oder: „Das ist ein gutes Interaktionsspiel für die Gruppe", dann sind das unklare und nicht genügend ausgearbeitete Ziele. Ein Interaktionsspiel zu einem Problem, das der Gruppe als solches noch ganz unbewußt ist, wird von den Teilnehmern häufig als Zeitvergeudung und als Spielerei betrachtet. Was in der einen Gruppe ein stimulierendes Interaktionsspiel ist, ist in der anderen Gruppe vielleicht langweilig. Der Gruppenleiter muß also genau fragen: Was sind meine Ziele im Blick auf diese Gruppe? Welche bewußten Lernbedürfnisse haben die Teilnehmer? In der Regel ist es sinnvoll, Lernziele gemeinsam mit der Gruppe zu formulieren. Am Beginn der Sitzung kann der Gruppenleiter ganz einfach und direkt sagen, was seine Ziele sind und wie sie erreicht werden sollen und mit welchem Zeitaufwand. Das dient dann als Orientierungsrahmen für die Teilnehmer, die dann Stellung nehmen können und Modifizierungen vorschlagen.

Eine ganz andere Möglichkeit ist es, daß der Gruppenleiter zunächst nach ihren Erwartungen und Zielen fragt, um dann zu entscheiden, wie weit er an der Erreichung der angestrebten Ziele mitarbeiten kann und will.

WELCHES VOKABULAR KANN ICH VERWENDEN ?

Zu oft nehmen Gruppenleiter an, daß ihre Worte von den Teilnehmern richtig verstanden werden. Das ist häufig jedoch nicht der Fall. Besondere Schwierigkeiten bereitet der typische Gruppenleiter-Jargon, der zwar einige nützliche Fachbegriffe enthält, oft aber für die direkte Arbeit mit den Teilnehmern überflüssig und hinderlich ist. Je einfacher und prägnanter und bildkräftiger sich der Gruppenleiter ausdrückt, desto günstiger ist das für seine Tätigkeit.

Ein Begriff, der häufig benutzt wird, um den Gruppenleiter selbst zu bezeichnen, ist das Wort Trainer. Für viele Teilnehmer weckt dieser Ausdruck Assoziationen an Dompteure, ehrgeizige Sportlehrer oder andere Formen direktiver Beeinflussung, und das erzeugt Abwehrreaktionen bei den Teilnehmern. Ein nach meiner Meinung passenderes Wort ist der Begriff Moderator oder aber schlicht Gruppenleiter, wofür ich mich in diesem Buch entschieden habe.

Insbesondere der Jargon der Verhaltenswissenschaftler kann für die Teilnehmer eine Quelle der Angst und Frustration sein. Viele Begriffe, die Gruppenleiter für einfach halten oder von denen sie glauben, daß alle Leute sie verstehen, haben wenig oder gar keine Bedeutung für die Teilnehmer, die nicht mit diesen Begriffen vertraut sind. Wenn er in einer Gruppe z.B. sagt:,,Bildet Dyaden'', dann gehen die Augenbrauen normalerweise in die Höhe. Wenn er die Teilnehmer jedoch auffordert, immer zu zweien zusammenzukommen oder einen Partner auszuwählen, verstehen sie ihn sofort.

Nach längeren Instruktionen für irgendeine Aktivität muß der Gruppenleiter damit rechnen, daß er nicht vollständig verstanden wurde. Grundsätzlich sollte er z.B. nach der Beschreibung eines Interaktionsspiels fragen:,,Hat jeder verstanden, wie dieses Experiment geht?'' oder:,,Ich möchte, daß einer von euch die wichtigsten Punkte der Instruktionen wiederholt; ich möchte mich gern vergewissern, daß ich richtig verstanden worden bin.'' Durch die Art seiner Aufforderung kann der Gruppenleiter deutlich machen, daß es ihm ernst ist. Er wird z.B. eine genügend lange Pause machen, damit sich die Teilnehmer besinnen und reagieren können. Da Nachfragen in unserer Kultur oft als Zeichen von Ignoranz betrachtet wird, ist es wichtig, die Teilnehmer dazu zu ermutigen, besonders wenn sie den Gruppenleiter noch wenig kennen.

4.2   GRUPPENZENTRIERTE LEITERAUFGABEN

Im Umgang mit den Gruppenmitgliedern hat der Leiter einmal solche Aufgaben wahrzunehmen, die primär gruppenzentriert sind, zum anderen solche Aufgaben, die wir eher als teilnehmerzentriert bezeichnen können.

Einmal versucht der Gruppenleiter, den e i n z e l n e n Teilnehmer etwas lernen zu lassen durch seine persönliche Interaktion mit ihm, zum anderen hilft er der G r u p - p e , zu einem sozialen Mikrokosmos zu werden, der günstige Voraussetzungen für die Erfüllung der Gruppenaufgabe bietet. Zu häufig übersehen die Gruppenleiter, daß beide Funktionen gleich wichtig sind. Sie betonen oft die teilnehmerzentrierten Aufgaben eines Leiters und übersehen die mehr subtilen und ebenso wichtigen gruppenzentrierten Funktionen. Dabei ist die Unterscheidung von gruppen- und teilnehmerzentrierten Leiterfunktionen natürlich nie ganz klar und eindeutig vorzunehmen. Es gibt viele Überschneidungen.

Zuerst sollen hier die Aufgaben des Gruppenleiters diskutiert werden, die der Gruppe als Ganzes helfen sollen, ihre Ziele zu erreichen und als Gruppe zu funktionieren. Die einzelnen dabei erwähnten Aktivitäten und Skills des Gruppenleiters gehören m.E.

zum Handwerkszeug jedes Gruppenleiters einer interaktionellen Gruppe - sie dürfen jedoch auf keinen Fall mechanisch angewendet werden.

FÖRDERUNG DER GRUPPENKOHÄSION

Gruppenkohäsion entwickelt sich selten von selbst. Der Gruppenleiter muß in vielen Fällen erhebliche Investitionen machen, damit er mit den Teilnehmern das Ziel einer kohäsiven Gruppe erreicht. Das trifft besonders für jeden Gruppenanfang zu, wo das Zusammengehörigkeitsgefühl der Teilnehmer minimal ist und wo der Gruppenleiter darauf hinarbeiten muß, daß die Interaktion zwischen den Teilnehmern intensiver und häufiger wird. Eine wirklich kohäsive Gruppe kann nur dann entstehen, wenn die Teilnehmer bemerken, daß kein Gruppenmitglied besondere Vorrechte besitzt. Das gilt auch für den Gruppenleiter. Der Gruppenleiter muß ebenfalls in gewisser Weise als „gleich" betrachtet werden können. Er darf nicht ständig sprechen oder beständig die Aufmerksamkeit der Teilnehmer auf sich ziehen, nur weil er der Gruppenleiter ist und eine gewisse funktionale Verantwortung trägt.

Gruppen können nicht kohäsiv werden, wenn nicht alle Teilnehmer auf einer funktional gleichen Basis interagieren können. Das heißt natürlich nicht, daß der Gruppenleiter keine speziellen Verantwortlichkeiten hat. Es kommt jedoch sehr darauf an, in welchem Ausmaß er seine Verantwortlichkeit realisiert. Zuviel strukturierendes Verhalten ist ungünstig. Der Gruppenleiter darf nicht überaktiv sein. Andererseits darf er nicht zu wenig aktiv sein. Damit die Gruppe kohäsiv werden kann, müssen die Teilnehmer allmählich beginnen, einander zu schätzen, und das wird sehr erschwert, wenn der Gruppenleiter den Interaktionen der Teilnehmer aus einer distanzierten Position unbeteiligt zusieht.

Es ist meistens sehr nützlich, wenn der Gruppenleiter gerade in der schwierigen Anfangsphase auch eigene Reaktionen, Gefühle und Gedanken in der Gruppe äußert. Er kann z.B. sagen, daß ihm das anstehende Thema selbst Schwierigkeiten macht oder daß ihm die Gruppengröße unbehaglich ist bzw. daß er aufgeregt ist. Er kann aber auch Freude und Vergnügen mitteilen, z.B. daß er jetzt mit diesen Teilnehmern arbeiten kann. Wichtig ist, daß diese Mitteilungen aus dem Gefühlsbereich des Gruppenleiters aufrichtig sind. Nur auf diese Weise ist der Leiter in der Lage, ein vertrauensvolles und tragfähiges Gruppenklima zu ermöglichen. Der Gruppenleiter sollte auch mit leichter Hand persönliche Erfahrungen zu den gerade angesprochenen Themen beitragen, ohne dabei jedoch sich selbst zu sehr in den Mittelpunkt zu stellen.

In der Anfangsphase muß der Gruppenleiter sehr sorgfältig auf die Interaktionsmuster der Gruppe achten, um zu sehen, ob es bereits Untergruppen gibt oder ob sich Untergruppen bilden. Eine gute Möglichkeit, dies zu überprüfen, bietet IAS Nr. 116, Herumwandern. Eine andere Möglichkeit bietet das folgende Interaktionsspiel:

> Der Gruppenleiter fordert die Teilnehmer auf, zwei Minuten schweigend durcheinander umherzugehen. Anschließend gibt er die Instruktion, daß sich die Gruppe in vier Subgruppen aufteilt, die unterschiedlich groß sein können. Die Zusammensetzung dieser vier Subgruppen ist Thema der anschließenden Auswertungsphase.

Je größer eine Gruppe ist, desto größer ist die Wahrscheinlichkeit, daß einige Teilnehmer sich in kleinen Gruppen enger zusammenschließen auf der Grundlage von gemeinsamen Werten, Überzeugungen oder Lebenssituationen. Die Mitglieder der Untergruppen neigen normalerweise dazu, die Teilnehmer anderer Untergruppen zu ignorieren oder anzugreifen, sich gegenseitig zu unterstützen und zu bestärken. Wenn der Gruppenleiter „subgrouping" nicht bemerkt, zerbricht die Gruppe leicht in solche Grüppchen, die sich dann gegenseitig bei der Arbeit stark behindern können. Von daher ist

es eine wichtige Aufgabe des Gruppenleiters, die Interaktionen zwischen allen Teilnehmern zu fördern, insbesondere auch zwischen solchen, die sich vermeiden.

So kann er z.B. die Beiträge von Teilnehmern, die sich vermeiden, aufeinander
beziehen, indem er Kontakt herstellt zwischen einem aggressiven Gruppenmitglied und einem schüchternen Teilnehmer:,,Ich sehe, daß du gerade zusammen-
zucktest, Karin, als Jürgen so laut wurde. Magst du Jürgen sagen, was sein Verhalten bei dir auslöst?"

Gruppenkohäsion wird auch gefördert durch die Häufigkeit der Interaktion. Je häufiger die Teilnehmer miteinander sprechen, desto schneller wird sich Gruppenkohäsion
entwickeln können.

Der Gruppenleiter muß sehr sorgfältig auf Möglichkeiten achten, Ideen und Gefühle der Teilnehmer miteinander zu verbinden. Er kann z.B. sagen:,,Georg
scheint sich hier ziemlich allein zu fühlen, und ich denke, daß könnte auch dir,
Marga, so gehen, wenn ich deinen letzten Beitrag noch richtig im Ohr habe."

Natürlich hat auch die Dauer des Zusammenseins der Teilnehmer einen direkten Einfluß auf die Kohäsion, und eine stationäre Gruppe, die fünf Tage lang zusammen auf
einem Seminar arbeitet, wird wahrscheinlich kohäsiver werden als eine Gruppe, die
sich über ein halbes Jahr hinweg nur einmal in der Woche für zwei Stunden trifft.

Wenn es sich um eine Trainingsgruppe mit einer gewissen Zwangsmitgliedschaft handelt, wo die Teilnehmer nicht freiwillig zusammengekommen sind, wird die Aufgabe
des Gruppenleiters sehr viel schwieriger. Die Teilnehmer müssen ja von sich aus bereit sein, sich an der Interaktion zu beteiligen. Wenn sich Leute in einer Gruppe finden, die daran eigentlich gar nicht teilnehmen wollen, können tiefe Ressentiments
gegen alle quasi väterlichen Autoritäten ausgelöst werden.Ein ärgerlicher Teilnehmer
kann die Arbeit einer Gruppe sehr blockieren. Im Blick auf die Gruppenkohäsion
kann man ganz klar sagen, daß sie sehr viel leichter erreicht wird in Gruppen, die freiwillig zusammengekommen sind als in Gruppen, wo die Teilnehmer mehr oder weniger direkt gezwungen wurden. In diesen Fällen ist es sehr wichtig, daß der Gruppenleiter offen fragt, wie die Teilnehmer auf diese Situation reagieren.

Das Hinzukommen neuer Teilnehmer kann ebenfalls leicht eine schon bestehende
Gruppenkohäsion beeinträchtigen. Die Integrationskraft für ein neues Mitglied hängt
sehr von der psychologischen Reife der Gruppenmitglieder ab, von ihrer Selbstsicher-
heit und der Durchlässigkeit der Gruppengrenzen. Dann sollte der Gruppenleiter dem
neuen Teilnehmer helfen, schnell in die Gruppe hereinzukommen.

Eine Möglichkeit ist es dabei zum Beispiel, daß jeder Teilnehmer dem Neuen
in ein paar Sätzen sagt, was für ihn bisher die wichtigste Gruppenerfahrung
war.

THEMATISCHE ZUSAMMENFASSUNG

Wenn die Interaktionen in einer Gruppe frei sind und wenn die Teilnehmer sich ihr
Thema selbst suchen können, dann ist es wichtig, daß der Gruppenleiter das jeweils
wichtigste Gruppenthema erkennt, um dem einzelnen in der Gruppe zu helfen, eine
bedeutsame Diskussion darüber zu führen. Hier ist es gut, wenn der Gruppenleiter
gelegentlich die Gruppe fragt, was ihrer Meinung nach zur Zeit das Thema ist bzw.
was in der letzten Zeit das Gruppenthema war. Auf diese Weise werden sich die Teilnehmer klarer darüber, welche Dinge sie beschäftigen. Oft hängen solche spezifischen
Gruppenthemen mit speziellen Konflikten zusammen, die von den Teilnehmern jedoch als solche nicht erkannt werden. Beispiele für solche Gruppenthemen sind:

Rivalität, Schwierigkeiten mit der Autorität, Konflikte im Bereich Männer und Frauen, Schwierigkeiten mit den Eltern usw. Manchmal betreffen diese Gruppenthemen alle Teilnehmer, manchmal nur einen kleinen Kreis. Im Rahmen seiner Aufgabe, den Teilnehmern das Verständnis für ihre individuelle und für die Gruppensituation zu erleichtern, sollte der Gruppenleiter auf solche latenten und zum Teil nur sehr verhüllt ausgedrückten Gruppenthemen aufmerksam machen, so daß die zugrundeliegenden Schwierigkeiten dann direkt angesprochen und weiter bearbeitet werden können.

Auch in thematisch vorstrukturierten Gruppen sollte der Leiter Subthemen, Erkenntnisse und Meinungen der Teilnehmer gelegentlich zusammenfassen, um einen Überblick über das bisher Gesagte zu geben und um bestimmte Dinge abzuschließen, so daß weitere Aspekte entwickelt werden können. Er sollte dann allerdings nicht nur wörtlich wiederholen, was gesagt wurde, sondern er sollte auch die emotionalen Nuancen, mit denen diese Dinge besprochen worden sind, ansprechen und gelegentlich auch wichtige Elemente des Gruppenprozesses erläutern. Der Gruppenleiter hat hier also die Aufgabe, Bilanz zu ziehen, sowohl auf der Aufgabenebene des anstehenden Themas als auch auf der emotionalen Ebene unter Berücksichtigung der Gruppenstimmung und des Gruppenprozesses.

Eine wesentliche Aufgabe ist es, wichtige Gedanken und Gefühle v e r s c h i e d e n e r Teilnehmer auf kurze und pointierte Weise zu bündeln. Dabei ist es wichtig, daß der Gruppenleiter behutsam vorgeht, weil er ja nicht sicher sein kann, wie weit er die Teilnehmer richtig verstanden hat.

> Zusammenfassende Bemerkungen sollten daher am besten in einer sehr vorsichtigen Weise gegeben werden, indem der Gruppenleiter vielleicht sagt:,,Wenn ich richtig gehört habe,dann scheint ihr zu sagen, daß...'' oder:,,Ich bin nicht sicher, was ihr zum Ausdruck bringen wolltet. Wolltet ihr sagen, daß...?'' usw.

Indem der Gruppenleiter - besonders in der Anfangsphase - Zusammenfassungen sehr vorsichtig gibt, geht er ein geringes Risiko ein, die Teilnehmer zu verärgern und die Gruppenkohäsion zu stören. Außerdem vermeidet er, sich als allwissender Gruppenleiter zu präsentieren.

Beim Zusammenfassen muß sich der Gruppenleiter natürlich auch darüber im klaren sein, daß es fast immer abweichende Auffassungen und Meinungen gibt. Diese müssen natürlich auch respektiert und angesprochen werden. Dabei ist es besonders wichtig, daß Minoritätsauffassungen nicht vom Gruppenleiter übersehen, sondern bewußt berücksichtigt werden. Wenn der Gruppenleiter verschiedene Positionen und Auffassungen berücksichtigt, dann fördert er nicht nur die weitere Diskussion, er vermeidet auch, billige Kompromisse herbeizuzaubern und ermutigt alle, konstruktiv mit Differenzen umzugehen. Die Zusammenfassungen des Gruppenleiters sind auch deshalb nützlich, weil sie den Teilnehmern die Chance geben, für sich zu überprüfen, ob sie richtig verstanden haben, was längere Zeit in der Gruppe besprochen worden ist. Mit der Zeit wird es dann dazu kommen, daß die Teilnehmer s e l b s t solche Zusammenfassungen leisten.

Manchmal enthalten solche Zusammenfassungen von Teilnehmern gewisse Verzerrungen. Dann muß der Gruppenleiter achtgeben, da es möglich ist, daß ein Teilnehmer auf diese Weise manipulieren möchte.

> Zum Beispiel:,,In den meisten letzten Beiträgen ist deutlich geworden, wie autoritär unser Gruppenleiter ist...'' Das klingt nach einer klaren Manipulation.

Es ist also immer wichtig, bei Zusammenfassungen zu überprüfen, ob wirklich ein Konsens vorliegt und wo die Grenzen des Konsensus liegen. Völlige Harmonie ist nämlich eine Karikatur der Gruppenkohäsion, die aus der Spannung von Einheit und Vielfältigkeit lebt.

FÖRDERUNG VON GRUPPENINTERAKTION

Eine geringe Interaktion am Anfang von Gruppen ist sehr häufig. Der Gruppenleiter sollte sich darauf vorbereiten. Oft richten sich die Beiträge der Teilnehmer am Anfang ausschließlich an den Gruppenleiter, weil er als „Gruppenführer" wahrgenommen wird. Die Teilnehmer fragen ihn, sie wollen seine Meinung hören zu bestimmten Dingen, er soll Konflikte lösen, er soll sie unterhalten, er soll dafür sorgen, daß die Gruppe eine Aufgabe hat etc. Sie suchen seine Aktivität, seinen Schutz, seine Führung. Das ist die leiterabhängige Phase im Leben einer Gruppe, wo die Gruppe unbewußt dem Gruppenleiter bestimmte Funktionen zuschiebt, die sie im Grunde auch selbst übernehmen könnte. Der Gruppenleiter sollte dieses sozialpsychologische Naturgesetz berücksichtigen, indem er einfach am Anfang einer Gruppe eine aktivere Rolle spielt und etwas mehr strukturiert, um sich dann im Verlauf der Gruppe stärker im Hintergrund zu halten. Dabei ist wichtig, daß er allgemeine Beiträge einzelner Teilnehmer möglichst häufig spezifizieren läßt, um die Interaktionen zwischen den Teilnehmern zu intensivieren.

> So kann der Gruppenleiter folgendermaßen intervenieren. Wenn jemand sagt: „Ich kenne viele Leute in dieser Gruppe nicht, und ich weiß gar nicht, was sie denken", dann könnte er sagen: „Kannst du das verschiedenen Leuten direkt sagen, die du nicht kennst?" Hier regt der Gruppenleiter also den Teilnehmer an, eine allgemeine und anonyme Aussage zu konkretisieren und auf diese Weise mit anderen in einen direkten Kontakt zu treten.

Fragen, die an den Gruppenleiter gerichtet werden, sollten teilweise direkt beantwortet werden, teilweise vorsichtig an die Gruppe zurückgegeben werden. Es ist wichtig, daß der Gruppenleiter manche Fragen an die Gruppe zurückgibt, wenn er möglichst viele Teilnehmer am Gruppenprozeß beteiligen will. Wenn der Gruppenleiter das nicht tut, wird die Leiterabhängigkeit immer weiter bestehen.

Weiter ist wichtig, daß der Gruppenleiter auch unausgesprochene, nonverbale Botschaften ins Gespräch bringt.

> Zum Beispiel kann er sagen: „Maria, ich habe gesehen, daß du gerade heftig mit dem Kopf geschüttelt hast, als Franz von seiner Erfahrung mit der anderen Abteilung berichtete. Bist du bereit, Franz zu sagen, was das Kopfschütteln bedeutet?"

Die Qualität der Gruppeninteraktion ist weiterhin abhängig von dem physischen Arrangement, das heißt von der Art und Weise, wie die Leute sitzen. Der Gebrauch von Tischen beeinträchtigt fast ausnahmslos die Interaktion zwischen den Teilnehmern, wobei viereckige Tische sich katastrophaler auswirken als runde. Der Grund liegt darin, daß beim viereckigen Tisch sich nicht alle Teilnehmer direkt anschauen können. Da wir hauptsächlich zwei Kanäle der Kommunikation benutzen, nämlich sehen und hören, ist die Sitzform am kommunikationsfreundlichsten, die uns den Gebrauch beider Kanäle gestattet, nämlich der Kreis. Die k r e i s f ö r m i g o h n e T i s c h sitzende Gruppe ist die optimale Lösung, weil hier das Mobiliar nicht als psychologische Verteidigungsbastion mißbraucht werden kann und die Mobilität der Teilnehmer größer ist, denn jetzt können die Teilnehmer bei bestimmten Experimenten aufstehen, aufeinander zugehen und den physischen Kommunikationsabstand so variieren, daß sie ihre Empfindungen dabei besser ausdrücken bzw. klarer wahrnehmen können. Außerdem kann der freie Platz im Innern der Gruppe sozusagen als Bühne benutzt werden, auf der einzelne Teilnehmer oder eine kleine Gruppe aktiv werden kann, während die anderen im Außenkreis als griechischer Chor die Ereignisse in der Mitte beobachten und später ihre Reaktionen mitteilen können.

KONFLIKTE LÖSEN

In allen Gruppen gibt es immer ein gewisses Konfliktpotential. Konflikte können aus frustrierten individuellen Bedürfnissen entstehen, aus widersprüchlichen Zielen der Teilnehmer, aus unausgesprochener Rivalität, heruntergeschlucktem Ärger, aus Enttäuschung über die Art, wie der Gruppenleiter seine Aufgabe wahrnimmt und aus dem Suchen nach Struktur bzw. aus Angst vor einer neuen und schwierigen Situation.

In vielen Fällen entstehen Gruppenkonflikte durch divergierende Ziel- und Wertsysteme der Teilnehmer, wobei ein Teil der Gruppenmitglieder einen ähnlichen Standort bezogen hat und dementsprechend die Dinge ähnlich wahrnimmt, während eine andere Subgruppe alles ganz anders sieht. Hier ist es die Aufgabe des Gruppenleiters, wichtige Konflikte deutlich und damit ansprechbar zu machen und für eine Abklärung der verschiedenen Positionen zu sorgen. Dabei muß er darauf achten, daß die zutage getretenen Konflikte so weit bearbeitet werden, wie es von der Art der Gruppe und dem Potential der Teilnehmer her möglich ist. Häufig sind zum Beispiel Konflikte zwischen zwei Teilnehmern unlösbar, weil einer oder beide Kontrahenten so starke eigene, innereKonflikte haben,daß eine konstruktive Auflösung des Konflikts nicht möglich ist. In solchen Fällen ist es jedoch bereits eine Erleichterung für die Betreffenden, wenn der Konflikt zwischen beiden offen ausgesprochen werden kann.

In einigen Gruppen kann durch unausgesprochene Konflikte der Punkt erreicht werden, an dem die gesamte Kommunikation der Gruppe in einen verbalen Kleinkrieg ausartet.

Damit die Teilnehmer lernen, Standorte und Standpunkte anderer besser wahrzunehmen und zu verstehen, kann es hier nützlich sein, wenn der Gruppenleiter die Technik des Rollenwechsels einführt, eine modifizierte psychodramatische Technik.

Immer zwei Teilnehmer, die sich nicht besonders gut verstehen, bilden ein Paar, das insgesamt für zehn Minuten miteinander kommuniziert (vgl. die Ausführungen zum Rollenspiel im Kapitel über klassische Interventionstechniken).

In derselben Situation kann auch IAS Nr. 135 , Ohne Punkt und Komma, ausgezeichnete Ergebnisse bringen, da hier sozusagen das Störungssymptom angeordnet und ausagiert wird.

Um latente Konflikte klarer herauszubringen, eignet sich auch IAS Nr. 85 , Schönes langes Leben, bei dem alle Ärgernisse offen ausgedrückt werden können. Demgegenüber gestattet IAS Nr. 166, Phalanx 76, als Kampfritual, daß die Teilnehmer aggressive Impulse nonverbal ausdrücken.

Eine ähnliche Technik ist es, wenn der Gruppenleiter die ganze Gruppe auffordert, sich in ein 'Bestiarium' zu verwandeln, wobei jeder Teilnehmer für eine festgelegte Zeit - zum Beispiel für fünf Minuten - so viel und so wütend wie möglich schimpft, schreit, mit den Füßen stampft etc. Anschließend lassen sich die Konfliktpunkte dann ruhiger klären.

DIAGNOSE DER PSYCHOSOZIALEN SITUATION

Der Gruppenleiter muß in der Lage sein, die psychosoziale Situation in der Gruppe zu erkennen und zu beeinflussen. Er muß versuchen, die verschiedenen Ereignisse in der Gruppe aus der Perspektive der betroffenen Gruppenmitglieder einzuschätzen. Es ist überraschend, wie oft Gruppenleiter irren, wenn sie die Bedeutung einschätzen sollen, die irgendein scheinbar triviales Ereignis auf einen Teilnehmer hat. Was vielleicht aus der Sicht des Gruppenleiters oder eines Teilnehmers eine milde Zurückweisung ist, wird von dem Betroffenen häufig als schreckliche Katastrophe erlebt, besonders von Teilnehmern mit wenig Gruppenerfahrung. Der Leiter muß daher mit außerordentlich starker Kraft und Gewalt der Gruppenprozesse rechnen, um die Schwierigkeiten der einzelnen Teilnehmer zutreffend einschätzen zu können. Es gibt umfangreiche sozial-psychologische Forschungen, die die Gewalt des Gruppendrucks belegen, sowohl im konstruktiven wie im destruktiven Sinne. Wenn schon die Experimente von SHERIF und ASCH gezeigt haben, daß Gruppendruck sogar die sinnliche Wahrnehmungsfähig-keit beeinflussen kann, dann ist leicht zu verstehen, daß Gruppendruck auch die Wahr-nehmung des eigenen Persönlichkeitswertes beeinträchtigen kann.

Neben dieser mehr phänomenologischen Art des Vorgehens muß der Gruppenleiter Methoden einsetzen, durch die er die psychosoziale Struktur der Gruppe mit Hilfe der Teilnehmer selbst erforschen kann. Dazu sollte sich einmal der Leiter selbst Feedback geben lassen über die Art und Weise, wie die Teilnehmer seine Art der Gruppenleitung erleben. Dies sollte zu verschiedenen Zeiten des Gruppenverlaufs immer wieder ge-schehen.

Darüber hinaus sollte der Leiter eine Reihe verschiedener Techniken benutzen, um Da-ten zu erhalten über die Rolle, die die einzelnen Teilnehmer in der Gruppe einnehmen und über das Ausmaß, in dem der einzelne Teilnehmer seine Grundbedürfnisse nach Zugehörigkeit, Einflußnahme und Geschätztwerden befriedigen kann. Diese Überprü-fung kann periodisch mit Hilfe von soziometrischen Instrumenten erfolgen.(Vgl. hier-zu die Ausführungen bei Kapitel 2.4, Lernbedingungen im Zusammenhang mit der so-zialen Struktur der Gruppe.) Dieselben Daten können natürlich auch in der Gruppen-diskussion gewonnen werden. Hier muß der Leiter jedoch mit dem Gruppendruck rechnen, der unter Umständen konformistische und unrealistische Antworten der Teil-nehmer erzeugt.

In angemessenen Abständen ist weiter mit der Gruppe die Frage abzuklären, wie attraktiv die Mitgliedschaft in der Gruppe für jeden Teilnehmer ist. Einige Teilnehmer können z.B. die Gruppe wenig lohnend finden, weil sie den Eindruck haben, daß die Gruppe ihre Erwartungen nicht erfüllt. Durch ein offenes Gespräch können unrealisti-sche Erwartungen abgeklärt und Ziele neu definiert werden, so daß die Gruppe als Ganzes zu einer realistischen Einschätzung und Beeinflussung ihrer Arbeitsziele für die noch verbleibende Zeit kommt. Hier kann der Gruppenleiter sehr leicht mit einem dynamischen Soziogramm die entsprechenden Informationen verfügbar machen.

>Er kann die Teilnehmer auffordern, sich in zwei Gruppen zu teilen, wobei auf der einen Seite die zufriedenen und auf der anderen Seite die gegenwärtig unzu-friedenen Teilnehmer zusammenkommen. Auf diese Weise wird optisch anschau-lich, wie hoch die Zufriedenheit ist, und die Unzufriedenen haben die Möglich-keit, sich zu artikulieren. Dazu können sie sich in der Mitte zu einem Fishbowl zusammensetzen, um detailliert auszusprechen, was sie vermissen.

Wenn der Leiter zu der Überzeugung kommt, daß ein Teilnehmer die Gruppe perma-nent unattraktiv findet, dann muß er herausfinden, ob dieser Teilnehmer überhaupt von der Gruppe noch profitieren kann. In diesem Fall sollte der Leiter mit dem betref-fenden Gruppenmitglied gemeinsam überprüfen, ob es sinnvoll ist, daß der Teilnehmer weiter in der Gruppe bleibt. Obgleich der Teilnehmer in der Regel zunächst große Ein-wände machen wird, sollte der Leiter die Freiheit des Betreffenden betonen, selbst zu entscheiden, ob er bleiben will oder ob er aus einer Lernumwelt, die ihm offenbar nicht viel Profitables anbietet, lieber ausscheiden will.

Wann immer der Gruppenleiter entdeckt, daß ein bestimmter Teilnehmer leidet, weil er wenig geschätzt wird, sollte er die Aufmerksamkeit der Gruppe darauf lenken. Wenn die Gruppe bereits einigermaßen kohäsiv ist, dann können die Gruppenmitglieder mit der Unterstützung des Leiters Wege finden, um diesen Außenseiter wieder zu integrie-ren. In manchen Fällen bewährt sich hier IAS Nr.26, Ich will rein.

FÖRDERUNG DER TOLERANZ

Gruppen haben manchmal zu wenig Bereitschaft, den Teilnehmern ihren eigenen Arbeitsrhythmus in der Gruppe zu gestatten und versuchen dann, Defensivmechanismen gewaltsam zu durchbrechen bzw. die Teilnehmer zu isolieren, die sich nicht schnell genug den Gruppennormen anschließen. Hier sollte der Gruppenleiter die Gruppe auf ihr Verhalten aufmerksam machen und zugunsten der bedrängten Teilnehmer intervenieren.

Wenn es andererseits in der Gruppe einen Teilnehmer gibt, der in seinem Verhalten so gestört ist, daß er nicht nur seine Opposition zu den Lernzielen der Gruppe nicht selbst erkennen kann, sondern darüber hinaus durch die Gruppenereignisse überaus verschreckt und bedroht wird, dann ist die weitere Teilnahme für den Betreffenden selbst, für den Gruppenleiter und für die Gruppe unter Umständen eine schwere Belastung. In diesem Fall sollte der Gruppenleiter sich fragen, ob er die weitere Teilnahme des offensichtlich gestörten Gruppenmitglieds riskieren kann. Es ist natürlich nicht leicht, ein Gruppenmitglied aufzufordern, die Gruppe zu verlassen. Trotzdem gibt es Fälle, wo der Leiter eine solche extreme Entscheidung treffen muß. Er muß dabei sehr taktvoll vorgehen. Er sollte privat mit dem Teilnehmer sprechen, wo er die Gründe für seine Entscheidung darlegen und dem Betreffenden ggf. psychotherapeutische Hilfe anraten kann.

Wie werden andere Teilnehmer auf eine solche Entscheidung des Gruppenleiters reagieren? Wenn irgendein Gruppenmitglied wirklich schwer gestört ist, dann sind die anderen Teilnehmer in der Regel erleichtert. Ihr Vertrauen in den Leiter wird dadurch gestärkt, daß sie bemerken können, daß er Schwierigkeiten nicht ignoriert und bereit ist, eine ungewöhnliche Entscheidung zu treffen, die mit ausreichender Hilfestellung für den Betroffenen verbunden ist.

BERÜCKSICHTIGUNG DER LERNWIDERSTÄNDE

Der Leiter einer interaktionellen Gruppe muß genügend Verständnis für die Empfindlichkeit und Notwendigkeit von Defensivmechanismen haben. Sie müssen respektiert werden. Zeit und Geduld aufseiten der Teilnehmer und des Gruppenleiters sind wichtige Voraussetzungen jeder Persönlichkeitsentwicklung. Einen einzelnen Teilnehmer aggressiv anzugreifen oder ihm Vorwürfe zu machen, um ihm seine gewohnten Defensivmechanismen wegzustoßen, ist grausam und außerdem unproduktiv. Wenn der Gruppenleiter ein Gruppenmitglied attackiert, weil der Betreffende sich weigert, den Zeitplan des Leiters zu erfüllen und dessen Veränderungsvorstellungen zu realisieren, handelt der Leiter ignorant und unverantwortlich. „Schnelle" Gruppenleiter, die allzu forsch und enthusiastisch auf Veränderungen der Teilnehmer drängen, die unbedingt einen „Durchbruch" erzielen wollen, sind auf einem gefährlichen Pfad. Psychosoziales Lernen ist eine harte und langsame Arbeit für Teilnehmer und Gruppenleiter, und obgleich manchmal ein überraschend schneller Lernprozeß stattfinden kann, geht ihm in der Regel immer beträchtliche und bewußte Mühe voraus.

Es hat sich immer wieder gezeigt, daß langfristige Persönlichkeitsveränderungen nur dann stattfinden können, wenn der Teilnehmer selbst eine aktive und risikobereite Haltung einnehmen kann, indem er selbst bestimmt, welche Risiken er in der Gruppe und im Alltag in seinem Verhalten auf sich nehmen will.

Das alles soll nicht heißen, daß Gruppenleiter und Teilnehmer jemanden nicht freundlich auf unproduktive Verhaltensweisen hinweisen können, mit denen der Betreffende sich selbst blockiert und sich um den Kontakt mit anderen bringt. Hier wird die Konfrontation jedoch konstruktiv vorgenommen und nicht im Stil einer Anklage.

ANGEMESSENE DOSIERUNG VON ANGST

Andererseits muß sich jeder Gruppenleiter einer interaktionellen Gruppe bewußt sein, daß effektives Lernen im psychosozialen Bereich ohne eine gewisse Herausforderung der individuellen Verteidigungsbedürfnisse und der damit verbundenen Angst nicht möglich ist. Andauernde Veränderungen der Einstellungen und Haltungen finden nur statt, wenn der Lernende sich emotional engagiert und dabei auch etwas Angst empfindet. Das subjektive Erlebnis der Angst ist sozusagen die Garantie dafür, daß der Betreffende in einer Lernsituation ist, in der alte, routinemäßige Verhaltensweisen nicht ausreichen, um ein Problem zu lösen. Er hat dann die Chance, neue Wege zu gehen und zu experimentieren. Und die damit verbundene Unsicherheit löst meist mehr oder weniger viel Angst aus.

Von daher muß der Leiter einer interaktionellen Gruppe dafür sorgen, daß die Aktivität der Gruppe keine bloße intellektuelle und soziale Spielerei bleibt, bei der sich niemand engagiert. Gleichzeitig muß jeder Gruppenleiter wissen, daß ein Übermaß an Angst zu Konfusion und Furcht führt, so daß Lernen ebenfalls nicht stattfinden kann. Der Gruppenleiter sollte also den Lernprozeß der Gruppe so strukturieren, daß die Teilnehmer Angst als anregend und nicht als aufregend empfinden können.

Besonders wichtig ist, daß der Gruppenleiter den Teilnehmern plausibel macht, daß Angst zu haben der natürliche Preis für das Experimentieren mit sich und anderen ist. Die Art und Weise, wie der Gruppenleiter seine eigenen Ängste akzeptiert und ausdrückt, ist wichtig für die Bereitschaft der Teilnehmer, ihre Ängste als normal und produktiv zu akzeptieren.

STRUKTURIERUNG DES LERNPROZESSES

Der Gruppenleiter muß immer wieder dafür sorgen, daß die unterschiedlichen Lernsituationen folgenden Prinzipien für wirksames psychosoziales Lernen entsprechen:

- Lernen findet statt, wenn der Lernende sich emotional beteiligt.

- Dazu muß der Lernende aktiv sein, sich mit den anderen Gruppenmitgliedern auseinandersetzen und sich bei gemeinsamen Aktivitäten engagieren.

- Der Lernende muß seine eigenen Beobachtungen kognitiv auswerten, selbst Daten über die Auswirkungen von eigenem und fremdem Verhalten sammeln, und er muß diese Beobachtungen dann wieder auf ein einfaches Konzept für individuelles und soziales Verhalten zurückbeziehen können.

- Aufgabe des Gruppenleiters ist es, ein anregendes Gruppenklima für erfahrungsbezogenes Lernen zu fördern, das charakterisiert wird durch Offenheit und Möglichkeiten, mit neuem Verhalten zu experimentieren. Der Lernende muß Vertrauen in sich selbst und in andere entwickeln können, ohne allerdings durch zu große psychologische Sicherheit unterfordert zu werden. Der offene Austausch von Daten über Gefühle, Gedanken und Wahrnehmungen ist sehr wichtig für effektives Lernen.

- Hier-und-Jetzt-Erfahrungen sind unentbehrlich, um sich selbst kennenzulernen und um den Gruppenprozeß zu studieren. Die wichtigsten Daten ergeben sich aus dem Verhalten, das die einzelnen Teilnehmer in ihrer Interaktion praktizieren. Hier-und-Jetzt-Erfahrungen kommen aus erster Hand, sie sind öffentlich und haben eine emotionale Basis. Jeder kann mit diesen Daten etwas anfangen, weil sie frisch sind, überprüfbar und offen für die gemeinsame Analyse.

- Jeder Teilnehmer muß einen psychologischen Bezugsrahmen entwikkeln, der es ihm gestattet, seine Lernerfahrungen aus der Gruppe auf sein alltägliches Leben zu übertragen, um dort weiter zu experimentieren.

● Angesichts der tatsächlichen Gefährlichkeit jeder Gruppe ist es die Aufgabe des Leiters, mögliche psychische Überforderungen zu vermeiden.

4.3 TEILNEHMERZENTRIERTE LEITERAUFGABEN

In diesem Abschnitt sollen die mehr teilnehmerzentrierten Leiteraufgaben erläutert werden, die die Entfaltung des einzelnen Gruppenmitglieds begünstigen und seine individuelle Lernsituation durch geeignete Interventionen verbessern sollen.

ZUHÖREN

Eine der wichtigsten Aufgaben des Gruppenleiters ist es, den Beiträgen jedes Teilnehmers genau zuzuhören. Dabei versucht der Gruppenleiter, so in die gedanklichen und gefühlsmäßigen Prozesse des Teilnehmers einzutreten, daß er sich kurzfristig mit dessen Erlebnisperspektive identifiziert. Der Gruppenleiter setzt sozusagen die Brille des anderen auf, um auf dieselbe Weise zu sehen wie er. Das erfordert die Bereitschaft, zeitweilig auf die eigenen bevorzugten Wahrnehmungsraster zu verzichten, die eigenen Ideen eine Zeit auszuschalten, um ganz auf die Welt des anderen einzugehen. Diese Art von Zuhören setzt voraus, daß der Gruppenleiter den Wunsch hat, den anderen genau zu verstehen. Er muß die Absicht haben, bei dem anderen zu sein, seine Gedanken, Gefühle und Einstellungen zu berücksichtigen. Statt zuzuhören mit der Absicht: Du solltest die Sache anders sehen - versucht hier der Gruppenleiter die Einstellung zu haben: Ich möchte erst einmal versuchen, die Dinge so zu sehen wie du.

> Weil wir im übrigen nie sicher sein können, daß wir den anderen richtig verstanden haben, ist es wichtig, die Genauigkeit unseres Verstehens zu testen. Eine der besten Möglichkeiten, Mißverständnisse klein zu halten und Verzerrungen zu vermeiden, ist es, mit eigenen Worten zu wiederholen, was der andere gesagt hat, um dann zu sehen, ob wir genau verstanden haben.

Daher versucht der effektive Gruppenleiter häufiger, die gefühlsmäßigen oder intellektuellen Aussagen eines Teilnehmers mit eigenen Worten zu wiederholen, um sicher zu sein, daß er den anderen genau verstanden hat. Die Bereitschaft des Gruppenleiters, einem anderen genau zuzuhören, erleichtert dem Teilnehmer die Bereitschaft, sich zu verändern. Da er weiß, daß ihm jemand genau zuhört und ihn verstehen will, kann er sich sicherer fühlen und leichter die notwendige Energie mobilisieren, sich ausführlich und klar auszudrücken.

Für viele Teilnehmer ist es erst einmal ungewöhnlich, wenn der Gruppenleiter auf eine Aussage lediglich sagt:,,Ich höre, daß du das und das sagst...'', weil sie in der Regel Zustimmung oder Ablehnung auf eine Äußerung erwarten. Die Gruppenmitglieder lernen jedoch sehr schnell. daß zuhörendes Verstehen etwas anderes ist als inhaltliche Zustimmung.

VERÄNDERUNGSAPPELLE STOPPEN

Der größte Feind jeder Veränderung ist der Zwang. Wenn jemand gezwungen wird, seine Aggressivität zu unterdrücken, wird er unter Umständen verhindern können, daß er seine Aggression offen ausdrückt, er wird aber an vielen Stellen - ohne das unbedingt zu bemerken - indirekt aggressiv reagieren bzw. durch die Struktur seiner Handlungen seine Boshaftigkeit zum Ausdruck bringen. Wenn andererseits jemand merkt, daß er gelegentlich aggressive Impulse hat und deren Existenz als gegeben akzeptiert, wird er Mittel und Wege finden, seine Aggressivität auf eine sozial unschädliche Weise auszuleben.

Ich möchte das durch ein Beispiel illustrieren: Wenn ich einen Stotterer auffordere, gefälligst das Stottern zu lassen, wird sich sein Stottern in der Regel verstärken oder er wird verstummen. Wenn ich ihm dagegen behilflich bin zu entdecken, daß er sich nicht gestattet, Ärger und Wut auszudrücken, dann kann er entscheiden, ob er probieren will, Ärger direkter herauszubringen. Wenn er eine andere Einstellung zu seinem Ärger entwickelt und dessen Ausdruck nicht länger blockiert, wird sein Stottern verschwinden.

In ähnlicher Weise geht es den Teilnehmern interaktioneller Gruppen. Wenn sie durch die Reaktionen anderer Teilnehmer befürchten müssen, daß sie geändert werden sollen, dann lassen sie ihr Visier herunter. Sie beginnen, sich zu verteidigen und sind kaum noch bereit, mit ihrem Verhalten zu experimentieren.

Appelle zur Änderung meines Verhaltens erhalte ich nicht nur, wenn ein anderer mir direkte Anordnungen gibt („Sei still"), sondern auch dann, wenn er mein Verhalten beurteilt oder verurteilt („Du machst alles falsch"), mir meine Gefühle ausreden will („Sei nicht so traurig") bzw. wenn er meine Motive interpretiert („Du meinst gar nicht, was du sagst"). Daher ist es eine wichtige Aufgabe des Gruppenleiters, eine Grupenatmosphäre herzustellen, in der nicht zu viele derartige Änderungsappelle ausgesprochen werden. Es ist viel leichter, auf unmittelbar ausgedrückte Gefühle zu reagieren („Ich ärgere mich, daß du mir keine Antwort gibst") bzw. auf unmittelbar ausgedrückte Forderungen („Ich möchte, daß du mir einen Kuß gibst").

Wenn jemand mir seine Gefühle mitteilt, kann ich mit eigenen Gefühlen reagieren; wenn jemand eine klare Forderung stellt, kann ich mit Ja oder Nein antworten. Wenn jemand jedoch sagt: „Reg dich nicht auf", dann bestreitet er mir die Existenzberechtigung meiner Aufregung, und auf eine solche nicht-akzeptierende Äußerung reagieren die meisten Menschen mit Verteidigungsmanövern, da allzu leicht die frühe elterliche Autorität in solchen Äußerungen wiedererlebt wird.

Ein Gruppenklima, das relativ frei ist von Veränderungsappellen, kann nicht sofort geschaffen werden. Der Gruppenleiter kann jedoch eine akzeptierende Gruppenatmosphäre dadurch fördern, daß er selbst die Teilnehmer nicht unter Druck setzt, sich zu verändern bzw. daß er die Teilnehmer darauf aufmerksam macht, daß bestimmte Reaktionen andere verschrecken.

Dazu kann der Gruppenleiter den betreffenden Teilnehmer darauf aufmerksam machen, was er gerade tut und ihn anregen, die eigenen Gefühle und Wünsche, die hinter seinem Veränderungsappell stehen, zu erforschen.

> Hans: „Sei nicht so traurig, Claudia."
>
> Gruppenleiter: „Einen Augenblick! Was tust du mit dieser Bemerkung, Hans? Ich bemerke, daß du Claudia nicht erlauben willst, traurig zu sein. Was bedeutet es für dich selbst gefühlsmäßig, wenn Claudia weint?...Welchen Vorteil hast du, wenn Claudia mit ihrem Weinen aufhört?..."

Im folgenden sollen verschiedene Klassen von Veränderungsappellen angesprochen werden, mit denen Teilnehmer zum Ausdruck bringen, daß sie einen anderen Teilnehmer auf manipulative Weise verändern wollen. Das Charakteristische ist jedes

Mal, daß die Art, wie die Veränderungsappelle ausgedrückt werden, dem anderen zeigt, daß er bevormundet, bewertet, beraten oder kritisiert werden soll. Er wird nicht als erwachsene Person mit gleichen Rechten angesprochen, sondern eher als ein Kind, dem gezeigt werden muß, „wo es lang geht".

● **Evaluation**

Dazu gehören verurteilende, moralisierende, beurteilende Äußerungen, wie z.B.: „Du machst ja alles falsch...Du hast Unrecht...Das war dumm. Du brauchst zu viel Zeit... Du machst dich lächerlich..." Natürlich gehören auch nonverbale Kritik-Signale dazu, wie Belächeln, Auslachen, Naserümpfen etc. Alle diese Reaktionen signalisieren die Absicht, Einfluß auf einen Teilnehmer auszuüben, damit er sich anders verhält und bestimmte Verhaltensweisen läßt.

Was der Kritiker dabei nicht ausdrückt, ist sein eigenes Interesse und sein eigener Vorteil, der sich dann ergeben würde, wenn der andere sich ändert. Das Element der Manipulation kommt dadurch herein, daß der Kritiker scheinbar selbstlos und pseudo-wohlwollend spricht. Auf diese Art wertender Bevormundung reagieren viele Teilnehmer mit Rückzug, indem sie ihre Energien in Verteidigungsmechanismen investieren und dadurch weniger zur Gruppenaufgabe beitragen können.

Nicht ganz so ungünstig wirken sich Äußerungen aus, durch die jemand gelobt wird:„Das hat du gut gemacht... Ich bin begeistert von dir, wenn du so viel schreibst...Du bist ein sehr guter Gruppenleiter..." Aber auch hier kann der Gelobte durchaus eine manipulative Absicht gefühlsmäßig erkennen und defensiv reagieren. Der Veränderungswunsch, der durch Lob häufig ausgedrückt wird, ist ziemlich indirekt und lautet: „Solange du dich so verhältst wie gerade jetzt, gefällst du mir. Wage ja nicht, diese von mir geschätzten Verhaltensweisen einmal aufzugeben!" Hier werden alle unerwünschten Impulse und Verhaltensweisen bereits vor ihrer Realisierung vorbeugend indirekt kritisiert. Der Gruppenleiter sollte deshalb auch auf solche Formen verpflichtenden Lobes achten und den Betreffenden auf darin verpackte eigene Interessen aufmerksam machen.

● **Anordnungen geben**

Dazu gehören Beiträge, mit denen ein Teilnehmer anderen Befehle gibt, sie kommandiert, Anforderungen stellt, sie hindert:„Du mußt das tun... Beruhige dich... Sei nicht so traurig... Du mußt vorsichtig sein..." oder Verpflichtungen und Warnungen ausspricht:„Du solltest offener sein... Du würdest dich besser ändern... Das solltest du nicht wieder tun..."

Diese Äußerungen enthalten die Botschaft des Sprechers, daß der andere nicht so akzeptiert wird, wie er ist, sondern daß er sich verändern soll. Er wird aufgefordert, daß er anders denken, fühlen oder sich verhalten soll. Er wird leicht - bewußt oder unbewußt - denken: „Ich muß mich verändern...Ich würde dem anderen einen Gefallen tun, wenn ich mich ändere... 'Solche Einstellungen tragen kaum zur Selbständigkeit des einzelnen bei. Außerdem rufen sie automatisch die innere Gegenstimme auf den Plan, die sich zur Wehr setzt und kontert:„Ich soll mich verändern? Das kommt nicht in Frage!"

Wenn solche Äußerungen fallen, sollte der Gruppenleiter die Teilnehmer darauf aufmerksam machen, daß es keine richtigen oder falschen

Verhaltensweisen gibt und daß die Veränderung jedes Teilnehmers nur möglich ist als eine eigene innere Entwicklung.

● **Helfen und Trösten**

Viele Teilnehmer ertragen es nicht, wenn ein Teilnehmer traurig ist und vielleicht sogar zu weinen beginnt; und so starten sie sofort eine Tröstungsaktion, indem sie vorzeitig Hilfe und Trost anbieten: „Sei nicht so traurig... Das ist alles nicht so schlimm... Kopf hoch... Nimm das nicht so ernst..." Sie übersehen, daß alle - auch traurige - Gefühle normalerweise voll durchlebt werden müssen, damit der Betreffende zu anderen Gefühlen weitergehen kann. Fast immer helfen sich solche Tröster dabei zunächst selbst, weil sie auf diese Weise ihre eigenen traurigen Gefühle nicht spüren müssen. Außerdem kann der Tröster seine eigene Hilflosigkeit durch solche unangebrachten Hilfeleistungen übersehen, da er ja Kraft genug hat, einem Schwachen zu helfen. Er vergißt dabei, daß die meisten Leute in vielen Situationen durchaus in der Lage sind, schwierige Gefühle zu durchleben und so zu überwinden.

Es ist sehr viel besser, wenn andere Teilnehmer nachher einem Gruppenmitglied ihre Sympathie und Zärtlichkeit ausdrücken, wenn der Betreffende seine Trauer ausreichend durchlebt hat. Ich halte es für wichtig, daß der Gruppenleiter vorzeitige Tröstungsaktionen durch einen leichten Hinweis stoppt und eine kurze Erklärung dazu abgibt. Manchmal kommt es vor, daß Teilnehmer den Raum verlassen, um starke Trauergefühle ohne Zuschauer zu erleben. In den allermeisten Fällen ist das eine ganz normale Schutzreaktion, die der Gruppenleiter akzeptieren sollte. Er sollte deshalb andere, die dem Traurigen nachgehen wollen, um ihn zu trösten, daran hindern. Damit eine gewisse Klarheit herrscht, ist es empfehlenswert, daß der Gruppenleiter auch hier das Recht jedes Teilnehmers auf Rückzug betont.

Nun gibt es natürlich auch Situationen, wo ein Teilnehmer so schwere Gefühle der Einsamkeit und des Schmerzes erlebt, daß er die schützende Nähe anderer Teilnehmer oder des Gruppenleiters braucht. In diesem Fall ist es sinnvoll, daß der Gruppenleiter oder ein anderer Teilnehmer diesem Gruppenmitglied durch eine leichte Berührung symbolisch Verbundenheit und Mitgefühl ausdrücken.

● **Psychologisieren**

Häufig benutzen die Teilnehmer ihre psychologischen Kenntnisse, um andere indirekt zu kritisieren, und sie üben sich in der Kunst des Gedankenlesens und der Wahrsagerei: „Du hast ein Autoritätsproblem... Warum hast du das getan?... Du bist zynisch... Du sagst das, weil dein Vater so streng war... Du meinst gar nicht, was du sagst..." Auf solche psychologisierenden Bemerkungen reagiert der Angesprochene defensiv oder ärgerlich. Wenn unser Verhalten interpretiert wird, dann vermuten wir häufig zu Recht, daß unsere Aktion oder unsere Aussagen angezweifelt werden bzw. verändert werden sollen. Darum sollte der Gruppenleiter darauf achten, daß die Teilnehmer nicht anfangen, den Psychiater zu spielen, der den anderen die Wahrheit sagt. Interpretationen sind allzu oft die Projektionen dessen, der sie äußert, und sie sind daher von zweifelhaftem Nutzen. Sicher sind Interpretationen manchmal sinnvoll, wenn sie mit dem Wunsch angeboten werden, den anderen

- und sich selbst - besser zu verstehen. Für Neulinge ist es schwer, zwischen manipulativen und nützlichen Interpretationen zu unterscheiden. Für sie gilt deshalb die Faustregel: Es ist nützlicher, einen Teilnehmer anzuregen, sich darüber klar zu werden, w a s er denkt oder fühlt, als zu versuchen, herauszufinden, w a r u m er sich so oder so verhält.

UNTERSTÜTZUNG UND SCHUTZ GEWÄHREN

Manchmal braucht ein einzelner Teilnehmer wirklich die Unterstützung des Gruppenleiters. Das kann besonders wichtig sein, wenn es einen wenig akzeptierten oder neuen Teilnehmer gibt, der sich in der Gruppe noch nicht sehr zu Hause fühlt. Das ist ganz besonders entscheidend in sehr kritischen oder feindseligen Gruppen.

Wenn zum Beispiel alle Feedbacks für einen wenig akzeptierten Teilnehmer im negativen Bereich liegen, muß der Gruppenleiter gegensteuern und dafür sorgen, daß auch die positiven Dinge genannt werden. Im Zweifelsfall ist es besser, zu viel Unterstützung zu geben als zu wenig.

Gelegentlich versucht eine ganze Gruppe oder eine Clique, einen bestimmten Teilnehmer dazu zu zwingen, sich stärker zu exponieren als er selbst eigentlich will. Wenn das bedrängte Gruppenmitglied die anderen nicht selbst stoppen kann, muß der Gruppenleiter intervenieren und die Teilnehmer auf ihr destruktives Verhalten aufmerksam machen.

Er kann dann zum Beispiel sagen:,,Mir fällt auf, daß ihr euch alle mit Barbara beschäftigt. Kann es sein, daß ihr auf diese Weise elegant vermeidet, über euch selbst zu sprechen?''

Eine andere Art der Intervention ist die Frage an den in die Enge getriebenen Teilnehmer:,,Barbara, ist es dir eigentlich recht, daß sich die anderen so lange ausschließlich mit dir beschäftigen?''

Normalerweise helfen diese Interventionen schnell, den Druck der Gruppe auf den Betroffenen zu lockern. Der Gruppenleiter muß unbedingt verhindern, daß Teilnehmer längere Zeit unfreiwillig im Brennpunkt der Interaktion stehen, weil es vom sensiblen Teilnehmer als psychologische Vergewaltigung empfunden werden kann.

SCHWEIGER EINBEZIEHEN

Der Gruppenleiter muß sicherstellen, daß alle Teilnehmer einigermaßen gleichmäßig zu Wort kommen können. Darum sollte er sehr dominante Teilnehmer darauf aufmerksam machen, daß sie anderen die Gelegenheit nehmen, sich ebenfalls zu äußern. Normalerweise ist es jedoch besser, wenn der Gruppenleiter den Schweigern Gelegenheit gibt, miteinander über ihre Situation zu sprechen:

Der Gruppenleiter fordert die Teilnehmer zu einem dynamischen Soziogramm auf. In die eine Gruppe gehen die Teilnehmer, die nach ihrer Selbsteinschätzung genug zu Wort kommen, in der anderen versammeln sich diejenigen, die gern mehr sprechen möchten. Die letztere Gruppe setzt sich dann für eine Zeit von ungefähr 1o Minuten ins Fishbowl und diskutiert ihre Situation unter dem Thema:,,Was teile ich durch mein Schweigen mit - und wie fühle ich mich dabei?''

FRAGEN STELLEN

Eine wesentliche Aufgabe des Gruppenleiters ist es, jedem Teilnehmer zu helfen, sich bewußter zu werden, was er tut, was er vermeidet, welche Gefühle er dabei hat und was seine Ziele sind. Beispielsweise kommt es häufig vor, daß Teilnehmer sehr leise sprechen und sich dessen nicht bewußt sind. Außerdem wissen sie nicht, daß sich andere darüber ärgern, weil sie durch das leise Sprechen gezwungen sind, besonders gut hinzuhören.

In diesem Fall kann der Gruppenleiter dem Teilnehmer die einfache Frage stellen:,,Bemerkst du, Beate, wie du sprichst?" Mit dieser kleinen Starthilfe hat Beate jetzt Gelegenheit, selbst aktiv zu werden und ihre Aufmerksamkeit bewußt auf ihre Sprechweise zu konzentrieren.

So wird ein innerer Rückkoppelungsprozeß in Gang gesetzt, der vorher nicht existierte, da offensichtlich eine Spaltung bestand zwischen Sprechweise und Bewußtsein. Jetzt kann der Betreffende entdecken, daß er leise spricht. Was auf diese Weise gelernt wird, ist folgendes: Der einzelne setzt sein Bewußtsein selbst aktiv ein, er konzentriert es auf einen bestimmten Bereich, und er macht selbst eine Beobachtung, d.h. er gibt sich selbst eine Antwort.

Diese beiden wichtigen Schritte, Aufmerksamkeit für eine Bestandsaufnahme des eigenen Verhaltens einzusetzen und selbst Beobachtungen zu machen, können nicht stattfinden, wenn der Gruppenleiter die Antwort vorweggenommen hätte, z.B. mit dem Hinweis:,,Du sprichst sehr leise." Effektive Gruppenleiter benutzen deshalb immer wieder geeignete Fragen, damit der Teilnehmer selbst auf bestimmte Aspekte seines Verhaltens aufmerksam wird. Dazu gehört nicht nur äußeres, sondern auch inneres Verhalten, z.B. der Bereich der Gefühle, der Wertvorstellungen, des Selbstbildes, der Annahmen über zwischenmenschliche Beziehungen etc.

Insofern ergänzen die Fragen des Gruppenleiters ganz wesentlich seinen Versuch, dem einzelnen bei der Entwicklung eines kognitiven Bezugsrahmens zu helfen, der ihnen individuelles Verhalten und Gruppenprozesse verständlich macht. Ein geschickter Gruppenleiter wird in der Regel sehr viel mehr Fragen verwenden als ausdrückliche Informationen geben.

Am nützlichsten sind phänomenologische und konkrete Fragen, wie z.B.:,,Was tust du? ... Was fühlst du?...Was willst du?... Wen fürchtest du?... Auf wen bist du böse?..." Diese Fragen bleiben an der Oberfläche und beziehen sich in der Regel auf das Hier und Jetzt und auf relativ leicht beantwortbare Dinge, also nicht auf komplizierte Motive, Gründe usw. Hierzu gehören auch immer wieder Fragen, die nonverbale Signale einbeziehen.

Wenn ein Teilnehmer z.B. ständig mit der rechten Hand gegen das Stuhlbein schlägt, kann der Gruppenleiter fragen:,,Was drückt deine rechte Hand aus? Was sagst du uns damit?"

Von besonderer Bedeutung ist weiter die Frage:,,Was fühlst du?" Hier wird dem Teilnehmer die Chance gegeben, sich derjenigen Körperempfindungen bewußt zu werden, die seine Handlungen begleiten und doch häufig vom Bewußtsein abgespalten sind.

Wenn ein Teilnehmer zum Beispiel ein wichtiges - offenkundig vorhandenes - Gefühl nicht ausdrückt, kann der Gruppenleiter fragen:,,Wie fühlen sich deine Hände an? " oder:,,Was empfindest du in deinem Körper?"

Entscheidend sind schließlich auch die Fragen, die die persönliche Autonomie des einzelnen betonen.

Wenn ein Teilnehmer unschlüssig ist und seinem Handeln eine klare Richtung zu fehlen scheint, dann ist es gut, wenn der Gruppenleiter die einfache Frage stellt:,,Was willst du jetzt?"

Diese Frage hilft in vielen Fällen dem Betreffenden, sich seiner Unschlüssigkeit zunächst bewußt zu werden und diese im Prozeß des Antwortens selbst zu überwinden.

Auf jeden Fall tabu sind Warum-Fragen, da diese allzuleicht psychologische Spekulationen fördern und intellektuelle Energie nutzlos verbrauchen. Schlechte Gruppenleiter stellen solche Fragen, die dem Teilnehmer die Mühe des Nachdenkens und der eigenen Stellungnahme ersparen; sie stellen Fragen an der falschen Stelle, indem sie Material anführen, das für den einzelnen bzw. für die Gruppe im Moment nicht relevant ist. (Zum Beispiel:,,Ist die Autorität für dich eher förderlich oder eher ärgerlich?'') Grundsätzlich muß der Gruppenleiter den Teilnehmern deutlich machen, daß das Fragenstellen hauptsächlich seine Aufgabe ist, um den einzelnen Teilnehmer und die ganze Gruppe anzuregen, neue und wichtige Informationen zu entdecken. Für die Teilnehmer ist es sehr viel wichtiger, in der Kommunikation miteinander Aussagen anstelle von Fragen zu verwenden.

HILFE BEIM KOGNITIVEN LERNEN

Immer wieder muß der Gruppenleiter den Teilnehmern helfen, einen passenden kognitiven Bezugsrahmen für die Gruppenerfahrungen zu entwickeln. Ich habe an verschiedenen Stellen darauf hingewiesen, wie wichtig kognitive Faktoren für den Lernerfolg der Teilnehmer in interaktionellen Gruppen sind.Dabei kann man nun nicht behaupten, daß irgendein bestimmtes Lern- oder Therapiekonzept für alle Teilnehmer in gleicher Weise und zu jedem Zeitpunkt die besten Erfolge bringt. Wichtiger als die Theorie einer spezifischen pädagogischen oder therapeutischen Schule ist es für die Teilnehmer, daß sie in der Gruppe überhaupt eine Strategie erlernen, die es ihnen gestattet, Verhaltensprobleme wahrzunehmen, zu verstehen und zu lösen. Sie müssen lernen, eine bewußte Haltung im Blick auf wichtige Lebensprobleme einzunehmen, die es ihnen erlaubt, Wahrnehmungen, Gefühle und Gedanken miteinander zu verbinden. Die Voraussetzung dafür ist, daß die Teilnehmer auch gefühlsmäßig von ihrem persönlichen Wert und ihrer Entwicklungsmöglichkeit überzeugt sind.

Eine besondere Rolle spielen in diesem Zusammenhang Interpretationen. Eine gute Interpretation kann dem Teilnehmer zu wichtigen Einsichten verhelfen. Sie kann intellektuelle Verwirrung vermindern und dem Teilnehmer eine klare Perspektive geben. Sie muß dann den Teilnehmer dazu veranlassen, sein konkretes Verhalten zu überprüfen,und sie muß seine Gefühle ansprechen.

> Zum Beispiel:,,Peter, du hast uns schon mehrfach deine Absicht angedeutet, daß du mehr von dir erzählen möchtest und daß du den Eindruck hast, in der Gruppe bisher zu kurz gekommen zu sein. Dabei habe ich beobachtet, daß du dich nach jeder Ankündigung zurückziehst und den anderen das Feld überläßt. Ich vermute, daß du im Augenblick nicht bereit bist, uns wirklich mehr von dir mitzuteilen. Liege ich mit dieser Vermutung richtig?''

Es ist sehr wichtig, daß der Gruppenleiter seine Interpretationen als Vermutung und nicht als Tatsachen ausgibt und daß er durch sie einen Bezug herstellt zur Gruppensituation, so daß sie der Ausgangspunkt sein kann für eine klärende soziale Interaktion.

Die meisten Gruppenleiter erleichtern sich ihre Arbeit, wenn sie auf der Basis eines einigermaßen konsistenten konzeptionellen Bezugsrahmens arbeiten. Dabei ist der spezifische Inhalt dieses Bezugsrahmens für den Lernerfolg der Teilnehmer viel weniger bedeutsam als die Art und Weise, wie der Gruppenleiter die hier beschriebenen Aufgaben wahrnimmt bzw. wie die Gruppe als sozialer Mikrokosmos beschaffen ist und funktioniert.

ANBAHNUNG VON TRANSFER

Man kann davon ausgehen, daß die Teilnehmer in interaktionellen Gruppen neue Verhaltensweisen und Einstellungen lernen möchten, so daß sie hinterher in ihrem Beruf und in ihrem privaten Bereich mehr Verhaltensalternativen haben.

Um den Transfer von Lernerfahrungen aus der Gruppe in den Alltag zu erleichtern, muß der Gruppenleiter die Teilnehmer immer wieder ermutigen, ihre Erfahrungen in der Gruppe zu analysieren und ihre Übertragbarkeit auf die Realität zu überprüfen. Besonders in der Schlußphase einer interaktionellen Gruppe wird diese Aufgabe des Gruppenleiters akut. Bewährt haben sich hier vor allem Rollenspiele, die den Ernstfall der back-home-Situation vorwegnehmen (vgl. Kap.2.5).

KONFRONTATION

Konfrontation gehört zu den wichtigsten und risikoreichsten Aufgaben des Gruppenleiters in interaktionellen Gruppen. Er konfrontiert einen Teilnehmer, wenn er ihn auf einen spezifischen Aspekt seines Verhaltens aufmerksam macht und ihn veranlaßt, darüber nachzudenken. Der Gruppenleiter sollte einen Teilnehmer konfrontieren, wenn er sich wirklich für den Betreffenden interessiert und sich engagieren will. Mit seiner Konfrontation bringt er den Teilnehmer in einen größeren Kontakt mit sich selbst, indem er ihn z.B. auf Diskrepanzen hinweist zwischen dem, was er sagt, und dem, was er tut, auf Diskrepanzen zwischen Phantasie und Realität und auf Diskrepanzen zwischen seinen genutzten Möglichkeiten und seinem latenten Potential. Darüber hinaus kann der Gruppenleiter den Teilnehmer mit dysfunktionalem Verhalten konfrontieren, zum Beispiel mit Angeberei, sozialen Spielen, Manipulationen und Pseudooffenheit.
Dazu kann der Gruppenleiter einen kognitiven Weg beschreiten und den Teilnehmer fragen:,,Bemerkst du, was du tust?'' oder das Verhalten selbst ansprechen.

Ein Teilnehmer hat während zwei Sitzungen geschwiegen. Der Gruppenleiter spricht den Betreffenden an und sagt:,,Franz, ich habe bemerkt, daß du in den letzten beiden Sitzungen kein Wort gesagt hast. Ich weiß nicht, wo du im Moment innerlich bist, und mir ist dadurch der Kontakt zu dir verlorengegangen.''

Er kann jedoch auch einen emotionaleren Weg gehen und seine eigenen Gefühle ausdrücken, z.B. Ärger über ein bestimmtes Verhalten des Teilnehmers:

,,Marianne, du hast jetzt mit verschiedenen Teilnehmern über mich gesprochen und ihnen erzählt, daß ich in der Gruppe zu wenig aktiv bin. Ich fühle mich von dir übergangen und werde zunehmend ärgerlich.''

Wenn er sich für diesen Weg entscheidet, darf der Gruppenleiter nur Gefühle ausdrükken, die tatsächlich vorhanden sind.

Bei all diesen Konfrontationen muß der Gruppenleiter immer wieder deutlich machen, daß der Teilnehmer ganz andere und konstruktive Verhaltensmöglichkeiten hat. Vor allem muß er damit rechnen, daß der Betreffende die Konfrontation als Bestrafung erlebt und darauf direkt oder indirekt aggressiv reagiert. Darum muß der Gruppenleiter darauf achten, daß der konfrontierte Teilnehmer seine Reaktion ausdrückt und nicht herunterschluckt. Denn dann bietet die Konfrontation eine Möglichkeit zu mehr Kontakt zwischen Gruppenleiter und Teilnehmer.
Konfrontation enthält immer gewisse Risiken für den Teilnehmer. Darum sollte der Gruppenleiter folgende Prinzipien beachten :

- Er konfrontiert den Teilnehmer nicht nur mit seinen Schwächen, sondern vor allem mit seinen möglichen Stärken.
- Er weiß, daß er umso stärker konfrontieren kann, je tragfähiger die Beziehung zum Teilnehmer ist.
- Er berücksichtigt die Empfindlichkeit und die Belastbarkeit des Teilnehmers.
- Er konfrontiert vor allem das Verhalten und weniger die Motivation.
- Er unterscheidet ganz klar zwischen Verhaltensbeschreibung, Interpretation und dem Ausdruck eigener Gefühle.
- Er lädt den Konfrontierten ein, seine Reaktionen auszudrücken.
- Er fordert die Teilnehmer auf, ihn ebenfalls zu konfrontieren und rea-

giert auf diese Konfrontationen ohne sich zu entschuldigen oder sich zu rechtfertigen.

In der Theorie der gegenwärtigen Gruppenverfahren wird Konfrontationsverhalten unterschiedlich eingeschätzt. Die nicht-direktiven Gruppenleiter haben direkte Konfrontation aus ihrem Verhalten eliminiert, da sie vom Leiter vor allem Akzeptierung und Einfühlung verlangt, während die rein analytisch orientierten Gruppenleiter ebenfalls auf Konfrontation verzichten, da sie vorwiegend intellektuelles Verständnis fördert. Meines Erachtens sollte es in einer interaktionellen Gruppe einen Platz geben für verantwortliche und realistische Konfrontation durch den Gruppenleiter und - in zunehmendem Maße - auch durch die Teilnehmer selbst.

AUSDRUCK VON ZUNEIGUNG UND ZÄRTLICHKEIT

Viele Teilnehmer - besonders Männer - haben große Schwierigkeiten, offen ihre Gefühle von Zuneigung und Zärtlichkeit zu zeigen. Auf diese Weise bringen sie sich selbst um die Möglichkeit, einen wesentlichen Teil ihrer Person auszudrücken und zu verwirklichen. Gleichzeitig schrecken sie andere davon ab, ihnen Zuwendung und Liebe offen entgegenzubringen. Auf diese Weise gerät ihre ,,Liebesbilanz'' leicht in die roten Zahlen, und sie verbreiten um sich ein manchmal frostiges Klima von Arbeitswut und scheinbarer Sachlichkeit.

Als männlicher Gruppenleiter hoffe ich, durch mein eigenes Beispiel die Teilnehmer - und darunter vor allem die Männer - zu ermutigen, ebenfalls ihre weicheren Empfindungen offen auszudrücken. Wenn ich als Mann Zärtlichkeit zeige bzw. deutlich mache, daß ich hier und da gern der Empfänger von Zärtlichkeit bin, kann ich anderen helfen, ihre Gefühle in diesem Bereich spontaner auszudrücken.

Dazu gehört auch der physische Ausdruck von Zuwendung und Zärtlichkeit, indem ich zum Beispiel einen Teilnehmer umarme, wenn ich mich mit ihm freue, oder indem ich einer Teilnehmerin einen Kuß gebe, um ein zärtliches Gefühl auszudrücken, oder aber indem ich einen sich augenblicklich sehr einsam fühlenden Mann in den Arm nehme und mich neben ihn setze. Ich glaube, daß physischer Kontakt des Gruppenleiters mit Teilnehmern eine wichtige Dimension im Gruppenleiterverhalten darstellt. Voraussetzung dafür ist jedoch, daß der Gruppenleiter sich seiner eigenen Gefühle sicher ist und physischen Kontakt nicht zum Überspielen zum Beispiel eigener Unsicherheit benutzt. Ich schätze es überhaupt nicht, wenn Leiter in der Gruppe herumlaufen und unterschiedslos alle Teilnehmer umarmen.

Wenn ein männlicher Teilnehmer dem Gruppenleiter sehr am Herzen liegt, der vor einer zärtlichen Geste des Gruppenleiters aber vermutlich zurückschrecken würde, dann kann dem Betreffenden ein Ringkampf oder etwas ähnliches helfen, da hier direkter Körperkontakt auf eine weniger bedrohliche Weise möglich ist. Diese Kämpfe haben ein spielerisches Element und werden vom Teilnehmer sehr leicht als Ausdruck des unmittelbaren Interesses und der persönlichen Zuwendung erkannt und geschätzt.

Der körperliche Ausdruck von Nähe ist vor allem dann wichtig, wenn der Gruppenleiter bemerkt, daß ein einzelner Teilnehmer in einer Situation gefühlsmäßig die Einsamkeit, den Schmerz und die Verzweiflung eines kleinen Kindes erlebt, ohne daß ein anderer Teilnehmer ihm die nötige Geborgenheit vermittelt. Hier übernimmt der Gruppenleiter dann symbolisch die Rolle des beschützenden Elternteils. Wenn der Gruppenleiter die anderen Teilnehmer mehr einbeziehen will, kann er eine symbolische Aktion vorschlagen, wie z.B. das Aufheben und Wiegen (vgl. das Kapitel über klassische Interventionstechniken und Experimente für einzelne Teilnehmer).

BEWEGEN

Damit die Teilnehmer nicht durch zu lang ausgedehntes Sitzen ihre physische und psychische Vitalität verlieren, sollte ein menschenfreundlicher Gruppenleiter in geeigneten Abständen immer wieder Interaktionsspiele vorschlagen, die es dem Teilnehmer gestatten, seinen Körper zu bewegen, und die eine ausgeglichene Interaktion zwischen Physis, Psyche und Geist ermöglichen.

Hier eignet sich z.B. IAS Nr. 12, Ungewöhnliche Perspektiven. Auch IAS Nr. 14, Klopfen, Nr. 29, Genie und Idiot, Nr. 36, Auftauen, Nr. 71, Stimme lockern, Nr. 76, Mann in der Mitte, Nr. 110, Massagekreis, und Nr. 139, Expansionskreis, bieten sich in diesem Zusammenhang an.

Nach einem solchen Bewegungs-Interaktionsspiel sind die Teilnehmer meistens wacher und lebendiger, so daß die Arbeit der Gruppe mit lebhafterer Beteiligung weitergehen kann.

Solche Bewegungsspiele eignen sich übrigens auch vorzüglich zum Anwärmen, um vor allem ängstlichen und zurückhaltenden Teilnehmern in Anfangssituationen den Start zu erleichtern. Sie können sich auf diese Weise ausdrücken, ohne sich zu sehr zu exponieren, und Kontakt zu ihrer inneren Lebendigkeit gewinnen.

4.4   BERÜCKSICHTIGUNG WICHTIGER THEORETISCHER ELEMENTE

Ich habe an anderer Stelle betont, daß der Gruppenleiter genügend konzeptionelles Wissen haben muß, um individuelles und kollektives Verhalten in Gruppen zu verstehen. Dabei sollte er selbst die Nützlichkeit von Theorien, die die individuelle Psychodynamik bzw. die soziale Dynamik von Gruppen erklären, im Zusammenhang mit seiner eigenen Gruppenleiterpraxis testen. Unter Umständen wird er neugierig genug werden, um zu einigen bewährten Konzepten neue Theorien und Modelle kennenzulernen, die ihm noch besser helfen, das immer wieder überraschende und rätselhafte menschliche Verhalten tiefer zu verstehen.

Im folgenden möchte ich einige theoretische Annahmen erwähnen, die meines Erachtens dem Leiter interaktioneller Gruppen helfen können, die komplizierten Prozesse in einer Gruppe besser zu verstehen und Orientierungspunkte für sein Vorgehen zu gewinnen. Einige wesentliche psychoanalytische Konzepte sind unmittelbar anzuwenden auf die Prozesse in einer interaktionellen Gruppe. Dazu gehört FREUDS Entdeckung, daß unsere Einstellungen und Haltungen, unsere Werte und Wahrnehmungen, sowie unser gesamtes Verhalten weitgehend durch unsere unbewußten Gefühle und Vorstellungen beeinflußt werden. Die sozialen Masken, die Gruppenleiter und Teilnehmer zu Beginn einer Gruppe zeigen, haben sie nicht aufgrund bewußter Entscheidungen aufgesetzt, sie haben diese Masken als Reaktion auf bestimmte Kindheitserfahrungen ausgebildet, die weitgehend unbewußt geblieben sind. Viele Kindheitserfahrungen lassen uns noch heute Angst empfinden, daß wir für „falsche" Impulse und für „falsches" Verhalten bestraft werden, obgleich diese Befürchtungen heute nicht mehr zutreffen. In einer interaktionellen Gruppe manifestieren sich diese Befürchtungen, wenn die Teilnehmer zögern, sich frei darzustellen und ihre Gefühle und Wünsche spontan auszudrücken.

Andere grundlegende Konzepte für die psychoanalytische Theorie sind für die Gruppenarbeit ebenfalls überaus nützlich. Die bekannte Differenzierung der Persönlichkeit in die drei Systeme von Ich, Es und Über-Ich hat eine Parallele gefunden in der von E.BERNE entwickelten Transaktionsanalyse mit den drei Aspekten des Erwachsenen-, des Kinder- und des Eltern-Ich. Viele Interaktionen zwischen den Teilnehmern und zwischen Teilnehmer und Gruppenleiter lassen sich ausgezeichnet durch dieses Kommunikationsmodell erklären und tiefer verstehen, dessen Grundzüge vor allem auch psychologisch wenig vorgebildeten Teilnehmern leicht einsichtig wird.

W.C.SCHUTZ hat in seine recht hilfreiche Theorie der Gruppenentwicklung gleichfalls psychoanalytische Konzepte integriert. Er nimmt an, daß drei Grundbedürfnisse nacheinander in der Gruppe auftreten und befriedigt werden wollen, und zwar das Zugehörigkeitsbedürfnis (das Freuds Stadium der oralen Abhängigkeit entspricht), das Kontrollbedürfnis (das Freuds analer Phase der Entwicklung entspricht) und das Bedürfnis nach Zuneigung (das der ödipalen und genitalen Phase nach Freud entspricht). Die Bedeutung dieser Grundbedürfnisse für Lernprozesse in interaktionellen Gruppen ist ausführlicher bei Kapitel 2.4 dargestellt.

In ähnlicher Weise ist das Konzept der Übertragung für die Arbeit mit Gruppen wichtig. Es erklärt die verzerrten Wahrnehmungen der Teilnehmer am Anfang der Gruppe. Andere Teilnehmer oder der Gruppenleiter werden aufgrund von subtilen Ähnlichkeiten mit wichtigen Bezugspersonen aus der Kindheit oft unrealistisch eingeschätzt und daher entweder gefürchtet oder überbewertet. Um diese Übertragungsmechanismen rechtzeitig deutlich zu machen, kann der Gruppenleiter in der Anfangsphase der Gruppe ein recht nützliches Interaktionsspiel vorschlagen:

> Jeder Teilnehmer konzentriert sich auf das Gruppenmitglied, das ihn am stärksten an irgendeine wichtige Bezugsperson seiner Kindheit erinnert. Zugleich versucht er, sich bewußt zu machen, welche gefühlsmäßige Beziehung er zu dieser wichtigen Person hatte. Anschließend teilt jeder die Ergebnisse seiner Selbsterforschung dem Teilnehmer mit, der von der Übertragung betroffen ist. Auf diese Weise wird ein realistischer Kontakt erleichtert.

Andere von der Psychoanalyse entdeckte psychologische Mechanismen, wie die ödipale Rivalität, Befürchtungen und Wünsche, sowie die spezifischen Verteidigungsmechanismen von Unterdrückung, Projektion und Verleugnung erscheinen ebenfalls klar in der Interaktion einer Gruppe.

Von erheblicher persönlicher Bedeutung für jeden Gruppenleiter ist die psychoanalytische Entdeckung, daß das Kind die Mutter einmal als gut, liebevoll und gebend wahrnimmt, als eine Art göttliche Gestalt, und zugleich als eine Art Teufel, der böse, destruktiv und wegnehmend ist. Solche gemischten Gefühle bringen die Teilnehmer oft dem Gruppenleiter entgegen. Wann immer der Gruppenleiter den Eindruck hat, daß ein Teilnehmer ihn durch eine Projektion unrealistisch wahrnimmt, sollte er dem Betreffenden behilflich sein, ihn realistischer einzuschätzen.

> Die beste Möglichkeit, dem Teilnehmer zu helfen, ist es, wenn der Gruppenleiter Vermutungen des Teilnehmers über seine Persönlichkeitsstruktur, die zutreffend sind, deutlich bestätigt und irreale Phantasien zurückweist. Zum Beispiel:,,Du hast Recht, Michael, daß ich gelegentlich arrogant bin. Du irrst dich in der Annahme, daß ich euch von mir abhängig machen möchte''
> Interaktionsspiele, die diesen Bereich aufklären helfen, sind IAS Nr. 56, Frag den Leiter was und Nr. 89, Raten des Gruppenleiterverhaltens.

Weiter können Übertragungen sehr gut durch einen Vergleich mit den Wahrnehmungen anderer Teilnehmer überprüft und geklärt werden.

> Zum Beispiel:,,Ihr habt alle gehört, daß Maria glaubt, ich hätte an Frauen kein

Interesse. Wie schätzt ihr mich in dieser Hinsicht ein?"

Im Zusammenhang mit dieser Entdeckung Freuds steht eine andere wichtige Hypothese: In der Anfangsphase reagieren viele Teilnehmer gefühlsmäßig auf die ganze Gruppe als Kollektiv und nicht auf einzelne unterschiedlich wahrgenommene Persönlichkeiten. Sie nehmen die Gruppe als bedrohlich wahr und reagieren wie auf die Zurückweisung einer strengen Mutter. Diese, von H.DURKIN vertretene Auffassung basiert auf der Annahme, daß die Kombination von Unbekanntheit und Intimität die Teilnehmer zur Regression führt, wobei sie Kindheitserfahrungen auf die Gruppe übertragen und sie entsprechend unrealistisch wahrnehmen. Das erklärt die Befangenheit, die jeder zu Beginn einer Gruppe spürt.

Wenn der Gruppenleiter merkt, daß ein Teilnehmer besonders befangen auf die Gruppe reagiert, kann er folgendes tun:

Franz: „Ich fühle mich hier nicht wohl. Die Gruppe wirkt auf mich sehr unheimlich."

GL: „Ich möchte dir helfen, Franz. Ich bemerke, daß du auf die Gruppe als Ganzes und nicht auf einzelne Teilnehmer reagierst. Vielleicht bemerkst du etwas anderes, wenn du mehr die einzelnen betrachtest. Kannst du dir klarmachen, w e r von den Teilnehmern dir unheimlich ist?"

Darüber hinaus kann der Gruppenleiter die Anfangsängste wirksam dadurch abmildern helfen, daß er Interaktionsspiele aus dem Kapitel „Akzeptierung und Angst-Abbau in der Anfangsphase" erprobt.

Besonders geeignet sind in diesem Zusammenhang IAS Nr. 131, Selbstbeschreibung und Nr. 175, Frühes Feedback.

Eine wichtige Weiterentwicklung gegenüber Freud ist dagegen die Bereitschaft vieler Leiter in interaktionellen Gruppen, ihre eigene Persönlichkeit stärker ins Spiel zu bringen.

Einige weitere Prinzipien aus der humanistischen Psychologie sind für die Arbeit in interaktionellen Gruppen außerordentlich fruchtbar: die Betonung des Hier und Jetzt im Gegensatz zum rein historischen Bericht über Ereignisse aus der individuellen Vergangenheit; der Verzicht auf eine klare Grenzziehung zwischen psychischer Krankheit und psychischer Gesundheit zugunsten einer Auffassung, welche die Verantwortlichkeit des einzelnen für sein eigenes Schicksal betont; die Konzentration auf die Zukunft jedes einzelnen und auf seine Entwicklungsmöglichkeiten.

Insbesondere eignen sich einige gestalttherapeutische Prinzipien nach F.PERLS für die Arbeit in interaktionellen Gruppen. Hier sollen die wichtigsten erwähnt werden: die Betonung des Bewußtseins im Hier und Jetzt; Experimente zur Einbeziehung der Gruppe; das Axiom, daß jeder Teilnehmer für seine Gefühle und sein Verhalten verantwortlich ist, und die Annahme, daß dauerhafte Verhaltensänderungen nur stattfinden können, wenn jemand voll das akzeptiert, was er in einem gegebenen Moment wahrnimmt, fühlt und denkt.

BETONUNG DES HIER UND JETZT

Dieses Prinzip wird manchmal falsch verstanden. Damit ist nämlich nicht gemeint, daß Material aus dem Da und Dort, aus Vergangenheit oder Zukunft (z.B. die Beziehung zu meiner Frau zu Hause, Schwierigkeiten im Beruf, Angst vor dem, was kommen wird etc.) unwichtig ist, weil nur die Interaktionen in der gegenwärtigen Gruppe zählen. Das Prinzip möchte jedoch Material aus dem Da und Dort aktualisieren, indem es erlebnismäßig in die Gegenwart gebracht wird.

Der Teilnehmer erzählt die Geschichte seiner Entlassung nicht im Imperfekt, sondern im Präsens.

Auf diese Weise kommt es zu einer Wiederbelebung des sonst eher abgekapselten und toten Materials,so daß abgespaltene und unbewußte Komponenten des Selbst, unterdrückte Wahrnehmungen und Ausdrucksmöglichkeiten in die Unmittelbarkeit der Hier-und-Jetzt-Situation zurückgebracht werden. Das ist vor allem deshalb wichtig, weil auf diese Weise unerledigte und offene Probleme abgeschlossen werden können, wenn nämlich der Teilnehmer jetzt das ausdrückt, was er damals heruntergeschluckt hat.

EXPERIMENTE

Von besonderer Bedeutung sind die PERLSschen Experimente, vor allem die Technik des Herumgehens. Diese regt den Teilnehmer an, durch die Interaktion mit anderen Einstellungen und Gefühle praktisch zu erfahren, über die er vorher nur theoretisch gesprochen hat. Sie gibt dem Teilnehmer weiter die Chance, vorher unterdrückte andersartige Einstellungen und Verhaltensweisen auszuprobieren und neu entdeckte Beziehungsmöglichkeiten zu anderen zu realisieren.

Von allen Gestalttechniken ist sie für interaktionelle Gruppen wahrscheinlich die nützlichste und am leichtesten anwendbare. Diese Technik des „Rundgangs" wird ausführlicher in dem Kapitel über klassische Interventionstechniken für einzelne Teilnehmer dargestellt.

VERANTWORTLICHKEIT

Das Axiom der Verantwortlichkeit wird ebenfalls von einigen Gruppenleitern mißverstanden. Es bedeutet nicht, daß ausschließlich der Teilnehmer für seine Erfolge und Mißerfolge in der Gruppe verantwortlich ist. Selbstverständlich gibt es eine spezifische Verantwortung des Gruppenleiters für seine Tätigkeit. Bildhaft gesprochen, kann man sagen, daß die Verantwortung für das Lernen zwischen Gruppenleiter und Teilnehmer im Verhältnis 1 : 1 geteilt ist. Wenn ein Teilnehmer unverantwortlich handelt und nicht bereit ist, sich in Frage zu stellen und auch die Hilfestellung des Gruppenleiters in Anspruch zu nehmen, dann kann der Gruppenleiter sich noch so sehr anstrengen: er wird nichts erreichen. Wenn der Gruppenleiter andererseits unverantwortlich handelt und seine vielfältigen Aufgaben nicht engagiert wahrnimmt, dann sind die Lernaussichten auch für einen motivierten Teilnehmer denkbar schlecht. Ich betrachte dieses Prinzip als eine wesentliche Entlastung für den Gruppenleiter, der auf diese Weise von der unlösbaren Aufgabe befreit wird, andere zum Lernen zu motivieren.

Bereits in der Anfangsphase sollte der Gruppenleiter daher die Teilnehmer mit diesem Grundsatz bekannt machen und klarstellen, daß er hilflos ist, wenn die Teilnehmer nicht mit ihm kooperieren. Auf diese Weise werden vielleicht die Omnipotenzerwartungen der Teilnehmer in bezug auf den Gruppenleiter etwas eingeschränkt. (Vgl. dazu das Kapitel „Axiome und Grundregeln für die Interaktion in der Gruppe".)

ENTWICKLUNGSMÖGLICHKEIT

Besonders wichtig ist schließlich die Entwicklungshypothese. Veränderung findet nur statt, wenn ich der werde, der ich bin, und wenn ich nicht versuche, etwas zu sein, das ich nicht bin. Zuerst scheint das ein Paradox zu sein, aber die Anerkennung gegebener Gefühle als Teil des Selbst ist die Voraussetzung jeder Entwicklung.

Wenn der Gruppenleiter zum Beispiel einen Teilnehmer mit depressiver Stimmung behilflich sein will, kann er den Teilnehmer auffordern, die Depression in übertriebener Weise auszudrücken:„Geh im Kreis herum und beklage dich, wo immer du willst, wie schlecht es dir geht, wie traurig die Welt ist und wie schlimm deine Situation ist. Spiele den allerunglücklichsten Menschen unter der Sonne."

(Vgl. auch IAS Nr. 95, Kontakt und Rückzug und Nr. 165, Was mich blockiert.) Dieses Verfahren kann die Stimmung des Betreffenden unter seine bewußte Kontrolle bringen und darüber hinaus oft die zugrundeliegenden Gefühle von Ärger oder Hilflosigkeit hervorrufen.

Interaktionsspiele, die dieses Lernprinzip (nämlich das anzuerkennen, was ist, um so Lernblockaden zu durchbrechen) in besonderer Weise für die Gruppensituation fruchtbar machen, sind IAS Nr. 111, Viva la depresion! und Nr. 137, Gruppenritual.

Kapitel 5

STUFEN DER GRUPPENENTWICKLUNG

Dieses Kapitel soll hauptsächlich zwei Aufgaben erfüllen: Es soll Gruppenleiter, die mit natürlichen Gruppen in Organisationen arbeiten, die Lebensgeschichte ihrer konkreten Gruppe besser verstehen helfen und ihnen wichtige Hinweise auf die Entwicklung einer Gruppe in den Bereichen der psychosozialen Struktur und der Aufgabenerfüllung geben. Darüber hinaus soll es dem Gruppenleiter einer für nur eine begrenzte Zeit zusammenarbeitenden interaktionellen Gruppe einen Orientierungsrahmen geben, mit welchen wichtigen Entwicklungen er zu rechnen hat und wie er das Zusammenwirken der verschiedenen Faktoren des Gruppenprozesses besser verstehen kann.

In allen Organisationen und in allen Gruppen gibt es Spannungen, die ein hohes Maß an Energie der Teilnehmer verbrauchen. Frustration und Apathie sind oft die Konsequenzen für Gruppenleiter und Teilnehmer, die häufig nicht einmal wissen, worin sie die Ursachen ihrer deprimierenden Erfahrungen zu sehen haben.
Gruppenspannungen entstehen aus einander widersprechenden Kräften. Diese Kräfte muß jeder Gruppenleiter verstehen, wenn er Reibungsverluste in seiner Gruppe klein halten möchte. In den meisten Gruppen entstehen Gruppenspannungen aus dem ständigen Kampf zwischen der geforderten Arbeitseffektivität und den persönlichen Bedürfnissen der Teilnehmer, zwischen meßbarem Erfolg im Hinblick auf die Erfüllung der Aufgaben und dem nur subjektiv erlebbaren Erfolg im Hinblick auf eigene soziale Ansprüche.
In vielen Gruppen und Organisationen wird der Widerspruch zwischen der Art und Weise, wie die Gruppenaufgabe angepackt wird, und den psychosozialen Bedürfnissen der Teilnehmer so lange übersehen, bis aus Spannungen Konflikte werden. Viele Leute können und wollen einfach nicht wahrhaben, daß jede aufgabenbezogene Kooperation immer auch interaktionelle Probleme erzeugt. Denn überall möchten Gruppenmitglieder um ihrer selbst willen akzeptiert werden und nicht, weil sie über bestimmte Fertigkeiten und Kenntnisse verfügen. Aber in den meisten Gruppen werden die Bedürfnisse nach unmittelbarer sozialer Anerkennung und Wertschätzung nur durch mittelbare und abstrakte Symbole ausgedrückt, und zwar entweder durch Prämien, Status, Macht und Karriere oder durch Zensuren, Zeugnisse und Zertifikate.
Darüber hinaus wird in aufgabenorientierten Gruppen viel Kontrolle dadurch ausgeübt, daß die Zeiteinteilung und die Interaktionsmuster straff organisiert werden und der Bereich freier Ausdrucksmöglichkeiten minimalisiert wird.

Diese Bedingungen fördern die Rivalität der Teilnehmer untereinander viel mehr als ihre Kooperation, sie betonen eher Konformität als Autonomie. Gruppenleiter und Führungskräfte reagieren irritiert und hilflos, wenn persönliche Bedürfnisse und Beziehungswünsche einer vordergründig verstandenen Effizienz in den Weg treten, und wenn die Teilnehmer Normen ändern wollen, um ihr Bedürfnis nach größerer Intimität und stärkerer Personalisierung zu befriedigen.

Wenn die Verhaltensregeln einer Gruppe oder Organisation es nicht gestatten, einfache psychosoziale Bedürfnisse zu formulieren, entsteht Streß, weil jeder viel Energie benötigt, um seine Gefühle nicht auszudrücken, sondern sie zurückzuhalten. Streß wiederum löst Ärger aus, der aber ebenfalls nicht ausgedrückt werden darf. Das Rettungsmanöver der Betroffenen in einer so emotionsgeladenen Situation ist die unbewußte Suche nach einem Ventil. Frustration und Ärger beginnen nun, auf der Arbeitsebene als Sachkonflikte aufzutreten und in dieser maskierten Form den Arbeitsablauf und die Kooperation zu stören. Der Rationalisierungsversuch, störende psychosoziale Themen aus der Kommunikation fernzuhalten, schafft Arbeitsstörungen, die einen Mehraufwand an Zeit und Energie mit sich bringen.

Wie die verschiedenen Kräfte im Bereich der Arbeitsaktivität und im Bereich der psychosozialen Dynamik die Entwicklung einer Gruppe beeinflussen, kann besser verstanden werden, wenn man den Entwicklungsprozeß einer durchschnittlichen, aufgabenorientierten Gruppe von Anfang bis Ende einmal rekonstruiert.

5.1   DIE ZWEI BEREICHE DER GRUPPENENTWICKLUNG

Jede Gruppe entwickelt sich auf zwei Ebenen, nämlich im Bereich der Arbeit an der Gruppenaufgabe und im Bereich der sozialen Struktur. Der erste Bereich ist leider für die meisten Menschen sehr viel einsichtiger und klarer wahrnehmbar als der zweite Bereich. Hier geht es darum, daß die Gruppe eine gestellte Aufgabe in Angriff nimmt und zu einem Ende führt. Diese Aufgabe ist für ein Team von Einkäufern einer Firma z.B. die Erstellung einer neuen Kollektion, für eine Schulklasse der Erwerb bestimmter im Lehrplan vorgegebener Fertigkeiten, Einsichten und Kenntnisse, für eine Encountergruppe die Entwicklung eines offenen, herzlichen Klimas, für eine Therapiegruppe die Umorientierung der Teilnehmer von Überlebensstrategien auf persönliches Wachstum etc.
Gleichzeitig müssen die Gruppenmitglieder auch ihre interpersonellen Beziehungen gestalten, deren Dynamik aus den individuellen Bedürfnissen nach Dazugehörigkeit, Einflußnahme und Wertschätzung stammt. Das Muster der interpersonellen Beziehungen wird im folgenden s o z i a l e   S t r u k t u r genannt, d.h. es wird beschrieben, wie die Teilnehmer sich verhalten und wie sie miteinander als Personen umgehen.

Das folgende Modell der Gruppenentwicklung zeigt idealtypisch die Veränderungen im Verhalten der Teilnehmer in den Bereichen der sozialen Struktur und der Arbeit an der Gruppenaufgabe. Wichtige Elemente dieses Modells gelten für ziemlich alle Arten von Gruppen. Wie ein Kind durch spezifische Phasen biologischer, emotionaler und kognitiver Entwicklung geht, so durchläuft jede Gruppe eine Reihe unterschiedlicher und erkennbarer Phasen. Und wie jedes Kind eine einzigartige und einmalige Entwicklung hat, so hat auch jede Gruppe einen Entwicklungsprozeß, der einmalig und exklusiv ist.
Jeder Gruppenleiter wird also im Entwicklungsprozeß seiner konkreten Gruppe eine Reihe von Elementen aus unserem Modell wiederfinden, zugleich muß er damit rechnen, daß sicherlich eine Reihe von Ausnahmen, Abweichungen und sogar neuen Entwicklungen stattfinden, die sich aus den subtilen Variablen von Gruppenzusammensetzung, Gruppenaufgabe, Zeit, Ort usw. ergeben. Die folgende Beschreibung von Ereignissen, die in einer Gruppe auftreten können, wenn sie sich entwickelt, faßt Anschauungen verschiedener Kleingruppenforscher zusammen, insbesondere von BENNIS, BION, GIBB, MILLS, ROGERS, SCHUTZ, THELEN, TUCKMAN u.a.

5.2   EIN IDEALTYPISCHES MODELL
DER GRUPPENENTWICKLUNG

Das folgende Modell einer Gruppenentwicklung bezieht sich auf eine neu zusammengetretene Gruppe, die längere Zeit zusammenarbeiten wird. Die Gruppenaufgabe erfordert eigene Entscheidungen der Teilnehmer über die spezifischen Aktivitäten. Die Teilnehmer kennen einander noch nicht und bringen unterschiedliche Auffassungen von der Gruppenaufgabe und den anzuwendenden Arbeitsverfahren mit.
Viele Elemente des Modells sind auch für solche Gruppen relevant, die auf anderen Entwicklungsstufen stehen und die unter anderen Voraussetzungen arbeiten.

Stufe 1: ORIENTIERUNG
Bei ihrem Eintritt in die Gruppe haben die Teilnehmer unterschiedliche Erwartungen darüber, was in der Gruppe geschehen wird. Jeder bringt seine individuelle Geschichte und seine Erfahrungen aus vorangegangenen Gruppen mit. Diese ,,Mitbringsel'' ergeben sozusagen die Optik, durch die jeder Teilnehmer die Gruppe wahrnimmt. Zuerst ist es für den einzelnen in der neuartigen Situation der Anfangsphase wichtig, sich zu schützen und dazuzugehören. Einige Teilnehmer versuchen, ihre Unsicherheit dadurch zu reduzieren, daß sie die Situation zu kontrollieren versuchen und in die Offensive gehen. Die meisten Teilnehmer tendieren jedoch eher zum Abwarten und verhalten sich defensiv. Sie beobachten wachsam, was auf sie zukommt und welche Gefahren ihnen vielleicht drohen. Im Grunde sind alle befangen und jeder versucht, sich zu orientieren, indem er Informationen über die anderen Teilnehmer sammelt, die jedoch oft durch die Optik eigener vorangegangener Erfahrungen und mitgebrachter Stereotype verzerrt sind.
Wie ein kleines Kind am ersten Schultag, neigen wir in solchen Situationen dazu,
— uns inkompetent zu fühlen, aber unsere Selbstzweifel nicht zu zeigen,
— uns tastend zu bewegen und gleichzeitig den Eindruck zu erwecken, daß wir uns sicher fühlen,
— kritisch und aggressiv zu sein und möglichst angenehme und freundliche Seiten zu zeigen,
— herauszufinden, welche Spielregeln hier gelten, wie man sich kleidet, wie man spricht, welches Vokabular man benutzt,
— die unübersichtliche Situation dadurch zu strukturieren, daß wir die übrigen Teilnehmer mit kleinen Etiketten versehen (ein Angeber... ein Intellektueller... eine attraktive Frau... ein Depressiver...), so daß wir sie bequemer einordnen und mit unserem Verhaltensrepertoire bewältigen können,
— uns Gedanken darüber zu machen, was die anderen von uns erwarten,
— andere aufzufordern, uns Anweisungen und Aufträge zu geben, um möglichst wenig Verantwortung selbst zu übernehmen,
— uns zu fragen, welchen Preis wir für die Zugehörigkeit zur Gruppe zu zahlen haben und ob sich unsere Investition lohnen wird,
— uns am Gruppenleiter oder einem selbstsicheren Teilnehmer zu orientieren, um hier Billigung und Unterstützung zu finden.

Erst langsam können die Teilnehmer ihre Spannungen reduzieren und die frostige Atmosphäre auftauen.
Gleichzeitig verständigen sie sich über die Aufgabe und versuchen herauszufinden, wel-

che Informationen sie benötigen und wie sie vorgehen wollen, welche Methoden sie anwenden wollen etc.

Bedauerlicherweise gibt es nun häufig Gruppen, in denen von Anfang an eine so starke Kontrolle ausgeübt wird, daß sich die Individualität der Gruppenmitglieder nur minimal entwickeln kann. Diese Gruppen verharren sozusagen in der Eiszeit der Anfangsphase, ohne daß es zu einem Tauwetter kommt.
Seltener sind die Gruppen, in denen von Anfang an ein erhebliches Gefühl der Sicherheit und Offenheit besteht.

I m B e r e i c h d e r s o z i a l e n S t r u k t u r beginnt die Gruppe also mit einem Orientierungsversuch der Teilnehmer. Sie versuchen herauszufinden, welche interpersonellen Verhaltensweisen akzeptabel sind. Sie sind zum großen Teil abhängig vom Gruppenleiter, von existierenden Normen und Strukturen und respektieren vorgegebene Standards, um Anleitung und Unterstützung in einer neuen und relativ offenen Situation zu erhalten. I m B e r e i c h d e r G r u p p e n a u f g a b e beginnt die Gruppe ebenfalls mit einem Orientierungsversuch. Die Teilnehmer versuchen, die Ziele zu verstehen, Teilziele zu identifizieren und Methoden zu definieren, mit denen sie die Aufgabe bewältigen können.

Stufe 2: KONFRONTATION UND KONFLIKT
Sobald die sozialen Normen in der Gruppe deutlicher geworden sind und die Teilnehmer mehr voneinander wissen, können sie stärker mit ihrem Verhalten experimentieren. Sie können sich persönlicher geben und ihr alltägliches Verhalten zeigen. Die neugewonnene relative Sicherheit gestattet es ihnen, sich mit Machtproblemen und dem Stil des Gruppenleiters auseinanderzusetzen. Viele Teilnehmer möchten nun mehr Einfluß nehmen, und im Zusammenhang damit wird die persönliche und fachliche Qualifikation des einzelnen offener erörtert.
Das vorsichtige Abtasten hat aufgehört, und die Teilnehmer reagieren aufeinander kritisch, ärgerlich und zum Teil sogar feindselig. Der Ausdruck von Ärger und Aggressivität ist jetzt eher legitimiert, sogar im Hinblick auf den Gruppenleiter. Er darf kritisiert werden, und seine Fehler und Versäumnisse werden diskutiert.

Wie gearbeitet werden soll, wie Entscheidungen zu treffen sind, wieviel Freiheit und welche Kontrollen es geben soll, was der Gruppenleiter zu tun hat — das alles werden wichtige neue Themen. Daneben werden Abgrenzungen und Beziehungsklärungen unter den Teilnehmern wichtig. Sie suchen ihren Platz in der sozialen Struktur und eine spezifische Rolle bei der Aufgabenbewältigung. Dabei werden die stereotypen Auffassungen über andere Teilnehmer aus der Anfangsphase häufig aufgegeben. Das neue realistische Verhalten vieler Gruppenmitglieder führt wiederum zu Unsicherheit und Mißtrauen und zu neuen Sicherheitsbedürfnissen, die zur Bildung spezifischer Allianzen und Subgruppen führen. Diese Cliquen kommen unter dem Gesichtspunkt zusammen: Wer denkt wie ich? Wer unterstützt mich gerade am besten?
Bei der Diskussion wichtiger Fragen und charakteristischer Schlüsselthemen teilt sich die Gruppe häufig in zwei Lager. Statt Probleme differenziert und abgewogen zu untersuchen, um ein breites Spektrum relevanter Daten und Fakten zu erhalten, wird diese oder jene Lösung häufig zu einem Testfall für persönlichen Einfluß und persönliches oder subgruppenbezogenes Prestige, so daß im Entweder-Oder-Stil diskutiert wird. Manche Teilnehmer legen hier mehr Wert auf ihr Durchhaltevermögen als auf Rationalität, so daß die themenbezogene Arbeit zu einem Machtkampf wird. Insgesamt

ist das Klima viel realistischer, es werden mehr Gefühle gezeigt - manchmal auch herzliche - und es wird mehr gelacht.

Während der Orientierungsphase war es häufig schwer, die eigenen Energien auf die Arbeit an der Gruppenaufgabe zu konzentrieren, da die Suche nach der eigenen Rolle und dem eigenen Platz in der Sozialstruktur der Gruppe viel Kraft kostete. Jetzt steht insgesamt im Arbeitsbereich mehr Energie zur Verfügung, so daß hier Einflußsphären abgegrenzt und verschiedene Aufgabenrollen definiert werden können. Etliche Teilnehmer sind allerdings noch nicht bereit, bzw. in der Lage, am Thema mitzuarbeiten. Sie investieren ihre Energie weiter in Statuskämpfe oder in Verteidigungsmanöver.

Natürlich kommt es auch im Aufgabenbereich zu Auseinandersetzungen und Konfrontationen, wer was wann wie zu leisten hat, welche Methoden anzuwenden sind etc. Damit zeigen die Teilnehmer ihren gefühlsmäßigen Widerstand gegen die Inangriffnahme der gestellten Gruppenaufgabe, da diese ihre eigenen Ansprüche und Bedürfnisse nie genug berücksichtigt. In dieser Phase ist es wichtig, daß die Teilnehmer ihre eigenen destruktiven Tendenzen erkennen und Wege finden, die emotionalen und kognitiven Energien der Gruppe weniger zu polarisieren, um eine befriedigende Sozialstruktur und eine konstruktive Aufgabenbewältigung zu ermöglichen.

Im Bereich der sozialen Struktur kommt es also zu einem Intragruppenkonflikt. Die Teilnehmer reagieren aggressiv, um ihre Individualität auszudrücken und um ihr Territorium zu verteidigen. Bei der Diskussion spezifischer Themen polarisiert sich die Gruppe leicht. Die Interaktion ist ungleichmäßig und Machtkämpfe sind an der Tagesordnung. Im Bereich der Gruppenaufgabe kommt es oft zu Diskrepanzen zwischen der persönlichen Orientierung des Teilnehmers und den Anforderungen der Aufgabe. Dies ist besonders in den Gruppen zu beobachten, deren Aufgabe es ist, das eigene Selbst besser kennenzulernen, wie zum Beispiel in Therapie- und Trainingsgruppen. Hier zeigt sich der Widerstand gegen die Aufgabe sehr deutlich. Auch hier ist fehlende Einigkeit ein besonderes Merkmal; Konflikte und Polarisierung kennzeichnen den Stil der Aufgabenbewältigung.

Stufe 3: KONSENSUS, KOOPERATION UND KOMPROMISS

Mit der Zeit haben die Teilnehmer einen Teil des aufgestauten Ärgers und der feindseligen Wettbewerbsgefühle ausgedrückt. Jetzt setzen sich andere Gefühle durch. Nach der Regression in aggressive Gefühlsbereiche sind viele Teilnehmer jetzt in der Lage, ihre Gefühle auf einer neuen Ebene zu reintegrieren. Sie empfinden mehr Wertschätzung und Akzeptierung füreinander und drücken dies auch aus. Die Teilnehmer erleben die neue Entspannung als wohltuend und die Zugehörigkeit zur Gruppe beginnt, Spaß zu machen. Die Teilnehmer werden sich bewußt, daß sie sich mit übertriebenem Konkurrenzverhalten selbst schaden.

Die Kommunikation wird offener, und der einzelne Teilnehmer stellt sich mit seinen Reaktionen, Wünschen und Bedürfnissen authentischer dar. Der Handlungsspielraum für den einzelnen wird größer und abweichendes Verhalten wird eher toleriert. Die Teilnehmer wünschen eine intensive Zusammenarbeit und rücken dafür von ihrem Wettbewerbsverhalten stärker ab. Die meisten fühlen sich als Person akzeptiert und zugehörig, ihr Bedürfnis nach Einflußnahme und Mitbestimmung ist befriedigt, und sie können deshalb auch die Eigenarten der anderen und die Gruppe als Ganzes weitgehend akzeptieren. Die Gruppe wird nicht länger als gefährlich erlebt, sondern als Einheit, die dem einzelnen Teilnehmer das Leben leichter und wertvoller machen kann. Die Teilnehmer möchten die Gruppe funktionsfähig erhalten und ihre Existenz sichern, da die Gruppe jetzt für sie attraktiv geworden ist.

In dieser kohäsiven Gruppe versuchen die meisten Teilnehmer, einander nicht auf die

Füße zu treten und jedem die Sicherheit zu geben, daß er sich entfalten kann. Während auf der einen Seite Offenheit insbesondere beim Ausdruck freundlicher Gefühle ermutigt und belohnt wird, wird auf der anderen Seite subtiler Druck ausgeübt, auf keinen Fall weitere feindselige Gefühle auszudrücken, wie in der Sturm- und Drangphase der Gruppe. Es sollen keine Probleme auftauchen, die die mühsam errungene Harmonie wieder stören könnten. Auf diese Weise ergeben sich neue Spannungsfelder: Als Fortschritt darf die Gruppe für sich verbuchen, daß jeder seine Meinung ausdrücken darf und daß selten unterbrochen wird, daß der Humor einen Platz in der Gruppe hat und daß Wertschätzung, menschliche Wärme, Freundschaft und sogar Zärtlichkeit ausgedrückt werden können. Als Rückschritt ist eine zunehmende Diskrepanz zwischen den tatsächlichen Gefühlen und dem allzu freundlichen Sozialverhalten zu sehen. Themen, die Konflikte und aggressive Gefühle mobilisieren könnten, werden vermieden. Durch die Einhaltung eines in vielen Punkten künstlichen sozialen Friedens geht das Engagement der Teilnehmer zurück, und die zwischenmenschlichen Abstände werden größer. Die Integrationskraft der Gruppe wird schwächer, ihre Attraktivität geringer. Langsam bemerken die Teilnehmer, daß die Kirchhofsruhe unrealistischer Harmonie ihre Direktheit und Vitalität verhindert. Damit nimmt dann das Spannungspotential in der Gruppe erheblich wieder zu. Da die Teilnehmer jetzt psychologische Vorgänge bereits besser verstehen und konstruktiver mit Schwierigkeiten umgehen können, sind sie auch in der Lage, ihre Pseudo-Gruppenharmonie als sterilen und faulen Kompromiß zu entlarven.

Im Arbeitsbereich hat die Periode guten Willens und der Harmonie dazu geführt, funktionale Spielregeln für die Arbeit herauszubilden. Die Kommunikation erzeugt wenig Reibungsverluste und Verzerrungen. Die Teilnehmer verschaffen sich die wichtigen Informationen, und sie einigen sich auf die notwendigen Hilfsmittel und Vorgehensweisen, ohne fachliche und persönliche Probleme miteinander zu vermengen. Die zunehmende Pseudoharmonie macht es für die Teilnehmer dann wieder schwieriger, klare Entscheidungen zu treffen, die einigen wehtun könnten. Neuer verdeckter Widerstand gegen die Gruppenaufgabe beginnt. Da fast keine Rivalität mehr ausgedrückt werden darf, zeigt sich eine gewisse Sterilität und Wirkungslosigkeit der Arbeit. Resistenz und Passivität vieler Teilnehmer blockieren weitere Fortschritte.

Im Bereich der sozialen Struktur entwickelt sich also in dieser Phase ein erhebliches Maß an Gruppenkohäsion. Die Gruppe ist für die Teilnehmer attraktiv und wärmespendend geworden. Neue Gruppennormen fördern zunächst ein offeneres, persönlicheres und expressiveres Verhalten. Harmonie charakterisiert das Klima. Allmählich führt jedoch die Überbetonung von Freundlichkeit zu neuen Spannungen. Im Bereich der Gruppenaufgabe dominieren Konsensus und Kooperation. Relevante Daten, Ideen, Meinungen und Problemlösungsansätze werden offen ausgetauscht. In Therapie- und Trainingsgruppen nimmt der Widerstand vor freier Selbstdarstellung und Arbeit an persönlichen Problemen stark ab. Alternative Vorgehensweisen und Teillösungen können nicht-defensiv überprüft, diskutiert und zum Teil integriert werden. Soweit es möglich ist, werden Kompromisse geschlossen, und es werden neu definierte aufgabenbezogene Rollen übernommen. Allmählich führt jedoch die Sanktionierung rivalisierenden Verhaltens zu einer gewissen Sterilität und Schwerfälligkeit der Arbeit.

Stufe 4: INTEGRATION VON PERSÖNLICHEN BEDÜRFNISSEN UND ANFORDERUNGEN AUS DER GRUPPENAUFGABE

Nachdem die Gruppe eine Zeit mit relativ offenen Strukturen und wenig Kontrolle gearbeitet hat, sucht sie jetzt neue Alternativen, um wieder effektiver zu arbeiten. Eine oft gewählte Möglichkeit ist es, größere Arbeitsbeschränkungen und festere Standards einzuführen, um mehr Rationalität und Produktivität zu sichern. Die Teilnehmer werden dann stärker als Rollenträger behandelt, wobei man hofft, daß die bereits entwickelten subjektiven Beziehungen zwischen den Teilnehmern ausreichend ihre psychosozialen Bedürfnisse befriedigen. Die Aktivität der Teilnehmer soll mehr oder weniger ausschließlich in den Dienst der Gruppenaufgabe gestellt werden. Die Gruppenenergie kommt in diesem Fall fast nur noch der Arbeit zugute und nicht im selben Ausmaß wie bisher der immer neu zu stellenden Frage, wie die psychosozialen Bedürfnisse der Teilnehmer angemessen befriedigt werden können. Verhaltensstandards werden festgelegt und Kontrollen rigoros gehandhabt.

Eine solche eher technokratisch zu bezeichnende Vorgehensweise rationalisiert die Prozeduren und sichert unter Umständen eine größere Arbeitseffektivität. Sie klammert jedoch viele Probleme aus, die inzwischen wieder aufgetreten sind. Wie bei vielen Lebensproblemen bezieht sich diese ,,kleine Lösung'' lediglich auf Symptome und verzichtet auf eine Therapie der Ursachen für die zurückgegangene Arbeitseffektivität.

Ein in der Praxis leider noch selten beschrittener Weg ist es, die Gruppenprobleme auf einer tieferen Ebene neu aufzugreifen. Dazu wird mehr Zeit, Energie und Engagement benötigt, weil viele der jetzt fälligen Themen lange unter der Oberfläche geschlummert haben. Arbeitsrollen und Arbeitsstile, Kooperations- und Konsensusverfahren, Führungsstil und Kontrollmechanismen, Kommunikationsstile und -muster müssen grundlegend neu analysiert und weiter entwickelt werden. Jetzt ist eine ernsthafte Reflexion über Ziele und Verhaltensweisen, Zwecke und Mittel notwendig. Die Teilnehmer müssen sich die Frage stellen, wie sie die Polaritäten von Freiheit und Kontrolle, Autonomie und Interdependenz, Intellekt und Gefühl, Interaktion und Einzelarbeit, Kreativität und Datensammlung, Konfrontation und Unterstützung, Rivalität und Harmonie auf konstruktive Weise in der weiterlaufenden Gruppenentwicklung berücksichtigen wollen. Sie müssen jetzt bewußter entscheiden, wie sie die weitere Befriedigung persönlicher Bedürfnisse mit einer produktiven Aufgabenerfüllung verbinden wollen. Um die Probleme lösen zu können, ohne in eine intellektuelle und gefühlsmäßige Sackgasse zu geraten, müssen die Teilnehmer Abschied nehmen von einem linearen Modell der Gruppenentwicklung und sich hier einer mehr zyklischen Betrachtung der Gruppenentwicklung zuwenden, die in der Lage ist, scheinbar gegensätzliche Elemente des Gruppenprozesses zu integrieren. Hier wird die Gruppe eher wie ein Individuum betrachtet, das zwar reifer wird und mit seinen Problemen konstruktiver umgehen kann, ohne jedoch jemals einen problemlosen Endzustand zu erreichen.

Wenn eine Gruppe diesen Weg einschlägt, muß sie Mittel und Wege finden, die es ihr gestatten, die Verhaltensmuster der Teilnehmer situationsspezifisch zu verändern. Die Gruppe muß sich zum Beispiel mit der Frage beschäftigen, wie aufrichtig jeder sein kann und wieviel persönliche Intimität jeder benötigt. Es ist ganz klar, daß Schüler in einem Klassenzimmer mehr Intimität brauchen als die Angestellten in einem Büro.

Weiter muß die Gruppe das Problem lösen, ihre Arbeitsteilung zu verfeinern. Größere Partizipation durch weitere Funktionsteilung wird ebenso gewünscht wie weitere Delegation von Verantwortung. Sobald die Gruppe über ein wirksames Kommunikationssystem und über zuverlässige Feedbackverfahren verfügt, können die komplizierter und vielfältiger werdenden Aufgaben in zunehmendem Maße von einzelnen Teilnehmern übernommen werden, die spezielle Begabungen und Interessen dafür haben und die diese Aufgabe relativ selbständig bearbeiten wollen.

Auch eine so dynamisch arbeitende Gruppe wird gelegentlich in neue intensive Konflikte geraten. Die Teilnehmer vertrauen jedoch darauf, daß sie diese Konflikte bewältigen können.

Im Bereich der sozialen Struktur sind hier also zwei unterschiedliche Entscheidungen möglich. Eher technokratisch orientierte Gruppen erklären die psychosoziale Entwicklung der Gruppe für abgeschlossen und frieren Normen und Verhaltensstandards auf einem stark aufgabenbezogenen Nenner ein, indem die Teilnehmer als Rollenträger im Dienste der Aufgabe definiert werden. Mehr prozeßorientierte Gruppen dagegen erkennen, daß eine lineare Gruppenentwicklung mit einem definitionsfähigen Endzustand eine Fiktion ist. Sie verstehen die Entwicklung ihrer Gruppe zyklisch, als einen offenen Prozeß, der die wichtigen Themen und Probleme der Interaktion immer neu aufwirft. Im Bereich der Gruppenaufgabe geht es hier um die Ausarbeitung von Lösungen. Technokratisch orientierte Gruppen gehen davon aus, daß die Energie, die anfangs zum Teil in die Entwicklung der sozialen Struktur investiert wurde, jetzt Früchte tragen und somit vollständig in den Dienst der Aufgabe gestellt werden muß. Mehr prozeßorientierte Gruppen widmen der psychosozialen Entwicklung weiterhin einen erheblichen Energieaufwand in der Hoffnung, daß dadurch die Qualität und Originalität der Aufgabenerfüllung verbessert wird.

5.3 WACHSTUMSKRISEN

Wer nur einige wenige Elemente des Gruppenprozesses berücksichtigen will, wird leichter von Störungen und Krisen in der Gruppe sprechen, weil er ein bestimmtes, festes Bild von der von ihm gewünschten Gruppenentwicklung hat. Ein technokratischer Gruppenleiter wird zum Beispiel vor allem Wert darauf legen, daß die Rollenstruktur klar ist, daß die Teilnehmer fleißig und kreativ an der gestellten Aufgabe arbeiten. Wenn die Gruppe einmal chaotisch oder apathisch reagiert, wird dieser Gruppenleiter versuchen, so leicht und so schnell wie möglich die unerwünschten Symptome im Gruppenprozeß zu unterdrücken. Er wird sich nicht fragen, welche bisher zu kurz gekommenen Elemente des Gruppenprozesses wohl zu dieser Entwicklung beigetragen haben. Persönlich wird er beunruhigt und ärgerlich auf diese Störung reagieren.

Ein eher prozeßorientierter Gruppenleiter faßt eine Krise der Gruppe viel leichter als eine Wachstumskrise auf, die ihn weniger beunruhigt, weil er sie als natürlich versteht. Er ist sich darüber klar, daß sich in jeder Krise Kräfte und Elemente des Gruppenprozesses ankündigen, die zuvor eher unterdrückt und darum nicht zur Geltung gekommen sind. Er akzeptiert diese Kräfte und wird versuchen, ihnen Ausdrucksmöglichkeiten zu verschaffen. Er wird seine Geschicklichkeit einsetzen, um die verschiedenen Faktoren des Gruppenprozesses aus den zwei grundlegenden Bereichen der psychosozialen Struktur und der Gruppenaufgabe auszubalancieren. Daher erkennt er in jeder Gruppenkrise eine Äußerung der Lebendigkeit der Gruppe und eine Chance für weiteres Wachstum.

Im folgenden sollen die häufiger auftretenden Wachstumskrisen dargestellt werden.

KRISEN IN REIFEN GRUPPEN

Auch eine reife und effektive Arbeitsgruppe ist fast niemals harmonisch und frei von Spannungen und Konflikten. Nach Perioden von konstruktiver Konfliktlösung und Harmonie kann die Gruppe durch spezielle Ereignisse leicht in ein unreiferes und unsicheres Stadium zurückfallen. Wenn zum Beispiel eine neue Aufgabe gestellt wird, eine Serie von kritischen Ereignissen in der Umwelt eintritt, eine Anzahl von neuen Teilnehmern oder ein neuer Gruppenleiter integriert werden müssen, dann gerät die Gruppe notwendigerweise in eine Periode neuer Anpassung, so daß viele der alten Prozesse wieder neu ablaufen, wobei sich auch dysfunktionale Verhaltensweisen der Teilnehmer erneut störend auswirken. Beispielsweise können sich spezielle Untergruppen bilden und die ganze Gruppe stören oder die Gruppe kann so aufgeregt reagieren, daß die Kommunikation zusammenbricht, daß Gefühle und Empfindungen geleugnet und daß Verteidigungsmanöver gestartet werden.

Es ist kein Zeichen von Gruppenunreife, daß solche Schwierigkeiten auftreten, aber der Entwicklungsstand der Gruppe zeigt sich in ihrer Fähigkeit, konstruktiv auf solche Belastungen zu reagieren. Eine reife Gruppe kann solche Konflikte selbst lösen und zwar mit einem Minimum an Energieaufwand. Unreife Gruppen verleugnen jedoch die psychologischen Gründe für eine plötzliche Zunahme von Spannungen und tun so, als sei nichts passiert. Jede Verleugnung führt dazu, daß das schon erreichte Vertrauen gefährdet wird. Wenn eine solche Gruppe sich nicht direkt mit den Störungen beschäftigt, die die Gruppe belasten, wird sie in einen katastrophalen Zyklus von immer neuen Störungen geraten, der die Handlungsfähigkeit der Gruppe lähmt und das Wohlbefinden der Teilnehmer stark beeinträchtigt. Solche Krisen können in natürlichen Gruppen über Jahre andauern.

DAUERKRISEN IN ENTWICKLUNGSGESTÖRTEN GRUPPEN

Manche Gruppen werden schon in frühen Stufen ihrer Entwicklung durch eine Reihe anderer Faktoren fixiert und blockiert. Das ist besonders dann der Fall, wenn sich viele Teilnehmer nie aus der Abhängigkeit von ihren Eltern befreien konnten und diese Abhängigkeit in der Gruppe ausleben. Sie reagieren dann entweder als passive Mitläufer oder als Partisanen, die jede Autorität bekämpfen. Die Gruppenentwicklung wird in gleicher Weise behindert, wenn die Teilnehmer Konflikte nicht tolerieren und Kritik nicht ertragen wollen. In diesen Fällen handelt es sich vor allem um ungelöste intrapersonelle Probleme der Teilnehmer, die die Gruppe sozusagen auf ein infantiles Entwicklungsstadium fixieren.

Viele Gruppen entwickeln frühzeitig Normen, die den Ausdruck von Ärger verhindern. Dadurch werden die meisten tieferen Emotionen aufgestaut, und die Gruppe stagniert auf einem unreifen Niveau der Interaktion, so daß Pseudoharmonie und oberflächliche Anpassungsspiele die Entwicklung von Offenheit verhindern. Faule Kompromisse werden zu einem Mechanismus, der wirklichen Problemlösungen das Wasser abgräbt. Andere Gruppen werden durch ungünstige externe Faktoren daran gehindert, zu einer reifen Gruppe mit hoher Problemlösungskapazität zu werden. Das ist besonders dann der Fall, wenn Gruppen in einer Organisation sich nicht an den ihre Aufgabe betreffenden Entscheidungen beteiligen können und wenn sie immer nur auf externe Anforderungen reagieren müssen. Dann werden die Teilnehmer charakteristische Reaktionsmuster entwickeln und neue externe Regelungen und Anordnungen ignorieren und sabotieren.

Wenn nämlich eine Gruppe als unreif und nicht verantwortlich eingestuft und behandelt wird, wird sie sich rächen und wirklich unreif reagieren. Eine Gruppe, die kein

Bewußtsein ihrer Potenz hat, wird ihre Impotenz deutlich demonstrieren und wenig lernen und leisten können. Sie wird durch Inaktivität und Verleugnung bestimmt; die Teilnehmer können in einem solchen Fall viel Zeit und Energie darauf verwenden, bestimmte Aufgaben zu diskutieren — sie werden es gleichzeitig vermeiden, sich aktiv und offen mit den externen Anforderungen auseinanderzusetzen. Oder die Teilnehmer beginnen zu „mosern" und über die Organisation und die Führungskräfte zu schimpfen. Das kann zwar momentan Spannungen reduzieren, langfristig aber werden die Teilnehmer weitere Gefühle von Frustration, Unfähigkeit und Schuld aufbauen.

Die Stagnation vieler Gruppen entsteht dadurch, daß die Teilnehmer Probleme und Spannungen ignorieren. Zu erklären ist dieses Verhalten dadurch, daß sie lieber den status quo aufrecht erhalten und lieber chronisch ein wenig leiden, als situativ durch stärkere Konflikte und anschließend wieder durch Perioden genußreicher Harmonie und Vitalität zu gehen.

Um einer Gruppe wirklich zu helfen, muß der Gruppenleiter hinter die oberflächlichen Verhaltensweisen blicken und die zugrundeliegenden Spannungen und Störungen sehen. Vor allem muß er den Teilnehmern Anregungen und Ermutigung geben, sich auf eine bewußte Konfrontation mit ihren Problemen der sozialen Struktur einzulassen. Jede Gruppe reagiert — wie ein heranwachsendes Kind — am lebendigsten auf Geduld des Gruppenleiters, auf Freiheit im Rahmen der notwendigen Grenzen, auf sein Interesse an den Teilnehmern und auf ein Klima, das Spontaneität und Offenheit ermöglicht. Am wichtigsten ist es, daß der Gruppenleiter selbst die vitale Überzeugung hat — und diese auch den Teilnehmern vermitteln kann —, daß eine Gruppe sich nur dann produktiv und lebendig entwickeln kann, wenn die einfachen menschlichen Bedürfnisse respektiert werden, damit niemand ausgenutzt wird und jeder sein angeborenes Potential möglichst weitgehend entfalten kann.
Besonders im Blick auf natürliche Gruppen bedeutet dieser Grundsatz in vielen Fällen, daß Gruppenleiter und Teilnehmer sich auf auf ernsthafte ökonomische und politische Konflikte mit der Organisation, in der sie tätig sind, einstellen müssen.

Kapitel 6

UMGANG MIT STÖRUNGEN

Das vorangegangene Kapitel hat deutlich gemacht, wie wichtig es ist, in jeder Gruppe Störungen zu erkennen und zu bearbeiten. Damit die Leiter aller Gruppen zunächst in ihrer diagnostischen Fähigkeit weiter sensibilisiert werden, soll in diesem Kapitel ein breites Spektrum häufig auftretender Störungen diskutiert werden, und es sollen - soweit wie möglich - Hinweise für eine konstruktive Handhabung gegeben werden.

Wichtiger jedoch als alle Techniken zur Störungsbearbeitung ist es, daß der Gruppenleiter selbst für sich persönlich und für seine Tätigkeit in der Gruppe die Grundregel, S t ö r u n g e n h a b e n V o r r a n g (R.COHN, 1969/7o) beachtet und die entsprechende innere Haltung einnimmt. Er wird sich dann nicht von den Teilnehmern, von Auftraggebern, Lehrplänen, Arbeitsverpflichtungen oder Zeitnot so unter Druck setzen lassen, daß er ernstzunehmende Störungen auf die kulturell übliche Weise übersieht und übergeht. Nur so kann er nämlich auch den Teilnehmern die abweichenden Wertvorstellungen interaktioneller Gruppen nahebringen.

6.1 SPEZIELLE INTERAKTIONSPROBLEME IN GRUPPEN

Hier sollen einige häufig auftretende Interaktionsprobleme diskutiert werden, die es dem Leiter einer interaktionellen Gruppe auf der einen Seite erschweren, die psychosozialen Bedürfnisse der Teilnehmer zu berücksichtigen und die soziale Struktur der Gruppe reifen und lebendiger werden zu lassen, die ihm auf der anderen Seite zugleich hinderlich sind, die Teilnehmer in ihrem Arbeitsprozeß und bei der Erreichung der Gruppenziele zu unterstützen.
Die Probleme, die in diesem Abschnitt besprochen werden, können in natürlichen Gruppen ebenso auftreten wie z.B. in den kurzen Trainings- und Encountergruppen.

AUSSENORIENTIERUNG DER TEILNEHMER
Ganz grob gesprochen können wir zwei unterschiedliche Konzepte der Realität haben. Das erste Konzept ist in unserer westlichen Zivilisation am weitesten verbreitet. Es besagt, daß die wirkliche Welt außerhalb unseres Selbst ist. Wir können in diesem Fall von einer Außenorientierung sprechen.
Das zweite Konzept, das im Westen weniger verbreitet ist und glücklicherweise jetzt mehr Beachtung findet, nimmt an, daß die wirkliche Welt primär eine innere ist: Genau wissen kann ich nur, was ich selbst wahrnehme, fühle und empfinde. In diesem Fall sprechen wir von einer Innenorientierung.

Menschen mit einer überwiegenden Außenorientierung glauben, daß sie zuverlässige Kenntnisse und Informationen nur dann erhalten, wenn sie Daten aus der Umwelt sammeln und klassifizieren, die sich nach Möglichkeit noch zählen und messen lassen.

Sie verlassen sich gern auf Experten und Autoritäten, die ihnen sagen, was objektiv richtig ist, was sie tun sollen etc. Sie verlassen sich kaum auf die Daten, die ihnen ihr eigener Organismus zur Verfügung stellt, auf das, was sie selbst wahrnehmen und empfinden. Sie trauen beispielsweise ihren eigenen Augen nur begrenzt: Sie werden mühelos unterschiedliche Konsumgüter unterscheiden und genau beschreiben können, aber sie geraten in Schwierigkeiten, wenn sie längere Zeit das Gesicht eines anderen betrachten sollen, um kontinuierlich zu beschreiben, welche minimalen Veränderungen im Gesicht zu beobachten sind.

Wenn solche Teilnehmer in einer interaktionellen Gruppe sind, die nicht so straff strukturiert wird, wie sie es gewohnt sind, dann reagieren sie häufig irritiert und beunruhigt. Für sie ist die scheinbar geringe Aktivität des Gruppenleiters ein Beweis dafür, daß er entweder nichts von der Gruppenleitung versteht oder seine Kenntnisse aus unverständlichen Gründen nicht benutzt.

> Den Versuch eines Gruppenleiters, der Gruppe möglichst viel Autonomie einzuräumen, kommentieren außenorientierte Teilnehmer oft mit Kommentaren wie zum Beispiel:,,Wir wollen doch keine Zeit verlieren... Laßt uns endlich effektiv arbeiten... Was soll eine Sitzung, wo nur geredet wird...''

Diese Sätze stammen aus der tief verwurzelten Überzeugung, daß die Realität eine externe ist, die vorgegebenen Gesetzen folgt (,,Jede Gruppe kann man optimal so und so leiten...'') und daß es pure Ignoranz und Dummheit ist, diese einfachen Kenntnisse nicht anzuwenden.

Der außenorientierte Teilnehmer versucht, möglichst viel zu generalisieren und mechanisch die einmal gewonnenen Erkenntnisse immer wieder anzuwenden. Da er wenig Gebrauch von seiner Intuition und seiner eigenen Gefühlswelt und Wahrnehmungskraft macht, ist er kaum in der Lage, die subtilen Gefühle und Einstellungen seiner Interaktionspartner wahrzunehmen und sie zu berücksichtigen. Da außenorientierte Teilnehmer sich fast ausschließlich auf ihren Kopf und nicht auf ihren Körper verlassen, fühlen sie sich am wohlsten, wenn alle Dinge formell geregelt sind, wenn es klare Standards und Normen gibt, wenn Experten die Arbeit an der Gruppenaufgabe leiten und Autoritäten das unvermeidliche soziale Minimum regeln.

Demgegenüber benutzen Gruppenmitglieder mit einer Innenorientierung ihre eigenen Gefühle, Wahrnehmungen, Einstellungen und Ideen als Basis für ihr Verhalten und für ihr Urteil. Sie wissen, daß es wichtige Kenntnisse und Einsichten gibt, die nicht durch Klassifikations- und Meßverfahren gewonnen werden können, sondern nur durch eigene Erfahrungen. Sie messen die Effektivität einer Gruppe an ihrer eigenen Zufriedenheit und nicht an der Elle abstrakter Standards. Sie möchten die Gruppenaktivität so organisieren, daß nicht allein externe Anforderungen erfüllt werden, sondern daß auch Probleme aus der sozialen Struktur angesprochen und bewältigt werden. Sie reagieren positiv auf relativ offen strukturierte Gruppen, die Raum für eigene Verantwortung und Mitbestimmung der Teilnehmer geben.

Es ist verständlich, daß Gruppen mit vielen außenorientierten Teilnehmern zunächst wenig geneigt sind, an komplexen Problemen zu arbeiten, die nicht mit täglicher Routine zu bewältigen sind. Wenn nun ein Gruppenleiter neu mit einer solchen Gruppe arbeitet, kann er mit folgenden Symptomen rechnen:

- Die Teilnehmer konzentrieren sich auf ihn, um von ihm zu hören, was sie tun sollen und wie er sie beurteilt;
- sie vergleichen die Effektivität ihrer Gruppe häufig mit anderen Gruppen;

- sie beachten den Gruppenleiter mehr als die übrigen Teilnehmer;
- sie interessieren sich wenig dafür, was für ein Mensch der Gruppenleiter ist und wie er sich fühlt;
- sie kommen nicht auf die Idee, den Gruppenleiter als Moderator bzw. als „third party" in der Gruppe zu sehen, der Schiedsrichterfunktion übernimmt, aber nicht alles selbst entscheidet;

Wenn der Gruppenleiter seine Autorität wenig ins Spiel bringt, kann er damit rechnen, daß die Teilnehmer

- einen anderen Leiter einsetzen möchten;
- so lange wenig sagen, bis sie den Eindruck haben, kompetent über das anstehende Thema sprechen zu können;
- darauf verzichten, andere Teilnehmer aktiv in eine Problemlösungsdiskussion einzubeziehen;
- nicht darüber sprechen, was sie von der Gruppe wollen und wie sie sich die Arbeit vorstellen.

Wenn ein Gruppenleiter nun eine überwiegend außenorientierte Gruppe fördern möchte, darf er nur behutsam andere Gesichtspunkte ins Spiel bringen. Er muß davon ausgehen, daß die Betonung interaktioneller Elemente die Teilnehmer verunsichert und starken Widerstand auslöst.

Um eine gewisse Sensibilisierung der Teilnehmer für die eigene innere Welt zu erleichtern, kann der Gruppenleiter zu einem geeigneten Zeitpunkt die folgenden Interaktionsspiele vorschlagen: Nr. 17, Vertrauensspaziergang, Nr. 94, Konversation der Hände, Nr. 103, Ich nehme wahr - ich stelle mir vor, Nr. 112, Faust öffnen, Nr. 142, Zwei Welten.

PERFEKTIONISTISCHE ZIELBESTIMMUNG

Gruppen können ihre Ziele auf eine eher integrative Weise oder auf eine eher perfektionistische Weise ansteuern. Beide Arbeitsstile haben entscheidende Konsequenzen für das Arbeitsklima und für die Qualität der Ergebnisse. Paradoxerweise erzielen Gruppen mit einer perfektionistischen Zielbestimmung insbesondere bei komplexen Aufgaben eher mäßige Ergebnisse.

Von integrativer Zielbestimmung sprechen wir dann, wenn eine Gruppe davon ausgeht, daß sich die beste Problemlösung aus der Kooperation aller Teilnehmer, d.h. aus der Integration aller Einzelleistungen ergibt. Hier wird angenommen, daß die Einzelleistungen aller Teilnehmer so kombiniert werden können, daß das Ergebnis besser ist als die bestmögliche Einzelleistung.

Bei einer perfektionistischen Zielbestimmung denkt die Gruppe nicht von den internen Möglichkeiten der Gruppe her, sondern von externen Standards. Hier nehmen die Teilnehmer an, daß es eine ideale Problemlösung gibt, welche von der Gruppe erreicht werden m u ß , ohne zu berücksichtigen, ob und wieweit die Gruppe als Ganze dazu in der Lage ist. Die Art der Kooperation ist für die Teilnehmer in diesem Fall weniger wichtig. Oft steuern solche Gruppen im Endeffekt ein weniger ausdrucksvolles Ziel an und häufig begnügen sie sich mit der erstbesten Lösung der Aufgabe, weil sie dem Streß einer harten Arbeit und der Belastung durch Rivalität nicht gewachsen sind. Wenn Schwierigkeiten auftreten, diffamieren die Teilnehmer ihre Gruppe bedenkenlos als unfähig, ohne sich zu fragen, auf welche Weise sie selbst die Gruppe korrumpiert haben. Die Verfolgung perfektionistischer Ziele kann durch einige dominante und sozial wenig sensibilisierte Teilnehmer angeregt werden, die sich gern profilieren möchten. Sie kann auch durch allgemeine Unlust gefördert werden, wenn die Teilnehmer sich nicht für eine Abklärung der Ziele nach dem Konsensusprinzip einsetzen mögen. Symptome für eine Gruppe mit perfektionistischer Zielsetzung sind weiter:

— Oberflächliche Hau-Ruck-Abstimmungen, die scheinbar schnell Probleme lösen, sie de facto oft jedoch noch verschärfen;

— allzu frühzeitige Delegation der Verantwortung an einige Experten, die Entscheidungen treffen sollen;

— Vermeiden von Entscheidungen überhaupt;

— geringe gefühlsmäßige Identifikation der Teilnehmer mit der Gruppenaufgabe;

— Abhängigkeit von extrinsischer Motivation (Druck der Organisation, materielle Prämien, Vermeidung von Sanktionen etc.);

— geringe Gruppenkohäsion;

— geringe Relevanz der Aufgabe für die Teilnehmer.

Demgegenüber hat eine integrativ arbeitende Gruppe eine Reihe entscheidender Vorteile: Hier sind Aufgabe und Gruppe für die Mitglieder attraktiv, und die Gruppe hat genügend Reserven, auch in schwierigen Situationen hohe und realistische Qualitätsstandards an die eigene Arbeit zu stellen, weil diese eben Spaß macht.

Integrative Entscheidungen werden von den meisten Teilnehmern wirklich akzeptiert. Die Gruppenmitglieder werden dann engagiert auf das Ziel hinarbeiten, das gemeinsam bestimmt und eingegrenzt wurde. Wenn demgegenüber ein perfektionistisches Ziel aufgestellt wird, werden sich unter Umständen nur die Teilnehmer verantwortlich fühlen, die ihre Auffassungen durchgesetzt haben, während die anderen halbherzig mitlaufen. In jedem Fall geht eine perfektionistisch arbeitende Gruppe ein hohes Risiko ein: In seltenen Fällen werden die Teilnehmer zu einer befriedigenden Arbeitsteilung kommen und einigermaßen effektiv arbeiten. Meistens werden sie stattdessen mangelhaft kooperieren und mäßige Ergebnisse erzielen.

Psychologisch gesehen gibt es natürlich einen starken Zusammenhang zwischen einer außenorientierten Gruppenkultur und einer perfektionistischen Zielsetzung. Ein Gruppenleiter, der eine solche Gruppe übernimmt, wird darauf hinarbeiten müssen, daß die Teilnehmer ihre Energie nicht nur in hochfliegende, zum Teil unrealistische Zielsetzungen und in die Kaschierung von Störungen und Mißerfolgen investieren, sondern zunächst in eine funktionsfähige und soziale Struktur.

Um das zu unterstützen, kann der Gruppenleiter einige sehr wirksame Interaktionsspiele benutzen: IAS Nr. 183, Zusammenwachsen, macht die Teilnehmer auf psychosoziale Faktoren der Gruppenentwicklung aufmerksam; IAS Nr. 82, Gruppenpotential, kann die unterentwickelte soziale Struktur der Gruppe auf milde Weise stärken; IAS Nr. 53, Autorennen, kann Probleme im Zusammenhang mit Rivalität und Wettbewerb aufhellen; IAS Nr. 57, Symbolon, hilft den Teilnehmern, sich klar zu werden, welche Erwartungen sie an die Gruppe haben und was die Gruppe zur Zeit für sie bedeutet.

Wenn der Gruppenleiter diese Interaktionsspiele geschickt auswertet, wird es ihm möglich sein, die vorhandenen perfektionistischen bzw. integrativen Arbeitsstile der Teilnehmer herauszuarbeiten, und er kann a b s c h l i e ß e n d (auf keinen Fall vorher!) in einem Dreiminutenreferat die hier dargestellten Zusammenhänge vortragen, so daß die Teilnehmer auch ein klares Konzept für diesen Problembereich haben.

MANGELHAFTES FEEDBACK-SYSTEM

Wenn die Teilnehmer einer Gruppe effektiv kooperieren wollen, müssen sie sich gelegentlich immer wieder darüber informieren, welche Verhaltensweisen von einzelnen Teilnehmern erwartet werden. Nur dann können die Teilnehmer zur notwendigen Anpassung kommen. Wenig entwickelten Gruppen fehlt das entsprechende Feedback-System. Hier wird weder Kritik noch Lob geäußert. Dafür beklagen sich die Teilnehmer entweder bei Außenstehenden (z.B. bei Familienangehörigen nach Arbeitsschluß, um Dampf abzulassen), sie schimpfen bei unbeteiligten Dritten über Konfliktpartner, oder sie beschweren sich beim Chef. Eine etwas weiter entwickelte Gruppe verfügt dagegen über ein ausdrückliches Feedback-System. Je nach Entwicklungsstand der Gruppe können die Feedbacks dann evaluativ-expressiv oder konstruktiv sein.

- **Das evaluative Feedback**
  enthält eine Beurteilung des anderen, wie z.B.:,,Du bist unkooperativ... Du lieferst deine Arbeit zu spät ab... Du bist faul...'' Es löst in der Regel eine Verteidigungsreaktion des anderen aus.

- **Das expressive Feedback**
  drückt lediglich die eigenen Gefühle aus, macht jedoch keinen Vorschlag, welches Verhalten vom anderen gewünscht wird. Zum Beispiel: ,,Ich bin wütend über dich... Du gehst mir auf die Nerven... Ich habe keine Lust, mit dir zu arbeiten...'' Es löst beim Angesprochenen häufig eine Gegenreaktion aus und erfordert eine weitere Abklärung der Wünsche des Feedbackgebers.

- **Das konstruktive Feedback**
  ist wirksamer als die beiden Vorgenannten. Es nennt deutlich das konkrete Verhalten, drückt die eigenen Gefühlsreaktionen aus und enthält unter Umständen eine klare Forderung; zum Beispiel:,,Ich bin wütend, daß du so schlechte Vorbereitungen gemacht hast... Ich mag dir nicht länger zuhören, wenn du so leise sprichst. Sprich lauter!'' Konstruktive Feedbacks entstehen aus dem Wunsch, eigene Gefühle und Bedürfnisse mitzuteilen und den anderen einzubeziehen.

Wenn die Teilnehmer konstruktive Feedbacks geben, wird die Gruppe kohäsiver und die Teilnehmer hören einander besser zu, da jeder davon ausgehen kann, daß der andere ihm helfen will, effektiver als einzelner in der Gruppe mitzuarbeiten. Wenn dagegen evaluative oder expressive Feedbacks gegeben werden, wird die Gruppe weniger kohäsiv und die Teilnehmer reagieren aggressiv, weil sie sich in ihrer Persönlichkeit angegriffen fühlen.

Wenn ein Gruppenleiter in eine Gruppe kommt, deren Feedback-System gar nicht oder nur evaluativ-expressiv funktioniert, muß er das behutsam ändern. Daher ist es sehr wichtig, daß die Teilnehmer verstehen, aus welchen Gründen eine funktionsfähige Gruppe ein solches Signalsystem braucht, das die Gefühle und Forderungen der Teilnehmer deutlich macht, ohne andere zu verletzen. In der Gruppe ist es wie sonst im Leben: Niemand ist in der Lage, mir meine Wünsche von den Augen abzulesen, da ich für andere nicht durchsichtig bin. Ich erhalte in der Regel nur das, was ich fordere.

Klassische Interaktionsspiele, die das Feedback-System in der Gruppe verbessern können, sind IAS Nr. 21, Eindrucksbombardierung, Nr. 25, Heißer Stuhl, Nr. 48, Meine Normen - deine Normen, Nr. 85, Schönes langes Leben, Nr. 175, Frühes Feedback.

Um die Feedbackdaten auf eine weniger bedrohliche Weise zu gewinnen und sie zu konservieren, kann der Gruppenleiter auch IAS Nr. 87, Poesiealbum, erproben.

SELEKTIVE WAHRNEHMUNG

Eine wichtige Voraussetzung für eine funktionierende Gruppe ist die Fähigkeit der Teilnehmer, sich und die Interaktionspartner möglichst genau wahrzunehmen. Nur dann gelingt es den Gruppenmitgliedern, Kontakt miteinander zu bekommen und sich auf andere einzustellen. Sobald unsere Wahrnehmung eingeschränkt ist, wird unser Kontakt zur Umgebung verdünnt, erhalten wir nur bruchstückhafte Informationen, und der Kommunikationsprozeß wird belastet, wenn nicht gar gestört.

Nun gibt es niemanden, der über eine uneingeschränkte Wahrnehmungsfähigkeit verfügt. Entscheidend ist allerdings das Ausmaß unserer Wahrnehmungsverzerrungen. Unsere Sinne werden überwältigt durch tausend Reize aus unserer Umgebung, mit der wir kommunizieren. Was wir dann schließlich wahrnehmen, ist das Resultat eines komplizierten Sortierungsprozesses, durch den wir die Reize der Umgebung so arrangieren, daß sie möglichst verdaulich werden. Durch diesen Prozeß können wir unsere gefühlsmäßige Sicherheit aufrechterhalten.
Unsere individuelle Wahrnehmung ist eine Funktion unserer Biologie, unserer Sozialisation und unseres Selbstkonzeptes. Das heißt, Realität ist eine sehr private Angelegenheit. Die physiologische Forschung hat gezeigt, daß es keinen Durchschnittsmenschen gibt. Die biologische Einmaligkeit jedes Menschen ist unbestreitbar. Weil unser sinnlicher Kontakt mit der Welt nicht gleichmäßig ist, sind auch die Eindrücke der Welt auf uns nicht gleich. Unsere Wahrnehmung der Realität hat biologische Schranken. Was ich wahrnehme, ist individuell; wie ich wahrnehme, ist individuell; und was dabei herauskommt, ist ebenfalls individuell.
Ein zweiter bedeutender Einfluß auf unsere Wahrnehmung stammt aus unserer Sozialisation, aus den Versuchen unserer Eltern, uns in bestimmter Weise zu erziehen, uns an Werte anzupassen und uns bestimmte Verhaltensweisen nahzubringen. Auf diese Weise kommen wir als Erwachsene dazu, daß wir bestimmte Reize übersehen, andere ernstnehmen. Kulturell gebilligte selektive Wahrnehmungsfähigkeit ist das Resultat. Ein erlerntes Zwangsmuster von "Das sollst du beachten — das nicht" dirigiert unsere Aufmerksamkeit; in dem Ausmaß, in dem wir ein bestimmtes Spektrum gewünschter Wahrnehmungsrichtungen internalisiert haben, verfügen wir über eingeschränkte Aufmerksamkeit und Wahrnehmungsfähigkeit.
Ein dritter Einfluß ergibt sich aus dem Zusammenwirken unseres Körpers und unserer Sozialisation mit unserer individuellen Psychologie, insbesondere mit unserem Selbstkonzept. Das Selbstkonzept ist die psychologische Operationsbasis, von der wir unsere Sicherheit beziehen. Es gibt uns einen Bezugsrahmen für unsere Stellung in der Welt, von dem aus wir unsere Fähigkeiten, unsere Wertvorstellungen, unsere Wirkung auf andere etc. einschätzen können. Unser Selbstkonzept übt wahrscheinlich den größeren Einfluß auf unsere Wahrnehmung und auf unser Verhalten aus. Dementsprechend bemerken wir in unserer Umgebung vor allem solche Vorgänge, die zu unserem Selbstkonzept passen.

In jeder Gruppe kann man nun immer wieder feststellen, daß die Teilnehmer das sehen und hören, was für sie vorteilhaft ist und was zu ihrem Selbstkonzept paßt. Sie hören „passende" Beiträge und überhören neutrale oder unpassende.
Bei der Strukturierung unseres Wahrnehmungsfeldes hat unser Selbstkonzept die Rolle einer letzten Instanz. Unsere eigene Position zu einem Thema entscheidet darüber, ob wir eine Botschaft oder ein Thema aufgreifen oder nicht, die Botschaft ignorieren oder überdenken, sie verzerren oder verstärken. Da wir unser Selbstkonzept verteidigen wollen, benutzen wir Wahrnehmungsfilter, wenn wir uns bedroht fühlen, um unsere Selbstachtung nicht zu gefährden. Dabei ist es gar nicht notwendig, daß eine wirkliche Be-

drohung auf uns zukommt; es reicht völlig, daß wir das Verhalten in der Umwelt als bedrohlich erleben. Fühlen wir uns andererseits durch das, was wir erleben, akzeptiert und unterstützt, erweitert sich unser Wahrnehmungsfeld, wir nehmen mehr Informationen auf, können genauer kommunizieren und sind eher bereit, mehr von uns mitzuteilen.

Diese Zusammenhänge müssen von jedem Gruppenleiter berücksichtigt werden. In jeder Gruppe erleben die Teilnehmer Akzeptierung und Zurückweisung, angenehme Erinnerungen und schmerzliche Assoziationen. Aus diesem komplexen Sortiment von Reizen versuchen sie die Informationen herauszufiltern, die ihre Selbstachtung und ihre Individualität in der Gruppe sichern. Dabei können die individuellen Wahrnehmungsfilter der Teilnehmer so stereotyp sein, daß sie die Gruppenereignisse nur unter bestimmten Perspektiven sehen. So kann beispielsweise ein Teilnehmer alle seine Beobachtungen unter der einzigen Fragestellung machen: ,,Wie intelligent sind die anderen Teilnehmer?''. Einziger Gesichtspunkt für die Beobachtungen eines weiteren Teilnehmers kann sein:,,Wie schön sind die Frauen?'' usw.
Da sich die Teilnehmer auf der Basis ihrer individuellen Wahrnehmungsmuster auch verhalten, werden ihre Reaktionen vorhersagbar. Zugleich führen enge Wahrnehmungsmuster natürlich dazu, daß Mißverständnisse und Verärgerungen aufkommen.
Ein weiterer Mechanismus ist bemerkenswert: In jeder Gruppe unterstützen die Teilnehmer bald diejenigen, die ähnliche Wahrnehmungsmuster und Auffassungen haben wie sie selbst. Besonders in einer Gruppe, in der die Rollen von vornherein nicht klar festgelegt sind, ist es verständlich, daß die Teilnehmer nach Bundesgenossen suchen.

Ein weiterer Wahrnehmungsmechanismus in diesem Zusammenhang ist die oberflächliche Auswertung der gewonnenen Daten. Bereits in den ersten Minuten werden schon Hinweise dafür aussortiert, wo Teilnehmer sitzen, denen gegenüber der einzelne sich sicher fühlt oder bedroht, bei denen er Ärger, Unsicherheit, Macht, Sanftheit, Humor usw. vermutet. Der ausgestreckte Finger, das nervöse Lachen, das laute Sprechen, die eng über der Brust gekreuzten Arme, die kultivierte Freundlichkeit — das alles sind kleine Informationshilfen, die aufgegriffen werden, um andere zu etikettieren, um die eigene Identität zu sichern. So wird der ältere Teilnehmer mit dem ausgestreckten Finger zum ,,Lehrer'' gemacht, die Frau mit dem nervösen Lachen wird zur ,,frustrierten Hausfrau'', der laut sprechende, mittelalterliche Mann zu einem ,,Karrieretyp'' usw.
Da diese Vermutungen in der Regel als Realität betrachtet werden, können sie sich recht destruktiv für die Entwicklung der Gruppe auswirken. Wenn die Teilnehmer nicht bereit sind, ihre ersten Annahmen kritisch zu testen und ggf. zu revidieren, wird es viele Mißverständnisse und Kommunikations-Zusammenbrüche geben.
Natürlich bringt dieser Test Risiken mit sich, weil anschließend die Etikettierung anderer schwieriger wird, so daß die mitgebrachten stereotypen Verhaltensmuster nicht mehr so recht passen. Je lebendiger und realistischer die Teilnehmer einander jedoch erleben, desto weniger können sie auf rituelle langtrainierte Weise aufeinander reagieren.

Aus dem Gesagten ergibt sich, daß der Gruppenleiter dafür sorgen muß, daß die Teilnehmer ihre Wahrnehmungsfilter durchlässiger machen. Er muß den Teilnehmern helfen, möglichst viele ihrer sozialen Vermutungen zu testen.
Zu diesem Zweck kann er folgende Interaktionsspiele erproben:
IAS Nr. 39, Kontakt und kommunikation, Nr. 73, Widersprüchliche Kommunikation, Nr. 103, Ich nehme wahr - ich stelle mir vor, Nr. 106, Indirektes Nein, Nr. 132, Capito.

ZUVIEL ODER ZUWENIG OFFENHEIT

Es ist für jede Gruppe eine entscheidende Frage, wie offen die Teilnehmer miteinander sprechen. Wenn die Teilnehmer zu wenig offen sind, entsteht sehr viel Distanz, sind sie andererseits zu offen, entstehen aus zu großer Nähe neue Probleme. Es ergibt sich also die Schlüsselfrage, wie die Gruppe d a s Maß an Offenheit erreichen kann, das für ihre Gruppensituation angemessen ist.

In der Praxis kommt übermäßige Offenheit bei den Teilnehmern viel seltener vor als zu große Verschlossenheit. Immerhin sollte der Gruppenleiter auch auf dieses Verhalten vorbereitet sein. Leute, die übermäßig offen sind, die alles Mögliche aus ihrem Privatleben erzählen, ohne zu fragen, ob der Interaktionspartner das hören möchte, sehen zunächst frei und spontan aus. In Wirklichkeit haben sie weder Kontakt zu ihren eigenen Gefühlen noch zu den Gefühlen des Kommunikationspartners. Die exhibitionistische Offenheit benutzt den Zuhörer, um eigene verzerrte Bedürfnisse zu befriedigen. Exhibitionistische Offenheit zeigt ein Teilnehmer, wenn er

- ohne gefühlsmäßigen Kontakt zur Situation ist, abrupte Mitteilungen macht, die nicht in einem organischen Kontext einer tragfähigen Beziehung stehen;
- die Nähe anderer beansprucht, auch wenn diese sein Bedürfnis nicht erwidern;
- den Zuhörer nicht auffordert, auf ihn zu reagieren, sondern eine Solonummer bringt, für die er keinen Beifall erhofft und keinen Protest erwartet;
- augenblickliches Verhalten und Gefühle des Interaktionspartners nicht berücksichtigt und sich diesem aufdrängt.

In allen Fällen, in denen ein Teilnehmer eine solche exhibitionistische Offenheit zeigt, sollte der Gruppenleiter taktvoll versuchen, diese „Offenbarungen" zu stoppen und dem Teilnehmer stattdessen stärkeren Kontakt zur Gruppe oder zu einzelnen Gruppenmitgliedern zu ermöglichen. Denn in der Regel bleibt der exhibitionistische Teilnehmer trotz seiner Offenheit allein, auch wenn er andere auf subtile Weise dazu zu bringen sucht, Verantwortung für ihn zu übernehmen.

Weitaus häufiger kommt es vor, daß Gruppenmitglieder zu wenig offen sind, da sie sich selbst stark kontrollieren. Sie teilen wenig von sich mit und fühlen sich wohler, wenn andere offener sind als sie selbst. Sie halten spontane Reaktionen zurück, überlegen lange, was sie sagen oder tun wollen und wie andere darauf reagieren könnten. Manchmal kontrollieren diese Teilnehmer sogar ihre Körpersprache, um nur keine Hinweise auf ihre innere Verfassung zu geben und um niemanden an sich heranzulassen. Sie brauchen viel Energie, um ihre Fassade so undurchsichtig zu halten. Diese Energie fehlt ihnen später in der Kooperation mit anderen und bei der Aufgabenbewältigung. Der Preis, den sie selbst für ihre Verbergungsmanöver zahlen, ist meist Einsamkeit und Depression.

Sie sind für die Gruppe oft eine Belastung, da sie verbal wenig beitragen und so als Ressource für die Gruppe ausfallen. Sie halten ihre Auffassungen und Einstellungen zurück und benutzen stattdessen Klischees und Allgemeinheiten. Natürlich tragen sie auch nichts zur Entwicklung von Vertrauen in der Gruppe bei, sondern reagieren selbst mißtrauisch. Andererseits sind diese Teilnehmer oft erstaunt und erleichtert, wenn sie herausfinden, daß es manchmal doch möglich ist, sich offener zu äußern und daß sie ihre Kontrolle ein wenig lockern können, ohne gleichzeitig angegriffen, verletzt oder ausgenutzt zu werden.

Solchen zurückgezogenen Gruppenmitgliedern kann der Leiter am besten helfen, wenn er sie behutsam anspricht und gelegentlich vorsichtige Versuche macht, sie in die Gruppeninteraktion einzubeziehen. Dazu eignen sich auch die folgenden Interaktionsspiele: IAS Nr. 20, Vertrauenskreis, Nr. 26, Ich will rein, Nr. 76. Mann in der Mitte, Nr. 114, Wünsche anmelden, Nr. 158, Flasche drehen.

Da nun nicht nur Exhibitionisten und Eremiten Schwierigkeiten haben, auf konstruktive Weise offen zu sein, sondern fast alle Menschen, sollen die wichtigsten Gründe für den Widerstand, sich zu öffnen, diskutiert werden.

- Unsere gesamte Kultur ist wenig auf Transparenz und Ehrlichkeit angelegt. Es gibt starke gesellschaftliche Normen, die eine wirklich intime Selbstdarstellung verbieten und die andererseits Lügen und Fassaden aller Art belohnen. Die gegenwärtige Popularität von interaktionellen Gruppen spricht für unser Bedürfnis nach mehr Offenheit und ist zugleich ein Beleg dafür, daß wir diese Bedürfnisse nur durch sehr spezielle Arrangements befriedigen können, nicht in unserer alltäglichen Umgebung.

- Wir befürchten, daß unsere Offenheit als Schwäche ausgelegt wird. Und in einer auf Wettbewerb angelegten Kultur ist es für viele tatsächlich ein Nachteil, als schwach betrachtet zu werden. Die wenigsten Menschen sind psychologisch so differenziert, daß sie die Mitteilung von persönlichen Defiziten, Ängsten usw. als Ich-Stärke anerkennen können.

- Wir scheuen vor Selbsterkenntnis zurück und fürchten daher Offenheit, weil wir mit uns selbst nicht allzu engen Kontakt aufnehmen möchten. Denn wenn wir anderen gegenüber offener sind, dann kommen wir automatisch auch in besseren Kontakt zu uns selbst. Wenn wir jedoch nicht daran gewöhnt sind, unser eigenes Inneres als exotisches, weitgehend unerforschtes Gebiet zu betrachten, das durch schöne und erschreckende Überraschungen bietende Expeditionen erforscht werden kann, dann schrecken wir leicht vor uns selbst zurück. Hier gilt die Faustregel: Auch eine Gruppe ist für mich nur so bedrohlich, wie ich es für mich selbst bin.

- Wir haben oft Angst vor Intimität und engen Beziehungen zu anderen, weil wir befürchten, daß diese uns enttäuschen oder daß wir sie enttäuschen.

- Wir möchten keine neuen Verantwortlichkeiten übernehmen. Wenn ich offener bin, bemerke ich natürlich Bereiche, in denen ich mich entwickeln kann und ich entdecke Potentiale, die ich ignoriert habe. Das kann zu einer Neuorientierung führen, wo ich die alte Routine z.T. aufgeben müßte, um einen Weg zu beschreiten, den ich nicht genau kenne. Das kann mich ängstigen.

- Wir wollen verhindern, daß andere Leute uns in der empfindlichen Phase der Neuorientierung erleben, weil wir gern das verbesserte Endverhalten präsentieren möchten.

- Wir befürchten, daß andere Teilnehmer einzelne persönliche Schwächen und Schwierigkeiten generalisieren und z.B. als berufliche Inkompetenz auslegen. Dieser Punkt ist besonders in beruflich orientierten Trainingsgruppen zu beachten.

- In vielen Fällen sind es alte unbewußte Schuldgefühle und im Zusammenhang damit unterdrückte aggressive Gefühle, die uns an einer offenen Selbstdarstellung hindern. Diese Schwierigkeiten können nur in therapeutischen Gruppen bearbeitet werden. Ich halte es jedoch für wichtig, daß auch die Leiter anderer Gruppen mit diesem Zusammenhang rechnen, wenn sie mit dem Problem der geringen Offenheit in ihrer Gruppe konfrontiert werden.

Verborgene Schuld — ganz unabhängig von der Frage, wie real oder irreal diese verletzten Standards sind — ist eine potentielle Störung zwischenmenschlicher Offenheit. Je weniger evaluativ und verurteilender eine Gruppe ist, desto eher haben die Teilnehmer die Chance, aus dem Teufelskreis Schuld—Selbstverurteilung—Geheimhaltung auszubrechen und etwas mehr Offenheit zu riskieren.

Eine spezifische Schwierigkeit entsteht, wenn ein Gruppenleiter zu sehr auf Offenheit in der Gruppe drängt, weil er das erreichte Ausmaß an Offenheit als Bestätigung seiner Kompetenz betrachtet. In dem Augenblick, wo der Gruppenleiter Offenheit nicht fördert, sondern fordert, verschließen sich viele Teilnehmer (und zwar ganz zu Recht), weil wieder ein neuer Zwang — diesmal die Norm der Offenheit — eingeführt wurde. Von daher ist es außerordentlich wichtig, daß der Gruppenleiter die Natur seiner konkreten Gruppe berücksichtigt und die realistischen Diskretionswünsche seiner Teilnehmer respektiert. Organisationsgruppen sind zum Beispiel in der Regel weniger offen als gruppendynamische Laboratorien, und psychotherapeutische Gruppen sind offener als Selbsterfahrungsgruppen etc.

Eine weitere ernstzunehmende Schwierigkeit entsteht, wenn ein Teilnehmer keine Unterstützung für seine Offenheit erhält. Dann kann für den Betreffenden eine sehr unangenehme Situation entstehen, und für die ganze Gruppe kann das zu einem allgemeinen psychischen Rückzug führen. Insbesondere auch das Vertrauen zum Gruppenleiter kann dadurch sehr belastet werden. Wenn sich ein Teilnehmer exponiert hat und erhält dann keine Reaktion der anderen Teilnehmer, wird er das sehr leicht als Zurückweisung erleben, auch wenn die anderen in Wirklichkeit vielleicht sehr betroffen und berührt sind. Es ist wichtig, daß der Gruppenleiter dem Betreffenden die Möglichkeit gibt, einige Reaktionen aus der Gruppe zu erfahren. Wenn ein Teilnehmer sich öffnet, dann leert er sich in symbolischem Sinne aus, und es ist notwendig, das Vakuum zu füllen.

Offene Kommunikation ist in der Regel nicht so gefährlich, wie es scheint. Sie ist kein medizinischer Akt, sondern ein menschliches Bedürfnis, dessen Berechtigung anzuerkennen uns oft schwerfällt. Wenn wir auf verantwortliche Weise offen sind, ist das eine hervorragende Möglichkeit, mehr Kontakt zu anderen zu bekommen.

Geeignete Interaktionsspiele für diesen Bereich sind IAS Nr. 19, Geheimnisse entlocken, Nr. 46, Schreckliche Geheimnisse, Nr. 79, Schutzschild, Nr. 141, Geheime Impulse, Nr. 176, Intuitives Umhergehen.

6.2   EINGESCHRÄNKTER KONTAKT

Die Voraussetzungen für eine freie und lebendige Gruppeninteraktion sind dann gegeben, wenn möglichst viele Teilnehmer in der Lage sind, kommunikativen Kontakt miteinander herzustellen. In diesem Abschnitt geht es um die primären Kontaktfunktionen, die in der Praxis oft stark eingeschränkt sind.

Unter primären Kontaktfunktionen sollen hier im Sinne der Gestalt-Therapie unsere sinnlichen Wahrnehmungen und unser Ausdrucksverhalten verstanden werden. Wir stellen Kontakt zu anderen her durch unsere (rezeptive) sinnliche Wahrnehmung, insbesondere durch Berühren, Hören und Sehen, sowie durch unser Ausdrucksverhalten, insbesondere durch unsere Sprache und Körpersprache.

BERÜHREN

Die vitalste und ursprünglich einfachste Möglichkeit, Kontakt herzustellen, ist das Berühren. Was für die psychische und biologische Gesundheit kleiner Kinder lebenswichtig ist, die Haut der Eltern zu berühren, ist für uns Erwachsene ein problematischer Bereich geworden. Bereits als Kind haben viele von uns starke Berührungstabus mit auf den Lebensweg bekommen, die genau spezifizieren, was alles nicht angefaßt werden darf. Diese verinnerlichten Berührungsverbote bringen uns als Erwachsene oft dazu, uns auch psychologisch zu isolieren. Die Betroffenen verschanzen sich hinter Tisch und Titeln, hinter gekreuzten Armen und vielerlei Masken. Die Frage, ob überhaupt und wann welche Berührungen in einer Gruppe zulässig sind, ist aufschlußreich für das soziale Klima. Je formeller eine Gruppe arbeitet, desto stärker werden Berührungen als unzulässig angesehen.

Ein sensibler Gruppenleiter kann hier die Teilnehmer zunächst auf seine Beobachtungen aufmerksam machen, um ihr Bewußtsein für Alternativen zu öffnen. Er kann auch einige Experimente zur Verbesserung der sinnlichen Wahrnehmung vorschlagen.

> Zum Beispiel IAS Nr. 17, Vertrauensspaziergang, Nr. 40, Handlesen, Nr. 64, Gesicht malen, Nr. 83, Statuen, Nr. 94, Konversation der Hände, Nr. 110, Massagekreis, Nr. 112, Faust öffnen, Nr. 152, Oktopus.

Andererseits muß sich der Gruppenleiter gerade bei nonverbalen Berührungsexperimenten darüber klar sein, daß dies besonders delikate Prozeduren sind. Bloße physische Kontakte können allzuleicht als ein Surrogat verwendet werden, das wirkliche Intimität ersetzt, die nur durch wechselseitiges Kennen, Verstehen und Akzeptieren entstehen kann. Besonders wenn der Gruppenleiter hier gern zu schnellen Erfolgen kommen will, wird er neues Fassadenverhalten bei den Teilnehmern hervorrufen.

SEHEN

Sehen ist unsere am häufigsten praktizierte Wahrnehmungsfunktion. Auch hier gibt es selbstgewählte Einschränkungen. Wegblicken ist eine oft praktizierte Möglichkeit, den Kontakt zu einem anderen einzuschränken. Anstarren entspringt ebenfalls dem Bedürfnis, den Kontakt einzuschränken, indem der Betreffende nämlich die Beweglichkeit des Auges reduziert, um weniger wahrzunehmen. Wenn die Teilnehmer einer Gruppe einander wenig oder nur oberflächlich ansehen, dann wird ihre Interaktionsfähigkeit stark eingeschränkt. Statt zu hören u n d zu sehen, wird dann nur noch ein Wahrnehmungskanal benutzt, und die Fülle nonverbale Signale entgeht ihnen; Mißverständnisse und Störungen der Kommunikation treten dann früher oder später unausweichlich auf. Hier ist es die Aufgabe des Gruppenleiters, festzustellen, wie die Teilnehmer ihr Sehvermögen einschränken, um sie dann darauf aufmerksam zu machen.

> Wenn er beobachtet, daß ein Teilnehmer seinen Interaktionspartner nicht anschaut, kann er zum Beispiel die einfache Frage stellen: „Wo hast du deine Augen?" Wichtig ist, daß der Teilnehmer selbst bemerkt, daß er seine visuelle Wahrnehmung einschränkt. Bewußtwerden leitet die erste Verhaltensänderung ein. Um die Teilnehmer in diesem Bereich zu fördern, kann der Gruppenleiter fol-

gende Interaktionsspiele erproben: IAS Nr. 99, Augenkontakt, Nr. 67, Sprung ins kalte Wasser, Nr. 40, Handlesen, Nr. 39, Kontakt und Kommunikation, Nr. 73, Widersprüchliche Kommunikation, Nr. 74, Wechselnde Distanz, Nr. 103 Ich nehme wahr - ich stelle mir vor, Nr. 155, Bewegungsdialog, Nr. 162, Stummes Sprechen, Nr. 163, Spiegeln, Nr. 184, Holzfäller.

ZUHÖREN

Gutes Zuhören ist ebenso wie aufmerksames Anschauen äußerst selten. Während mangelndes Anschauen sogleich deutlich wird, liegen hier die Dinge jedoch komplizierter, da die Folgen selbstgewählter Taubheit immer erst später deutlich werden, in vielen Fällen erst bei Kommunikationsstörungen. Aufmerksames Zuhören setzt die zeitweilige Einschränkung eigenen Handelns voraus. Viele Menschen tun so, als hörten sie aufmerksam zu, während sie in Wirklichkeit schon ihre Replik vorbereiten und nur auf den Zeitpunkt warten, wo sie das Wort ergreifen können, um ihren Standpunkt zu vertreten, zu verteidigen etc. Solche manipulativen Anliegen stören den Kommunikationsprozeß erheblich.

Hier kann der Gruppenleiter den Teilnehmern sehr helfen, wenn er gelegentlich die Sprecher auffordert, den letzten Beitrag des Kommunikationspartners mit eigenen Worten zu wiederholen. Verblüffenderweise kann man immer wieder feststellen, daß wichtige Bestandteile der Botschaft fehlen.

Solche Hörfehler sind nun nicht nur auf mangelnde Konzentration des Zuhörenden zurückzuführen, sondern wir können mit einer Reihe spezifischer Fehler rechnen, die Botschaften verstümmeln (vgl. dazu auch Abschnitt 6.1):

- Wir verzerren Botschaften, besonders wenn sie nicht absolut klar und eindeutig formuliert sind, in der Richtung von thematisch ähnlichen Botschaften, die wir früher einmal empfangen haben, so daß sie den alten Botschaften gleichen.
- Wir hören, was wir hören wollen. Besonders schlechte Zuhörer haben den Kommunikationspartner oft bereits „verstanden", wenn er die ersten Worte gesagt hat.
- Wir operieren mit dem Grundsatz: „Du gibst mir Recht". Hier modifizieren wir eine Botschaft so, daß sie zu unseren eigenen Auffassungen und Einstellungen paßt.
- Wir hören nach dem Schwarz—Weiß—Prinzip, indem wir zwischen guten und schlechten Botschaften, klugen und dummen, freundlichen und feindlichen Botschaften trennen. Auf diese Weise ist die Welt für uns wieder in Ordnung und überschaubar.
- Wir hören durch den Filter der Gruppenkultur. Wenn es zum Beispiel in unserer Gruppe eine Norm gibt, den Leiter nicht zu kritisieren, dann besteht die Gefahr, daß wir nicht oder nur oberflächlich hinhören, wenn jemand dieses Thema anspricht.

Zweifellos ist die Fähigkeit, gut zuzuhören, auch von der sozialen Intelligenz der Teilnehmer abhängig. Diese kann in interaktionellen Gruppen gelernt werden, wenn der Gruppenleiter mit gutem Beispiel vorangeht und eine vorsichtige Vergewisserungstechnik anwendet, indem er seine Eindrücke von anderen Personen als Hypothesen formuliert, die seine subjektiven Eindrücke beschreiben.

„Ich vermute, Georg, daß du nicht zustimmst. Du legst gerade deine Stirn in Falten."

Gutes Zuhören erfordert weiter die Bereitschaft, auf a l l e Hinweise zu achten, die der andere mir gibt. Ich höre nicht nur mit den Ohren zu, sondern auch mit den Augen. Ich achte auf die Körpersprache des anderen, auf sein Vokabular, auf sein Sprachmuster, auf den Klang seiner Stimme, auf sein Schweigen und auf die Pausen, die er macht. Ich beachte weiter den Kontext, in dem der andere sich äußert. Ich bemerke, wenn der andere zögert, wenn er errötet oder wenn er verstummt. Ich versuche, seine Reaktionen auf die Situation zu verstehen. Dieses komplette Zuhören zu demonstrieren und lernen zu lassen, ist eine wichtige Aufgabe für Leiter aller Gruppen.

Um den Teilnehmern solche Lernerfahrungen zu ermöglichen, kann der Gruppenleiter folgende Interaktionsspiele erproben: IAS Nr. 5, Namen, Namen, Nr. 71, Stimme lockern, Nr. 105, Maximale Übereinstimmung, Nr. 132, Capito, Nr. 162, Stummes Sprechen, Nr. 164, Zuhören.

SPRECHEN

Sprechen ist der wohl wichtigste Akt menschlichen Ausdrucksverhaltens. Ich zeige durch die Art und Weise, wie ich spreche und was ich spreche, wer ich bin. Dabei hat das Sprechen zwei Dimensionen, die Inhaltsseite (Sprache), die Klangseite (Stimme). Die meisten Leute interessieren sich hauptsächlich für die Inhaltsseite, weil sie sich hier auf festem Grund und Boden glauben. Sie benutzen die Sprache, um miteinander zu arbeiten und zu lernen oder um einander Versprechungen zu machen und Forderungen zu stellen. Und immer wieder überschätzen sie die Leistungsfähigkeit der Sprache, die nicht verhindern kann, daß Mißverständnisse auftreten oder daß der Kontakt zwischen den Kommunikationspartnern sogar ganz abbricht. Denn Sprache ist kulturell symbolische Interaktion. Die Schwierigkeit besteht darin, daß verschiedene Leute verschiedene Auffassungen mit den sprachlichen Symbolen verbinden. Das gilt für alle sprachlichen Symbole. Auch in ein und derselben Kultur, in derselben sozialen Schicht, auf dem Hintergrund derselben beruflichen Ausbildung etc. können wir nicht effektiv kommunizieren, wenn wir diese Tatsachen ignorieren. Wirklich exakt kommunizieren können zwei Leute nur, wenn sie genau dieselben intellektuellen und affektiven Erfahrungen mit denselben Symbolen verbinden könnten. Wir müssen also diese Grenzen anerkennen und versuchen, diesen Mangel mit genügend Geduld und gutem Willen auszugleichen.

Worauf muß der Gruppenleiter bei Kommunikation in der Gruppe nun besonders achten ? Wichtig sind vor allem die sprachlichen Manöver, durch die der Sprecher den Kontakt mit dem Zuhörer reduziert, da hier eine Hauptursache für mangelhafte Kommunikation liegt. Es klingt ziemlich paradox, aber viele Leute sprechen, um wirklichen Kontakt zu v e r m e i d e n . Andere machen einen Schritt vor und einen zurück, indem sie den Kontakt zum Hörer auf spezifische Weise unterbrechen. Symptome für kontaktreduzierende Sprachspiele liegen vor, wenn Teilnehmer

— Fragen stellen, deren Botschaft sie genausogut als Aussage übermitteln können. Das ist ein beliebter Trick, durch die Frage Unsicherheit und Zurückhaltung vorzutäuschen, um heimlich Kritik oder Bewunderung auszudrücken. Dazu gehören Fragen, auf die eine Ja-Nein—Antwort gegeben werden soll (,,Liebst du deine Mutter eigentlich?''), und in besonderer Weise Warum—Fragen (,,Warum fällst du mir so oft ins Wort?''). Der Gruppenleiter muß den Teilnehmern helfen, hier zwischen Fragen zu unterscheiden, die Informationen abrufen und solchen, die versteckte Aussagen, Bewertung oder Forderungen enthalten. Sinnvoll sind Fragen eigentlich nur nach dem Muster Wer..., was... wie...., wann... welche...

— Man-, Wir-, Es-Aussagen machen und damit vermeiden, Verantwortung
für die Beiträge zu übernehmen. Das ist ein weiteres manipulatives
Sprachspiel, das oft dazu dient, Sachverhalte zu vernebeln und im Trüben zu fischen. Zum Beispiel:,,Wir wollen jetzt die Sitzung beenden.''
Dadurch vereinnahmt der Sprecher die übrigen, indem er einen fiktiven
Konsensus vorspiegelt. Hier kann jeder Gruppenleiter auf ganz einfache
Weise die Kommunikation seiner Gruppe verbessern, indem er die Teilnehmer darauf aufmerksam macht, wenn sie solche falschen Wir-Aussa-
gen machen. Der Erfolg ist oft verblüffend.

— Ich-kann-nicht—Behauptungen aufstellen, wenn der wirkliche Sinn der
Botschaft ,,Ich will nicht'' ist. Auch hier wird die eigentliche Verantwortung geleugnet. In vielen Gruppen und Organisationen werden mit
diesem Trick andere besänftigt und klare Auseinandersetzungen verhindert:,,Ich kann Ihnen die Information nicht geben.'' Hier kann der
Gruppenleiter den Teilnehmer auffordern, die Botschaft probeweise in
eine Ich-will-nicht—Aussage umzuformulieren, um dann selbst zu beurteilen, ob diese Fassung realistischer ist.

— Ja-aber—Sätze gebrauchen:,,Ich würde gern mit Ihnen kooperieren, aber
leider habe ich keine Zeit.'' Meistens stimmt nichts von dem, was vor
dem Aber gesagt wird. Die Mischung von anfänglich geäußertem Ja und
abschließendem Nein soll den Angeredeten beruhigen und soll verhindern, daß dieser auf das Nein ärgerlich reagiert. Der Gruppenleiter kann
in diesem Fall den Sprecher auffordern, die Botschaft probeweise ohne
,,Sahne'', als klare Ablehnung auszudrücken.

— Wenn-nur—Aussagen machen. Diese Aussagen haben eine ähnliche
Struktur wie die Ja-aber—Sätze. Sie spiegeln mehr guten Willen vor als
wirklich vorhanden ist. Zum Beispiel:,,Wenn du als Gruppenleiter nicht
so autoritär wärst, würde ich gern mitarbeiten.'' Das heißt im Klartext:
,,Ich arbeite im Augenblick nicht gern mit dir zusammen.''

— endlose Wiederholungen bringen. Hier schlafen die Zuhörer ein, was
zum Teil unbewußt vom Redner beabsichtigt ist. Ein schlafender Zuhörer kann nicht kritisieren. Andererseits können hier aber auch unbewußte Kontaktwünsche dahinterstecken.

— übermäßig viel Erklärungen geben. Dadurch soll in der Regel die Reaktion des Hörers in erwünschter Weise geformt und vorherbestimmt werden. Das Resultat ist Langeweile und Abschalten oder Ungeduld der
Zuhörer.

— über anwesende Teilnehmer sprechen, anstatt m i t ihnen zu sprechen.
Hier wird der Kontakt wenigstens auch für Laien klar vermieden. In
diesem Fall sollte der Gruppenleiter unbedingt intervenieren. Über einen Teilnehmer zu sprechen ist fast immer ein indirekter Angriff, der
besonders für ängstliche Teilnehmer sehr unangenehm ist.

— mit Redeparagraphen nach dem Muster Erstens-zweitens-drittens operieren. Diese Leute müssen immer Recht behalten und ihre Intelligenz
unter Beweis stellen. Zugleich sind sie ziemlich arrogant, da sie die Zuhörer zwingen, sich lange zurückzuhalten und sehr aufzupassen.

— Substantive gebrauchen statt sich durch Verben auszudrücken:,,Meine
Atmung ist schlecht.'' Hier distanziert sich der Sprecher offensichtlich
von seiner eigenen Tätigkeit. Verantwortlich ist dann nicht das Selbst,
sondern die mangelhafte Atmung. Mit der einfachen Aufforderung, den
Satz umzuformen in ,,Ich atme schlecht'' kann der Gruppenleiter dem

Teilnehmer behilflich sein, stärker zu bemerken, was er sich selbst an-
tut; wenn er dann beginnt, kräftiger zu atmen, wird er auch seine eigene Lebendigkeit stärker erfahren.

— abrupt das Thema wechseln. Das ist ein sozial schädlicher Trick, ein Ab-
lenkungsmanöver ersten Ranges. Hier muß der Gruppenleiter einschreiten, da auf diese Weise sonst unabgeschlossene Situationen und latente
Konflikte produziert werden, die das Gruppenklima vergiften können.

— Ich-bin-nicht—Behauptungen aufstellen. In sehr vielen Fällen ist genau
das Gegenteil der Behauptung wahr: „Ich bin nicht böse auf dich" heißt
im Klartext fast immer:„Ich bin böse auf dich" oder zumindest:„Ich
bin immer noch etwas ärgerlich mit dir." Hier sollte der Gruppenleiter
den Teilnehmer auffordern, mit der positiven Variante des Satzes zu experimentieren.

— Klischees verwenden. Besonders unangenehm ist mir der Jargon interaktioneller Gruppen:„Öffne dich mir", „Gib mir noch ein Feedback"
etc. Das ist dann wie auf einem psychologischen Flohmarkt, nur nicht
so lustig.

Dieses Sündenregister kontaktzerstörender Sprachspiele ließe sich noch weiter fort-
setzen. Der Gruppenleiter sollte entsprechend seiner eigenen Sicherheit und der Gruppensituation mit leichter Hand intervenieren, um den Teilnehmer auf sein Vermeidungsverhalten aufmerksam zu machen, so daß er mehr Prägnanz und Direktheit in
seine Sprache bringen kann.
Ein wichtiges Hilfsmittel dazu ist das Prinzip der Personalisierung.

Wenn ein Teilnehmer zum Beispiel sagt, er sei ängstlich, dann kann der Gruppenleiter ihn auffordern, einen ängstlichen Menschen zu spielen und zu einigen anderen Teilnehmern aus der Perspektive eines ängstlichen Menschen zu sprechen.
Auf diese Weise wird dem Betreffenden unter Umständen bewußter, wovor und
vor wem er Angst hat. Außerdem kann bereits durch dieses kleine Experiment
ein Teil der Angst überwunden werden.
Interaktionsspiele für diesen Bereich sind: IAS Nr.7, Mitteilung von Störungen,
Nr. 8, Nicht um die Ecke sprechen, Nr. 9, Aussagen statt Fragen, Nr. 39, Kontakt und Kommunikation, Nr. 72, Sprich per Ich, Nr. 104, Auf der Bühne,
Nr. 107, Körperbewußtsein, Nr. 134, Unregelmäßige Konjugation.

STIMME

Mit unserer Stimme verfügen wir über ein hochdifferenziertes Ausdrucksinstrument,
das unsere Rede orchestriert und interpretiert: Klang, Tonhöhe, Klarheit der Artikula-
tion, Lautstärke, Verwendung des Atems, der Artikulationsrhythmus, Resonanz, Tempo, all das sagt ziemlich viel über den Sprecher aus, manchmal mehr als die inhaltliche
Botschaft. Sensible Hörer können physische Charakteristika aus der Stimme ableiten,
z.B. die Größe eines Menschen usw. Zweitens können Fertigkeiten und Interessen aus
der Art des Sprechens abgeleitet werden, Intelligenz zum Beispiel, Wertvorstellungen,
Beruf etc. Weiter können Persönlichkeitszüge aus der Stimme gehört werden, wie z.B.
Dominanz, Außen- bzw. Innenorientierung, das Ausmaß sozialer Kompetenz, sowie
Hinweise über den Spannungszustand des Betreffenden, über seine augenblicklichen
Stimmungen u.a. Ja, es können aus der Stimme sogar Anhaltspunkte über die soziale
Anpassung und psychische Schwierigkeiten des Sprechers gewonnen werden.
Natürlich stehen solche Hinweise und Schlußfolgerungen vor allem geübten Leuten zur
Verfügung, die entsprechend erfahren und sensibel für diese Aspekte sind.

Besondere Schwierigkeiten entstehen, wenn der Sprecher mit Worten eine andere Botschaft sendet als mit seiner Stimme, wenn er zum Beispiel mit gepreßter und stocken-der Stimme sagt:,,Ich fühle mich hier sehr wohl." Dann reagieren die Zuhörer irritiert, weil sie nicht wissen, welcher der beiden unterschiedlichen Botschaften sie glauben sollen. Da wir unsere Stimme weniger leicht manipulieren können als unsere Rede, neigen unsere Zuhörer zu Recht dazu, unserer Stimme mehr zu glauben als unseren Worten. Mit unserer Stimme drücken wir viel von unseren interpersonellen Gefühlen aus: Wir können mit der Stimme Zärtlichkeit ausdrücken und die Aufforderung sen-den:,,Komm her zu mir". Wir können ebensogut Ärger ausdrücken und die Auffor-derung:,,Bleib mir vom Hals". Bei einigen Menschen drückt die Stimme eine chroni-sche Gefühlslage aus. Zum Beispiel klagen und jammern einige Leute durch die Art und Weise, wie sie ihre Stimme einsetzen.

Wichtige Hinweise über die Kontaktbereitschaft des Sprechers geben die Intensität und das Tempo der Stimme:

- Mit überbetonter Schärfe und Lautstärke wird der Sprecher die Hörer verschrecken und Widerstand mobilisieren. Sein Kontaktwunsch ist wenig glaubhaft.

- Mit wenig Intensität wird der Sprecher die Hörer gefühlsmäßig kaum erreichen. Auch hier ist die Kontaktbereitschaft zweifelhaft.

- Mit zu leiser Stimme quält der Sprecher die Zuhörer, die er zum ge-nauen Zuhören zwingt. Diesen Teilnehmern zu helfen, ist in der Regel Sache eines Therapeuten. Der Gruppenleiter kann sie nur höflich auf-fordern, doch etwas lauter zu sprechen.

- Mit einer monotonen Stimme versuchen viele, ihr Auditorium zu be-ruhigen oder zum Einschlafen zu bringen. Angesprochen auf diese Auswirkungen, reagieren diese Teilnehmer oft verblüfft und lebendig.

- Jemand, der langsam spricht, kann u.U. den anderen signalisieren, daß er den Wunsch hat, das Aktionstempo der Gruppe zu verringern.

- Jemand, der aufgeregt spricht, drückt aus, daß er angeregt und viel-leicht neugierig ist.

Wenn Gruppenleiter und Teilnehmer diese verschiedenen Signale der Stimme beachten, müssen sie sich darüber klar sein, daß sie unterschiedliche Bedeutungen haben können. Wenn jemand zum Beispiel aufgeregt spricht, kann das auch bedeuten, daß er Angst hat. Es ist wichtig, daß die Hörer die Beobachtungen und Schlußfolgerungen durch eine Wahrnehmungsüberprüfung testen.

Sie machen den Betreffenden auf ihre Beobachtungen aufmerksam und teilen ihm ihre Vermutungen mit, die er dann bestätigt oder richtigstellt. Interaktions-spiele für diesen Bereich: IAS Nr. 5, Namen, Namen, Nr. 15, Ja—Nein, Nr. 42, Du bist du, Nr. 69, Per aspera ad astra, Nr. 71, Stimme lockern, Nr. 133, Identi-fikation, Nr. 163, Spiegeln, Nr. 168, Schweigender Schrei.

KÖRPERSPRACHE

Wie mit der Stimme können wir auch durch unsere Körpersprache mehr oder weniger Kontakt zu den Menschen unserer Umgebung herstellen. Dabei ist es uns unmöglich, nicht zu kommunizieren. Unser Gesichtsausdruck, die Art, wie wir unsere Hände hal-ten, die Haltung des Körpers, die Position im Raum , der Abstand zu den anderen Teil-nehmern — all das sind Botschaften an unsere Umwelt.

Diese Signale unserer Körpersprache sind für die Mitglieder kleiner Gruppen von großer Bedeutung. Wenn sie korrekt interpretiert werden, bieten sie für alle Beteiligten eine ausgezeichnete Hilfe für besseres wechselseitiges Verständnis. Denn die Körpersprache ist neben unserer Stimme unser wichtigstes Ausdrucksinstrument, um die Umwelt über unsere Stimmungen, Gefühle und Einstellungen zu informieren. Und da wir die Körpersprache weitgehend intuitiv erworben haben, ist sie ziemlich aufrichtig und spontaner als unsere Sprache. Aus diesem Grund kann es sich keine Gruppe leisten, die permanent gesendeten Signale der Körpersprache ihrer Teilnehmer zu ignorieren, sofern sie Wert auf eine reibungslose Interaktion legt.

Leider gelten hier ungünstige gesellschaftliche Standards. Das offene Ansprechen von Signalen der Körpersprache wird häufig als unhöflich abgelehnt. Auf diese Weise wird in vielen Gruppen eine unersetzliche Informationsquelle nicht genutzt. Je weiter die soziale Struktur der Gruppe entwickelt ist, desto häufiger beziehen sich die Teilnehmer ausdrücklich auf Signale der Körpersprache und desto größer ist die Genauigkeit, mit der sie Gesten, Bewegungen und Körperhaltungen entziffern.

G e s i c h t s a u s d r u c k und K o p f h a l t u n g sagen einiges über die Kontaktbereitschaft eines Menschen aus. Es ist allerdings gefährlich, einzelne Elemente aus dem Zusammenhang zu isolieren. Alle Signale der Körpersprache sind prinzipiell vieldeutig und bedürfen der Wahrnehmungsüberprüfung. Ein guter Gruppenleiter wird deshalb in den wenigsten Fällen einem Teilnehmer eine direkte Interpretation einzelner nonverbaler Signale geben, sondern er wird den Betreffenden auf das aufmerksam machen, was er mit seinem Körper tut. Damit der Gruppenleiter das tun kann, muß er über eine differenzierte Wahrnehmungsfähigkeit verfügen und den gesamten Körper des Teilnehmers im Auge haben. Und um sinnvoll intervenieren zu können, muß er natürlich über geeignete Hypothesen verfügen, was wohl bestimmte nonverbale Signale eines Teilnehmers bedeuten könnten. In diesem Sinne ist der nachfolgende Katalog zu verstehen.

- Ein Zuhörer, der aufmerksam nickt oder nachdrücklich den Kopf schüttelt und dabei den Sprecher anschaut, bekräftigt seine Kontaktbereitschaft zum Kommunikationspartner.

- Ein Zuhörer oder Sprecher, der unwillkürlich die einzelnen Finger oder die ganze Hand auf den Mund legt, deutet häufig unbewußt an, daß er es sich nicht gestattet, einen Gedanken oder ein Gefühl zu äußern, das ihm spontan gekommen ist. Dadurch reduziert er den Kontakt zum Kommunikationspartner.

- Ein Zuhörer oder Sprecher, der seine Hand an den Hals legt, drückt oft symbolisch aus, daß er sich beengt und bedrückt fühlt — er spannt sich an und atmet nicht richtig durch. Auch hält er in der Regel eine gefühlsmäßige oder informative Aussage zurück und verdünnt dadurch den kommunikativen Kontakt.

- Schlucken ist oft ebenfalls eine kontaktreduzierende Geste. Der Betreffende äußert sich nicht vollständig und schluckt im wahrsten Sinn des Wortes eine Reaktion herunter.

- Eine starre und unbewegliche Haltung des Kopfes ist in der Regel Ausdruck eines selbstauferlegten Kontaktverbots. Ein kontaktbereiter Mensch bewegt den Kopf leicht und frei.

- Anspannung der Kiefernmuskulatur deutet auf ein Zusammenpressen der Kiefer. Das ist oft symbolischer Ausdruck für nicht nach außen, sondern nach innen — gegen sich selbst — gerichteten Ärger. Dadurch, daß der Ärger nicht dem Adressaten mitgeteilt wird, geht ebenfalls ein wichtiger Kontakt verloren.

- Auf die Lippen beißen ist in ähnlicher Weise ein symbolischer Ausdruck für gegen sich selbst gewandte Aggression. Statt Kontakt mit dem Verursacher des Ärgers herzustellen, richtet er den Ärger gegen sich selbst.

- Plötzliches Lächeln kann vielerlei Bedeutung haben. Manche Leute lächeln unbewußt, wenn sie Kritik oder Ärger äußern. Mit ihrem Lächeln bitten sie symbolisch um Verzeihung und um weiteres Wohlwollen des Angeredeten. Sie bringen sich auf diese Weise oft um das befreiende Erlebnis einer konzentrierten Ärgeräußerung.
- Chronisches Lächeln ist oft der Versuch, die Umgebung für sich einzunehmen, zu verführen und zu verlocken. Der Betreffende sagt damit: „Schau, wie nett ich bin" oder: „Ich möchte dich becircen".
- Ein unbewegtes Pokerface ist oft symbolischer Ausdruck für die Aussage: „Ich will euch nicht zeigen, was ich wirklich empfinde. Ich halte das für zu gefährlich".

Ich möchte nun über die K ö r p e r h a l t u n g sprechen. Von besonderer Bedeutung sind die Position von Armen und Beinen, die Haltung des Rumpfes, der Atmungsrhythmus, die Haltung der Schultern, der Hände, die Raumposition und der Abstand zu den Kommunikationspartnern. Dabei gibt es insbesondere die folgenden Haltungen, die eine reduzierte Kontaktbereitschaft des Teilnehmers signalisieren.

- Er kreuzt die Arme vor der Brust, schlägt die Beine übereinander und zieht u.U. noch die Schultern hoch. Das ist die klassische Verteidigungsposition vieler Leute. Ihre indirekte Botschaft (die viele Leute allerdings selbst nicht erkennen, weil sie sich die differenzierte Wahrnehmung eigener Gefühle nicht gestatten) ist: „Ich fühle mich bedroht und möchte meine vitalen Organe schützen." Wenn viele Teilnehmer so sitzen, sollte der Gruppenleiter sich überlegen, ob er nicht eine „Sicherheitsdebatte" eröffnen sollte zum Thema: Wie gefährlich ist es hier für mich in der Gruppe? Wer macht mir Angst? Wer gibt mir Sicherheit?
- Der Teilnehmer lehnt den Körper schräg nach rückwärts und läßt sich in den Sitz gleiten. Diese Lage ist manchmal bequem und gestattet oft noch eine mittlere Aufmerksamkeit. In der Regel ist das eine Beobachtungs- oder Rückzugsposition, durch die der Betreffende symbolisch mitteilt, daß er sich nicht voll engagieren will.
- Er schiebt seinen Stuhl im Verlauf der Gruppendiskussion nach hinten. Dann signalisiert dieser Teilnehmer meistens, daß er sich auch innerlich distanzieren will. Hier ist es wichtig, daß der Gruppenleiter, wenn er das bemerkt, den Betreffenden auf seine Beobachtung aufmerksam macht und ihm Gelegenheit gibt, seine Störung auszudrücken.
- Der Teilnehmer winkelt seinen Körper ab, während er mit einem anderen spricht. Die Botschaft heißt meistens: „Ich wende dir nicht meine Front zu — ich will nicht so viel Kontakt mit dir. Du bist es nicht wert" oder: "...ich bin durch dich verschreckt... verärgert" etc.

Von besonderer Bedeutung ist das, was ein Teilnehmer mit seinen H ä n d e n ausdrückt. Unsere Hände zeigen besonders intensiv unsere Kontaktbereitschaft. Beispiele für eine reduzierte Kontaktbereitschaft sind die folgenden:

- Der Teilnehmer steckt die Hände unter die Beine. Hier liegen die Dinge meistens so, daß er es sich nicht gestattet, wirklich vitalen Kontakt herzustellen. Seine Botschaft bedeutet vermutlich: „Ich darf meine Impulse nicht frei äußern."
- Der Teilnehmer hält die Hände hinter seinem Rücken. Er bringt auf einfache Weise symbolisch zum Ausdruck, daß ihm der andere nicht zu sehr auf die Finger schauen soll. Vielleicht wollen die Hände streicheln,

vielleicht kneifen, vielleicht schlagen.

- Der Teilnehmer ballt die Hände. Er konzentriert seine Energie, ohne sie in der Regel richtig auszudrücken. Dabei kann es sich durchaus um konstruktive Aggression handeln, um z.B. etwas durchzusetzen.

- Er streichelt sich selbst. Hier gestattet es sich der Betreffende offensichtlich nicht, seine zärtlichen Bedürfnisse auszudrücken, indem er einen anderen streichelt oder einen anderen auffordert, ihn zu streicheln.

- Der Teilnehmer bewegt seine Hände ständig unkoordiniert. Hier lautet die symbolische Aussage:,,Ich will euch auf keinen Fall deutlich zeigen, welche Absichten ich habe. Ich will euch verwirren.''

Was kann der Gruppenleiter tun, wenn er Signale von kontaktreduzierender Körpersprache beobachtet ? Zunächst kann er den Teilnehmer veranlassen, seine Aufmerksamkeit auf bestimmte Aspekte einer ausgeführten, einer halb ausgeführten oder einer im Ansatz bereits gestoppten Bewegung zu richten:,,Achte darauf, was dein Fuß gerade tut''. Bewußtsein des gegenwärtigen Geschehens ist die Basis für Veränderung.

Wenn ich zum Beispiel bemerke, daß ich mit dem Fuß auf dem Boden trommle, dann kann ich unter Umständen entdecken, daß ich mit der gegenwärtigen Gruppendiskussion nicht einverstanden bin, weil einige Vielredner dominieren und ich selbst nicht zum Zuge komme.

Hilfreich ist hier oft die Aufforderung an den Teilnehmer:,,Willst du versuchen, uns die Botschaft deines Fußes mit Worten zu sagen?''

Darüber hinaus kann der Gruppenleiter mit geeigneten Vorschlägen den Teilnehmern helfen, gestoppte, eingefrorene oder auf sich selbst bezogene Bewegungen auszuführen und durch alle inneren Hindernisse hindurch zu einem solchen Ende zu bringen, daß sich die innere Spannung löst.

Er kann z.B. den Teilnehmer, der sich auf die Lippe beißt, auffordern:,,Wenn du diesen Impuls, zusammenzupressen, hier auf die Gruppe richten wolltest, wen würdest du gern zusammendrücken?... Frage X, ob er dir gestattet, ihn zusammenzudrücken...'' Solche Interventionen können außerordentlich befreiend für den Teilnehmer sein.

Sie sind jedoch von drei Voraussetzungen abhängig: von der Kompetenz des Gruppenleiters, von den Lernzielen der Gruppe und von der spezifischen Situation der Gruppe und den beteiligten Teilnehmern.

GRUPPENTERRITORIUM

Abschließend sollen noch zwei oft vernachlässigte Elemente nonverbaler Kleingruppenkommunikation angesprochen werden, nämlich das Gruppenterritorium und der persönliche Raum.

Probleme im Zusammenhang mit dem Gruppenterritorium ergeben sich hauptsächlich für natürliche Gruppen. Hier kann man einmal davon ausgehen, daß die Gruppenmitglieder bestimmte räumliche Gebiete beanspruchen und daß sie wissen, daß es keine legale Basis für solche Besitzrechte gibt. Daraus können natürlich Spannungen entstehen. Auch für eine kurze Gruppe ist eine territoriale Analyse des Gruppenraums nützlich und gibt recht häufig interessanten Aufschluß über interpersonelle Kontakte. Wo sitzt der Gruppenleiter? Wer sitzt in seiner Nähe? Wer hat Zugang zu wichtigen Dingen, wie Lichtschalter, Tür etc.? Welche Teilnehmer sitzen am weitesten voneinander entfernt? Wieviel Platz darf der einzelne beanspruchen? Wer hat am meisten Platz zur Verfügung, wer am wenigsten? Wer sitzt neben wem? Wer sitzt wem gegenüber? Wer kann aus dem Fenster sehen? Wer hat das Fenster im Rücken, so daß er im

Gegenlicht sitzt? Wer sitzt auf einem Stuhl, wer auf dem Boden?
Antworten auf diese Fragen geben Hinweise auf die soziale Struktur der Gruppe und
auf die Rollenverteilung.

PERSÖNLICHER RAUM

Während der Raum des Gruppenterritoriums eher als statisch beschrieben werden
kann, ist der persönliche Raum dynamisch, d.h. jeder von uns trägt ihn mit sich herum. Es ist sozusagen mein Freiraum, den ich immer um mich haben möchte, der zu
mir gehört, so daß ich den Zutritt nicht jedem gestatten möchte. Mein persönlicher
Raum verkörpert die unsichtbaren Grenzen, die mich umgeben. Die Größe des persönlichen Raums variiert entsprechend der Situation und den Interaktionspartnern. Wenn
ich mich weniger behaglich fühle, dann wird der physische Abstand größer werden.
Auch dieser Aspekt nonverbaler Kommunikation gibt Möglichkeiten für anregende und
nützliche Gruppenexperimente.

Hier empfehlen sich besonders IAS Nr. 74, Wechselnde Distanz, Nr. 116, Herumwandern, Nr. 155, Bewegungsdialog.

6.3   STÖRENDE VERHALTENSWEISEN
EINZELNER TEILNEHMER

In allen Gruppen kommt es vor, daß einzelne Teilnehmer sich so verhalten, daß sie die
Interaktionen in der Gruppe behindern und die Arbeit an der jeweiligen Aufgabe erschweren. Ein Teilnehmer reißt zum Beispiel ständig Witze, ein anderer hält lange Mo-
nologe, noch ein anderer weicht beständig der Aufgabe aus. Den Hintergrund dieser
störenden Verhaltensweisen bildet fast immer der Widerstand des Betreffenden, der
versucht,

— der Gruppenaufgabe aus dem Weg zu gehen,
— sein altes Selbstkonzept nicht in Frage stellen zu lassen,
— soziale Forderungen abzuwehren,
— seine Individualität zu schützen,
— unangenehme neue Einsichten oder Gefühle zu vermeiden,
— andere zu manipulieren, indem er sie indirekt dazu zu bringen versucht,
      von ihm nicht klar geäußerte Wünsche zu befriedigen.

Es ist wichtig, daß der Gruppenleiter daran denkt, daß der Widerstand der Teilnehmer
meistens stärker wird, wenn er gewaltsam gegen ihn vorgeht. Jeder Mensch braucht
Zeit, um seinen inneren Widerstand aufzugeben, und eine übermäßige Eile des Gruppenleiters oder anderer Teilnehmer wird die Entwicklung des einzelnen nur noch mehr
bremsen.
Daher ist es in vielen Fällen sehr viel hilfreicher, wenn der Gruppenleiter dem Teilnehmer die Gelegenheit gibt, den Widerstand aktiv und offen auszudrücken.

Dazu kann der Gruppenleiter dem Teilnehmer mit der einfachen Frage:,,Was
willst du jetzt wirklich tun?'' oder:,,Willst du jetzt wirklich, daß sich alle Leute
mit dir beschäftigen?'' eine gewisse Hilfestellung geben.

Wenn ein Teilnehmer erst einmal so weit ist, daß er seinen Widerstand klar formulieren
kann, dann sind die Chancen meistens recht gut, daß eine langsame Veränderung stattfinden kann. Das Bewußtsein aller Teilnehmer, daß der Widerstand respektiert wird,
ist die beste Voraussetzung für eine langsame und solide Entwicklung der Gruppe.

Um das Bewußtsein der Teilnehmer für die innere Berechtigung ihres Rückzugs zu vertiefen, kann der Gruppenleiter das Interaktionsspiel Nr. 87, Kontakt und Rückzug, mit ihnen erproben.

Andererseits ist es in vielen Fällen bei störendem Verhalten einzelner Teilnehmer notwendig, daß der Gruppenleiter aktiv wird. Wenn er diese Verhaltensweisen im Sinne eines Laissez-faire übersieht, entsteht leicht eine Flucht- und Partisanenkultur in der Gruppe, die die soziale Struktur und die Aufgabenbewältigung schwer beeinträchtigen. Damit macht der Gruppenleiter sich selbst und den Teilnehmern das Leben unnötig schwer. Es ist daher sinnvoll, daß der Gruppenleiter Teilnehmer mit ihrem störenden Verhalten konfrontiert und ihnen behilflich ist zu bemerken, was sie tun und welche Ziele sie damit verfolgen.

Dazu kann der Gruppenleiter folgende Intervention machen. Er kann den Teilnehmer fragen: ,,Bemerkst du, was du tust?'' Wenn der Betreffende über zu wenig Selbstwahrnehmung verfügt, kann der Gruppenleiter die übrigen Teilnehmer fragen: ,,Fällt euch etwas an Olivers Verhalten auf?''

Eine andere Möglichkeit ist es, daß er mit leichter Hand das störende Verhalten selbst anspricht, ohne jedoch eine Diagnose der zugrundeliegenden psychischen Mechanismen zu liefern. Eine Diagnose würde nämlich leicht das Verteidigungsbedürfnis des betroffenen Teilnehmers verstärken.

Zum Beispiel: ,,Ich bemerke, Oliver, daß du oft Dinge tust, die eigentlich zu meinen Aufgaben gehören. Du forderst häufig andere Teilnehmer auf, nicht so intellektuell zu sprechen, und eben hast du zu Stephan gesagt, er solle nicht so intellektuell reden. Wie denkst du darüber?''

Der Gruppenleiter kann den Teilnehmer auffordern, über die Auswirkungen seines Verhaltens auf andere Gruppenmitglieder und auf sich selbst nachzudenken, oder er kann ihn auch selbst auf diese Auswirkungen hinweisen:

,,Oliver, wenn du vor allem darauf achtest, daß andere ihre Gefühle zeigen, kannst du es elegant vermeiden, deine Empfindungen selbst zu äußern. Außerdem stellst du dadurch unter Umständen starke Normen auf, die anderen Teilnehmern evtl. Angst machen.''

Schließlich können der Gruppenleiter oder andere Teilnehmer Verhaltensalternativen für den Betreffenden anbieten:

,,Oliver, du könntest vielleicht Stephan sagen, wie du gefühlsmäßig auf ihn reagierst, wenn er sich so intellektuell äußert.''

Im folgenden sollen nun eine Reihe von spezifischen störenden Verhaltensweisen diskutiert werden, die häufig in Gruppen auftreten.

SCHWEIGEN

Schweigen einzelner Teilnehmer oder einer ganzen Gruppe gehört zu den frustrierendsten Erfahrungen vieler Gruppenleiter, insbesondere wenn sie nicht in der Lage sind, die Botschaft des Schweigens zu verstehen oder wenn sie sich selbst unsicher fühlen und das Schweigen als eine indirekte Kritik oder als einen Angriff auffassen. Schweigen kann für die Schweigenden selbst frustrierend sein, wenn diese im Grunde genommen sich lieber äußern würden und in einem Konflikt zwischen Rückzug und Offensive, Aktivität und Passivität sind. Je leidensgewohnter die Teilnehmer sind, desto länger werden sie ein Schweigen aushalten.

Das Schweigen einzelner Teilnehmer kann für die übrigen aktiven Teilnehmer problematisch sein. Der schweigende Teilnehmer kann dabei die Aufmerksamkeit der Gruppe binden (,,Warum schweigt er?"), er kann Schuldgefühle wecken (,,Haben wir ihn vernachlässigt?") und damit Ärger auslösen (,,Er hält sich heraus, und wir strengen uns an. Wir arbeiten, und er beurteilt uns."). Auf diese Weise beeinflußt Schweigen die meisten Teilnehmer. Zu häufiges Schweigen der Gruppe und chronisch schweigende Mitglieder sind für alle eine Quelle der Unsicherheit, da die Schweiger für die anderen rätselhaft sind, ihr Verhalten nicht vorhersagbar, ihre Reaktionen nicht einschätzbar sind, so daß sie zu Projektionen aller Art einladen.

Um konstruktiv auf Schweigen zu reagieren, muß der Gruppenleiter sich darüber klar sein, daß dieses Verhalten sehr verschiedene Botschaften enthalten kann. In einer Reihe von Fällen ist Schweigen Rückzug aus einer Situation und Verdünnung des Kontaktes. Schweigen der ganzen Gruppe kann

- anzeigen, daß die Grundgedanken einer Diskussion unklar sind bzw. daß die letzten Teilnehmerbeiträge in der Luft hängen, weil sie keinen inneren Zusammenhang haben, so daß die Gruppe jetzt nach einer Richtung sucht. Hier kann der Gruppenleiter helfen, daß er die Ideen der Teilnehmer aufeinander bezieht und der Diskussion einen Fokus gibt;
- deutlich machen, daß die Teilnehmer den Eindruck haben, daß sie keine qualifizierten Beiträge machen können;
- der Furcht entspringen, sich zu engagieren und zu exponieren, wenn wenig Zutrauen zu den übrigen Gruppenmitgliedern besteht;
- Langeweile ausdrücken, wenn die Teilnehmer sich unterfordert fühlen bzw. wenn ihre Erwartungen nicht mit der augenblicklichen Aktion der Gruppe übereinstimmen.

Wenn der Gruppenleiter den Eindruck hat, daß das Schweigen der Gruppe den hier angedeuteten Motiven entspringt, dann sollte er die Gruppe nicht zu lange schweigen lassen, besonders wenn das für die einzelnen Teilnehmer ungewöhnlich und belastend ist. Er kann das Schweigen dadurch abkürzen, daß er die ganze Gruppe fragt, was sie über das Schweigen denkt. Er kann die Teilnehmer fragen, was sie während des Schweigens gedacht und empfunden haben, und er kann eine neue Anregung für die Interaktion geben, so daß sich die Teilnehmer wieder behaglicher fühlen. Wenn er das Schweigen andauern ließe, würde die Spannung für manche Teilnehmer unter Umständen zu so viel Angst führen, daß ihre Lernbereitschaft stark beeinträchtigt würde.

Schweigen einzelner Teilnehmer kann

- ein bewußtes Zurückhalten des Betreffenden sein, um den Gruppenleiter oder andere Teilnehmer zu bestrafen (um diese Diagnose zu bestätigen sollte der Gruppenleiter auf die Signale der Körpersprache achten);
- charakterologisch verursacht sein, wenn der Betreffende nie besonders viel sagt und aus Gewohnheit schweigt;
- neurotisch motiviert sein, wenn der Schweigende aus übermäßiger Furcht vor Selbstdarstellung schweigt;
- eine Art Notbremse sein, wenn sich ein Teilnehmer aus Verwirrung, einem Schock oder aus einer aufregenden Situation retten möchte, indem er drastisch den Kontakt zu Umwelt reduziert;
- selektiv und situationsspezifisch sein, weil die gegenwärtige Gruppenaktivität keine besondere Relevanz für ihn hat oder weil er durch irgendeinen Umstand praeokkupiert ist und sein Gefühl nicht offen ausdrükken möchte;
- ein chinesischer Wandschirm sein, hinter dem der Betreffende seinen Tagträumen nachhängt;
- auch bremsend eingesetzt werden, weil der Teilnehmer die anderen ebenfalls zur Ruhe bringen möchte, da ihn die gegenwärtige Interaktion bedrückt;

— auferlegt sein, wenn andere Teilnehmer ihn aufgefordert haben, weniger oft das Wort zu ergreifen (diese Aufforderung kann unter Umständen auch sehr indirekt mitgeteilt oder wahrgenommen worden sein);

— der Schwellenangst entspringen, in eine Diskussion einzusteigen, weil andere schneller das Wort ergreifen;

— bedeuten, daß der Betreffende sich nicht in der Lage fühlt, seine Reaktionen zu verbalisieren, weil er nie gelernt hat, über seine Gefühle zu sprechen;

— eine Reaktion auf den Gruppenleiter sein, wenn er die Gruppe oder einzelne in eine bestimmte Richtung drängt, zu sehr preßt oder starken Ärger oder Unzufriedenheit ausdrückt,

— entstehen, wenn wenig Klarheit über wichtige Aspekte der Gruppensituation besteht, wenn z.B. viel unausgedrückte Rivalität in der Luft liegt.

Wenn der Gruppenleiter den Eindruck hat, daß ein Schweigen vorliegt, wie es hier charakterisiert wurde, dann sollte er seine Diagnose zusätzlich dadurch absichern, daß er auch die nonverbalen Signale des schweigenden Teilnehmers genauer beachtet. Wenn sie seine Vermutung bestätigen, kann er auf den Schweigenden mit einer Bemerkung reagieren, wie zum Beispiel

„Ich bemerke, Julia, daß du gerade deinen Stuhl zurückgeschoben hast. Willst du uns sagen, was du damit ausdrücken willst, was du gerade denkst oder fühlst?"

Mit einer solchen leichten Intervention kann der Gruppenleiter dem Schweigenden eine Gelegenheit geben, ein kurzes Lebenszeichen zu senden, und er selbst gewinnt wieder mehr Kontakt zum schweigenden Teilnehmer.

Natürlich gibt es auch ein produktives Schweigen, das keinesfalls Symbol für einen Rückzug ist, sondern ein Zeichen für eine positive Entwicklung der Gruppe und des einzelnen Teilnehmers. Schweigen kann Bestandteil des persönlichen Rhythmus' von Kontakt und Rückzug sein. Viele Teilnehmer nehmen so an einer Diskussion teil, daß eine Balance zwischen eigener Aktivität und Reflexion und den Aktivitätswünschen anderer hergestellt werden kann. Schweigen kann dem Bedürfnis entspringen, etwas genauer zu durchdenken, sich innere Klarheit zu verschaffen oder Kontakt mit eigenen Gefühlen herzustellen. Schweigen kann auch die Identifikation mit dem, was ein anderer sagt oder tut, zum Ausdruck bringen. Schweigen kann Sympathie und Mitgefühl für einen anderen Teilnehmer ausdrücken. Und Schweigen kann schließlich — in seltenen Augenblicken — auch ausdrücken, daß eine ganze Gruppe momentan starke gefühlsmäßige und gedankliche Einheit erlebt.

Schweigen kann also sehr unterschiedliche Aspekte der Gruppensituation zum Ausdruck bringen, so daß es keine schematische Möglichkeit für einen Gruppenleiter gibt, auf Schweigen in der Gruppe zu reagieren. Nach Möglichkeit sollte sich jeder Gruppenleiter bei einem Schweigen fragen,

— ob und wieweit er selbst durch das Schweigen beunruhigt ist und was seine eigene gefühlsmäßige Reaktion ist,

— ob und wieweit die Gruppe durch das Schweigen beunruhigt ist,

— ob ein bestimmter schweigender Teilnehmer wirklich eine Störung bzw. einen unproduktiven Rückzug durch das Schweigen ausdrückt,

— was die spezifische Botschaft des Schweigens ist,

— welche nonverbalen Signale in der Gruppe einen Kommentar zu dem Schweigen abgeben.

Das Schweigen eines einzelnen Teilnehmers kann der Gruppenleiter durch die freundliche Anfrage aufgreifen:

>   „Ich habe im Moment wenig Kontakt zu dir und möchte wissen, was du uns mit deinem Schweigen mitteilst."

Wenn die ganze Gruppe still ist, kann der Gruppenleiter zum Beispiel sagen:

>   „Ich bin nicht sicher, was euer Schweigen bedeutet. Was wollt ihr mit diesem Schweigen ausdrücken?"

Wenn es dem Gruppenleiter darum geht, eine stärkere verbale Beteiligung aller zu ermöglichen, kann er die ganze Gruppe fragen:

>   „Wir haben eine Reihe von Leuten, die nicht sprechen. Was denkt ihr darüber?"

Unter Umständen ist es nämlich angebracht, die gesamte Gruppe und nicht einzelne Schweiger direkt anzusprechen, weil sich diese dann vielleicht zu sehr unter Druck gesetzt fühlen. Wenn der Gruppenleiter jedoch der Meinung ist, daß er seine Frage einem einzelnen Schweiger wirklich verständnisvoll stellen kann und daß er bereits einiges Vertrauen bei diesem genießt, kann er ihn auch unmittelbar ansprechen.

>   Eine bewährte Möglichkeit, die Schweiger zu aktivieren, bietet das Interaktionsspiel Nr.13, Redner und Schweiger. Darüber hinaus kann der Gruppenleiter die Teilnehmer, die in der Sitzung bisher geschwiegen haben, auffordern, sich in die Mitte des Kreises in ein Fishbowl zu setzen und über ihre Situation in der Gruppe zu sprechen. Das ist häufig eine ausgezeichnete Möglichkeit, Solidarität unter den Schweigern herzustellen und die Gruppe mit ihren Problemen vertraut zu machen.

ZUVIEL REDEN

Während in manchen Situationen Schweigen zu Störungen führt, gibt es andere Gelegenheiten, wo einzelne Teilnehmer zu viel reden. Manchmal macht ein Teilnehmer endlos lange Ausführungen und beansprucht unverhältnismäßig viel Zeit für sich. Selbst wenn er wichtige Dinge mitteilt, kann er dabei bewußt oder unbewußt versuchen, die Gruppe zu kontrollieren; denn solange jemand spricht, steht er im Zentrum der Gruppenaufmerksamkeit und verhindert die Interaktion und damit die Wahrscheinlichkeit, durch andere konfrontiert zu werden. Besonders wenn es um die Diskussion persönlicher Dinge geht, läuft der Betreffende so weniger Risiko, negative oder kritische Reaktionen und Kommentare bei den anderen hervorzurufen. Wenn er mit ziemlich viel Gefühl spricht, wird er wahrscheinlich positive Gefühle auslösen. Auf diese Weise ähnelt sein Verhalten unter Umständen dem eines Kindes, das irgendeine unangenehme Aufgabe fürchtet, so daß das Kind von Schmerzen, Krankheit usw. spricht, um Sympathie bei den Eltern und Geschwistern auszulösen. Hier sind viel Takt und Fingerspitzengefühl erforderlich, wenn der Gruppenleiter einen solchen Geschichtenerzähler stoppen möchte, ohne ihn zu kränken.

>   Er kann zum Beispiel sagen:„Petra, ich bemerke, daß du schon sehr lange sprichst. Ich habe aufmerksam zugehört, jetzt bekomme ich Schwierigkeiten, mich weiter auf dich zu konzentrieren. Willst du darüber nachdenken, was du durch dein langes Sprechen vermeidest?"

Die Teilnehmer, die in Arbeits- und Lerngruppen zu häufig das Wort ergreifen, bemerken oft nicht, daß sie die Diskussion monopolisieren. Manchmal wissen sie mehr als andere über ein Thema, bemerken aber nicht, daß sie anderen Redezeit wegnehmen. Häufig glauben sie nur, daß sie mehr als andere wissen und überschätzen sich selbst. Einige Teilnehmer sprechen, um sich zu verteidigen und um ihre Unterlegenheitsgefühle zu verbergen. Andere wollen ihren Einfluß auf die Gruppe dadurch untermauern, daß sie intellektuell glänzen. Wieder andere wollen durch das viele Reden Kontakt herstellen, da sie sich sonst verloren fühlen würden.

Es ist nicht leicht, Teilnehmern zu helfen, die zu häufig reden. Der Leiter kann selbst ein gutes Beispiel geben, indem er sorgfältig zuhört und seine eigenen Beiträge kurz hält. Die Teilnehmer können einander aufmerksam machen, daß es wichtig ist, die verfügbare Zeit gut einzuteilen.

Dem Vielredner kann gelegentlich einmal Extrazeit gegeben werden, wobei ihm die anderen dann so lange zuhören, wie er zu reden vermag. Das hilft ihm u.U., sich akzeptiert zu fühlen und künftig die Länge seiner Beiträge zu reduzieren. Eine etwas sportliche Möglichkeit, Vielrednern die Suppe zu versalzen, bietet das Interaktionsspiel Nr. 135, Ohne Punkt und Komma, zu dem der Gruppenleiter zwei Vielredner einladen kann.

Wichtig ist auf jeden Fall, daß der Gruppenleiter auch Viel- und Dauerredner psychologisch versteht.

Während der Schweiger dem Kontakt durch Rückzug ausweicht, geht der zuviel redende Teilnehmer in umgekehrter Weise vor. Er geht in die Offensive und macht auf mechanische Weise so viel Pseudokontakt, daß ein organischer Austausch von Aktion und Reaktion nicht mehr stattfinden kann. So nimmt der Betreffende seine eigenen Gefühle nicht mehr wahr und verliert den Kontakt zu den anderen Teilnehmern.

THEMA WECHSELN

Teilnehmer, die verschiedentlich das Thema wechseln, sind entweder nicht bereit oder in der Lage, ihre Beiträge auf den Brennpunkt der Gruppendiskussion zu konzentrieren. Ihr Verhalten kann für die Gruppe recht ungünstig sein, da auf die Weise ein Katalog von neuen Ideen, Problemen, Aufgaben etc. zusammengestellt wird, von denen wenige Punkte ausdiskutiert werden können. Wenn die Gruppe diesen Verführern folgt, vergeudet sie ihre Energie. Die Teilnehmer spielen das Spiel ,,Ja, was ich noch erzählen wollte...'' Ihr Verhalten kann verschiedene Ursachen haben: Vielleicht ist ihnen die Gruppenaktivität nicht verständlich oder unangenehm. Oder die Diskussion langweilt sie und sie sind nicht bereit, das offen zu sagen.

Noch kritischer ist es, wenn ein Teilnehmer von einem Gruppenmitglied direkt angesprochen und konfrontiert wird und dann abrupt das Thema wechselt.

,,Hast du die Liste der Bücher fertiggemacht?'' — ,,Gestern kam doch einer unserer Klienten hier vorbei und....''

Fast immer ist ein Themawechsler ein Manipulator, der nicht offen und direkt sagt, daß er etwas anderes tun oder sagen möchte, als im Augenblick von ihm erwartet wird. Es ist daher wichtig, daß andere Teilnehmer oder der Gruppenleiter den Betreffenden darauf aufmerksam machen, auf welche Weise er den Kontakt zu ihnen unterbricht. Vielleicht hat er dann Gelegenheit, seinen Widerstand direkt — und damit konstruktiv — auszudrücken.

Der psychologische Sachverhalt des Themenwechsels kann durch   Nr.106,Indirektes Nein, weiter erforscht werden.

GENERALISIEREN

Teilnehmer, die ständig generalisieren, machen jede Gruppe langweilig und trockenakademisch. Sie sagen Man oder Wir statt Ich. Sie stellen generelle Prinzipien auf (,,Der Mensch ist...'') und sprechen lieber zur ganzen Gruppe, als daß sie einzelne Teilnehmer direkt anreden. Konkret und spezifisch zu sprechen ist jedoch die Voraussetzung für lebendige und produktive Interaktion in einer Gruppe. Es ist darum wichtig, die Betreffenden auf ihr Generalisieren hinzuweisen und sie aufzufordern, sich möglichst oft an ganz bestimmte andere Teilnehmer zu wenden und nicht ,,Rundfunk'' zu spielen. Wenn es der Gruppenleiter schafft, die Gruppe von der Krankheit der Allgemeinplätze zu befreien, dann wird die Kommunikation in der Gruppe wesentlich werden. In aufgabenorientierten Gruppen hat das Prinzip, sich konkret auszudrücken, genauso fruchtbare Auswirkungen wie in Gruppen zur Persönlichkeitsentwicklung. Wenn die Teilnehmer ihre Standpunkte darlegen und sich als Person mit ihren Auffassungen identifizieren (,,Ich denke, daß...'', statt:,,Es ist erwiesen, daß...''), dann werden ihnen die anderen besser zuhören. Die unpersönlichen Es-Sätze dienen allzuleicht als Chips in dem Spiel ,,Wer ist der Klügere?''.

Wieder ist hier ein Paradox zu beobachten: Je objektiver die Teilnehmer einer Gruppe sprechen, desto leichter können sie im Trüben fischen und ihre konkreten Gedanken und Ideen, Interessen und Bedürfnisse hinter allgemeinen Wahrheiten irgendeiner Theorie verstecken. Je subjektiver die Kommunikation in einer Gruppe ist, unter Verwendung der Ich-Regel und des Konkretheitsprinzips, desto größer ist die Wahrscheinlichkeit, daß durch die intensivere und realistische Interaktion die Ergebnisse brauchbar und originell werden.

Um die Teilnehmer auf den grundlegenden psychologischen Unterschied zwischen konkreter und abstrakter Sprache aufmerksam zu machen, kann der Gruppenleiter die Teilnehmer auffordern, einen Kurzessay von 2o Sätzen über die Natur des Menschen zu schreiben. Wenn alle Teilnehmer diese Aufgabe gelöst haben, fertigt jeder eine zweite Version seines Essays an, in der er das Wort Mensch bzw. dessen Synonyme durch das Wort Ich ersetzt. Danach werden die einzelnen Essays in der Gruppe vorgelesen, so daß jeder überprüfen kann, wie weit die zweite, konkretere Version zutreffender ist als die erste.

Vgl. weiter IAS Nr.72, Sprich per Ich, und die Grundregel Nr. 1o aus dem Kapitel Axiome und Grundregeln für interaktionelle Gruppen.

DAUERNDES FRAGEN

Es ist überraschend, wieviele Teilnehmer die Interaktionen einer Gruppe durch Fragen kompliziert machen. Fragen können sehr nützlich sein, wenn sie eine Interaktion vertiefen und wirklich nützliche Einsichten zutage fördern, wenn sie Nachdenken auslösen, Konfrontationen einleiten, für wichtige Gesichtspunkte sorgen usw. Im negativen Fall sind Fragen ein Versuch, Gefühle zu intellektualisieren, Kritik unauffällig zu verpacken, Hostilität auszudrücken oder auf anderen herumzuhacken.

Manche Teilnehmer stellen ständig Fragen, weil sie denken, daß sie irgendetwas sagen bzw. sich beteiligen sollten. Für sie sind Fragen der sicherste und ungefährlichste Weg, sich zu beteiligen. Der Gruppenleiter sollte diese Teilnehmer konfrontieren und sie freundlich auffordern, die eine oder andere Frage versuchsweise in eine Aussage umzuformulieren.

Vgl. hierzu Kapitel 1.4, Die vier Schritte bei der Arbeit mit Interaktionsspielen. Ein nützliches Interaktionsspiel ist Nr.9, Aussagen statt Fragen.

RATIONALISIERUNGEN MACHEN

Rationalisierungen spielen bei unseren alltäglichen Verteidigungsmaßnahmen eine große Rolle. Eine Rationalisierung kann zum Beispiel die häufig gehörte Behauptung sein:,,Nur in dieser Gruppe habe ich Schwierigkeiten. Woanders fühle ich mich gut und komme gut zurecht. Die Teilnehmer hier hindern mich, mich so zu geben, wie ich bin.'' Sobald der Betreffende davon überzeugt ist, daß die Schwierigkeiten von seiner Umgebung verursacht sind, von anderen Teilnehmern oder besonders durch den Gruppenleiter, dann hat er eine gute Entschuldigung für alle Arten von Rückzugsverhalten. Andere Teilnehmer projizieren ihre Fehler auf die Gruppe selbst, indem sie zum Beispiel die Verwendung von Interaktionsspielen kritisieren, die angeblich eine künstliche und unrealistische Situationen sind. In der Regel verhalten sich solche Teilnehmer selbst künstlich, ritualistisch und hoch strukturiert. Da sie sich diese Tatsache jedoch nicht eingestehen können, reagieren sie allergisch auf alle fremden Strukturen. Natürlich ist die Lernsituation durch Interaktionsspiele in gewisser Weise künstlich. Sie ist jedoch zugleich auch sehr real, denn immerhin sind es ja lebende Menschen, die sich an ihnen beteiligen.

Manche Teilnehmer rationalisieren ihre Nichtbeteiligung, indem sie mitteilen, sie beteiligten sich aktiv an der Gruppe im Freizeitbereich und verhielten sich während der Gruppensitzungen absichtlich ruhig, damit sie besser lernen und aufnehmen können. Es gibt unendlich viele andere Rationalisierungen, und der Gruppenleiter tut gut daran, die Teilnehmer v o r s i c h t i g zu konfrontieren. Er muß dabei unbedingt vermeiden, die Äußerung der Teilnehmer als Rationalisierung zu interpretieren, sondern sollte stattdessen den Betreffenden darauf aufmerksam machen, welche Konsequenzen seine Auffassung für sein eigenes Lernen und für andere Gruppenmitglieder hat. Oft wissen die Betreffenden gar nicht, was sie tun, und sie sind bereit, freundlich angebotene Alternativen auszuprobieren.

HÄUFIGES INTERPRETIEREN

Oft kann man beobachten, daß einzelne Teilnehmer gewohnt sind, eigenes und fremdes Verhalten zu interpretieren. Wir haben die Neigung, eher nachzudenken als zu fühlen und verlassen uns gern auf sogenannte objektive und wissenschaftliche Fakten. So ist es ganz natürlich, daß auch Teilnehmer in interaktionellen Gruppen sich so verhalten wie im täglichen Leben und ihre Gefühle nicht beachten.

Wenn der Gruppenleiter nicht aufpaßt, entsteht leicht eine intellektuelle Gruppenkultur, die die Gruppe davon abhält, auch mit den eigenen Gefühlen zu experimentieren und gefühlsmäßig begründete Einsichten zu gewinnen. Einsicht durch eigene Erfahrung unter Einbeziehung der Gefühle ist viel produktiver als die nur intellektuelle und abstrakte Form der Einsicht.

Es gibt zwei Wege, wie unfruchtbare Interpretationen in einer Gruppe gehandhabt werden. So kann ein Teilnehmer die Rolle des Do-it-yourself-Analytikers spielen und die zugrundeliegende Dynamik seines eigenen Verhaltens oder des Verhaltens anderer diskutieren. Andererseits kann ein Teilnehmer die Rolle des Analysanden übernehmen und von anderen Interpretationen und Erklärungen für das eigene Verhalten verlangen („Warum passiert es mir nur immer wieder, daß ich...").Wenn solche intellektualisierenden Interpretationen im frühen Leben einer Gruppe durch den Gruppenleiter nicht konfrontiert werden, setzen die Teilnehmer diese Verhaltensweisen sehr leicht verstärkt fort, so daß sie wenig von der Gruppe profitieren.

Damit ist nicht gesagt, daß jede Interpretation oder intellektuelle Einsicht unzweckmäßig ist. Eine Interpretation ist in dem Ausmaß wertvoll, wie sie Auswirkungen auf das Verhalten des Analysierten hat. Die kurze pointierte Interpretation des Gruppenleiters oder eines Teilnehmers an der richtigen Stelle kann einen intensiven Lernprozeß in der Gruppe auslösen, während ausgedehnte akademische Interpretationen unausweichlich zu Monologen und Vorträgen führen. Eine Interpretationskultur führt dazu, daß die interaktionelle Gruppe leicht die Patina eines Psychoanalytischen Instituts der Jahrhundertwende ansetzt.

CO-LEITEN OHNE KONTRAKT

Häufig gibt es Teilnehmer, die als Co-Leiter ohne Kontrakt auftreten. Diese Teilneh-mer folgen den Wünschen des Gruppenleiters wie ein Musterschüler, indem sie seine Fragen, Hinweise usw. wiederholen, andere Teilnehmer auffordern, bestimmte Dinge zu tun oder zu lassen und stets eine mehr oder weniger sachkundige Interpretation fremden Verhaltens zur Hand haben. Kurz gesagt, sie tun so, als ob sie das zweite Ich des Gruppenleiters sind. Eine solche pseudo-hilfreiche Haltung dient nicht dazu, wirk-lich verantwortlich die Leitungsfunktionen zu verteilen, sondern es ist meistens eine Technik, durch die der Betreffende sein Engagement vermindert. Solche ,,Co-Leiter'' können entweder als ,,großer Psychologe'' auftreten, als ,,weiser Mann'' oder als ,,Butler'', der dann nur dafür sorgt, daß Aschenbecher und Kleenex da sind etc. Der Gruppenleiter muß auf diese Vermeidungstechniken achten, um den Betreffenden vor-sichtig darauf hinzuweisen. Er muß ihm zu verstehen geben, daß sein Verhalten in ge-wissem Widerspruch zu den Gruppenzielen steht und daß der Betreffende sich mög-licherweise um wichtige Erkenntnisse bringt; denn der Co-Leiter ohne Kontrakt neigt dazu, intellektuelle Einsichten als Mittel gegen alle seelischen Schwierigkeiten zu be-trachten. Außerdem hat er das Bedürfnis, seine Intelligenz vorzuzeigen. So verschreckt er andere Teilnehmer und macht einen weiten Bogen um seine eigenen persönlichen Probleme.

IN TENSIVE INTERAKTION STOPPEN

Einige Teilnehmer wollen es einfach nicht hinnehmen, wenn in der Gruppe intensive Gefühle ausgedrückt werden. Wenn ein anderer Teilnehmer leidet und starke Gefühle der Trauer oder Wut ausdrückt, dann geben sie schnell Erklärungen ab, die den Be-treffenden trösten sollen, sein Verhalten rechtfertigen, unangenehme Gefühle wegdis-kutieren, anderen Teilnehmern Vorwürfe machen, wenn diese den Betreffenden mög-licherweise angegriffen haben usw. Aber nicht nur auf Äußerungen wie Trauer oder Ärger reagieren sie so mimosenhaft, oft erschrecken sie auch über starke positive Ge-fühle und machen dann irgendwelche Bemerkungen, um eine gefühlsmäßig dichte Si-tuation zu entschärfen.
Teilnehmer, die das tun, drücken damit oft indirekt ihr eigenes Hilfebedürfnis aus. Dabei fällt es ihnen allerdings schwer, eigene Bedürfnisse direkt anzumelden und et-was für sich zu verlangen. Auch solche Verhaltensweisen sollte der Gruppenleiter an-sprechen, damit diese ,,Bremser'' andere, für sie fruchtbarere Wege in der Gruppe ein-schlagen können.

Um an den zugrundeliegenden Schwierigkeiten zu arbeiten, die ja nicht allein das Problem der Bremser sind, kann der Gruppenleiter das IAS Nr.114,Wünsche anmelden, mit der Gruppe erproben.

PSEUDOTROST SPENDEN

Häufig gehen in der Gruppe ,,Rotkreuzschwestern'' um, die auf eine ziemlich fatale Weise Baldriantropfen verteilen:,,Ich weiß, was du fühlst... Kann ich etwas für dich tun..? Es muß dir schrecklich gehen.... Ich wußte das gar nicht... '' Noch schlimmer sind Äußerungen wie:,,Sei nicht so traurig... Das ist alles nicht so schlimm...'' Solche Trostklischees entspringen oft einem verdrängten eigenen Hilfebedürfnis. Wenn ein solcher Teilnehmer bemerkt, daß ein anderer leidet, fühlt er sich befangen, und um sich selbst zu beruhigen, tröstet er Gott und die Welt. Er handelt nach dem Motto ,,Ich stehe dir immer zur Seite''. Dabei gestattet er sich nie, jemanden zu kritisie-ren. Seine Unterstützung ist rituell und auf jedes Zeichen einer leichten Verstimmung hin zu bekommen. „Rotkreuzschwestern" können ihre eigenen inneren Konflikte nicht ertragen und klar ins Auge fassen.

Andererseits steckt hinter ihrem symbolischen Verteilen von Beruhigungstabletten oft auch der ernstzunehmende Wunsch, anderen behilflich zu sein. Daher sollte der Gruppenleiter nie mit Ironie oder Sarkasmus auf sie reagieren, sondern kurz und entschieden mitteilen, daß er dieses Verhalten nicht für nützlich hält. Sobald die Gruppe verstanden hat, daß falsches Trösten destruktiv ist, werden bald genügend Teilnehmer nützlichere Wege beschreiten, um betrübten Teilnehmern zur Seite zu stehen, indem sie z.B. eigene Gefühle ausdrücken, eigene ähnlich gelagerte Erfahrungen mitteilen oder einem verzweifelten Teilnehmer einfach den Arm um die Schulter legen. Auf jeden Fall muß der Gruppenleiter verhindern, daß diese Teilnehmer irgendwann zum Sündenbock der Gruppe gemacht werden, was häufig vorkommt. Beim ersten Anzeichen dazu, muß der Gruppenleiter die Teilnehmer auf ihr Verhalten aufmerksam machen und entschieden einschreiten.

KONFLIKTE ANHEIZEN

Das scheinbare Gegenteil von „Bremsern" und „Rotkreuzschwestern" sind „Feuerwerker". Sie scheinen Konflikte um ihrer selbst willen zu genießen. Vielleicht fühlen sich diese Teilnehmer unwohl, wenn zuviel Einmütigkeit herrscht und sie trauen dem Frieden nicht. Sie schätzen offene und harte Konflikte, weil sie hier ihre Stärke zeigen können.

Bisweilen gibt es Teilnehmer, die vor allem für psychologische Enthüllung anderer eintreten und diese aggressiv fordern. Dazu gehören auch häufig die sogenannten Gruppenfans, die brutal fordern, daß alles offengelegt wird. Diese Leute haben offensichtlich wenig aus ihren bisherigen Gruppenerfahrungen gelernt, außer daß sie sich eine noch dickere Haut zugelegt haben. Im Grunde haben sie Schwierigkeiten, aufrichtigen Kontakt zu anderen Teilnehmern zu entwickeln. Um diesen Teilnehmern behilflich zu sein, sollte der Gruppenleiter sie mit ihrem störenden Verhalten konfrontieren und sich auf keinen Fall mit ihnen verbünden, etwa um die Gruppe „in Gang" zu bekommen.

Manche Teilnehmer sind so erzogen, daß sie Lernprozesse ohne harte Konflikte für unmöglich halten. Diskussion, Analyse, Überprüfen von Alternativen sind ihnen fremd. Sie reagieren impulsiv und sehen die Welt in einem Raster von schwarz und weiß. Solche Einstellungen gibt es häufig bei kulturell benachteiligten Teilnehmern aller Altersstufen. Normalerweise reagieren sie mißtrauisch auf Gruppenmitglieder der Mittel- oder Oberklasse. Für sie ist es schwer, ein konstruktives Gruppenmitglied zu werden. Sie versuchen ständig, Gruppenleiter und andere Teilnehmer aggressiv auf die Probe zu stellen um herauszufinden, ob sie wirklich akzeptiert werden. Für diese Teilnehmer ist es außerordentlich wichtig, daß sie eine Bestätigung erhalten, daß die Gruppe auf sie eingeht und sie nicht im Stich läßt. Andererseits kann diesen überaggressiven Teilnehmern nichts Schlimmeres geschehen, als wenn die Gruppe oder der Gruppenleiter es ihnen gestatten, permanent aggressiv zu handeln, denn im Grunde möchten sie eine klare Konfrontation und sie wollen dazugehören.

Diese Teilnehmer sollte der Gruppenleiter entschieden und freundlich mit ihrem störenden Verhalten konfrontieren.

Um selbst mit ihnen Kontakt aufzunehmen kann der Gruppenleiter mit ihnen z.B. ein aggressives physisches Experiment machen, wie IAS Nr. 15, Ja—Nein, Nr. 54, Schieben, Nr. 55, Dänisches Daumenringen, Nr. 180, Indianisches Armringen. Ein solches Experiment wirkt fast immer Wunder.

SABOTIEREN

Einige Teilnehmer sabotieren entweder sich selbst, indem sie sich ihr eigenes fatalistisches Horoskop stellen („Ich bin eine Niete... Ich werde es nie schaffen... Niemand mag mich..."), oder sie sabotieren die Gruppe, indem sie destruktive Prognosen stellen („Wir werden nie eine Gruppe... Dieses Interaktionsspiel wird total danebengehen.. Wozu sind wir eigentlich hier..."). Sie verfügen zum Teil über ein subtiles Repertoire von rhetorischen Giftpfeilen, mit denen sie sich über die Fortschritte anderer Teilnehmer mokieren („Was hast du schon groß profitiert...") und eine nihilistische Atmosphäre verbreiten. Sie maskieren auf diese Weise ihre Hilfsbedürftigkeit und innere Einsamkeit. Dieses Verhalten führt — wenn es nicht durch den Gruppenleiter konfrontiert wird — sehr leicht zu einer sich selbst erfüllenden Prophezeiung.

In manchen Fällen ist es nützlich, wenn der Gruppenleiter den Saboteur auffordert, in der Gruppe herumzugehen und tatsächlich einen Nihilisten zu spielen, der alles, was hier getan wird, karrikiert und lächerlich macht. Das kann dem Betreffenden helfen, mehr Kontakt zu seiner Aggressivität zu gewinnen und andererseits das Unsinnige seines Verhaltens einzusehen.

Der psychologische Sachverhalt der Selbstsabotage kann mit der ganzen Gruppe durch IAS Nr.6o, Selbst-Sabotage, ausgezeichnet erfahren werden.

SPÄSSE MACHEN

Gruppenclowns sind eine freundliche Variante der Saboteure, indem sie die ernsten Anstrengungen der Gruppenmitglieder durch unangebrachte und chronische Späße stören. Der Clown sendet insgeheim die Botschaft:„Ich bin von meinem Wert nicht sehr überzeugt. Ich weiß nicht, ob ich überhaupt zähle. Wenn ich Späße mache, finde ich wenigstens etwas Beachtung."

Der Gruppenleiter sollte auch den Clown mit seinem Verhalten konfrontieren und dafür sorgen, daß er die eigenen Stärken etwas mehr entdecken und ggf. auch genügend realistische positive Rückmeldungen von anderen erhalten kann. Wenig sensible Teilnehmer glauben nämlich zu Unrecht, daß es den Clowns innerlich gut geht und daß sie heitere und ausgeglichene Menschen sind.

HUMOR AN FALSCHEN STELLEN

Humor kann benutzt werden, um schwierige Situationen aufzulockern und die Interaktion zu erleichtern. Er kann auch eingesetzt werden, um unerträgliche Spannungen abzumildern und besonders in depressiven Gruppen einen gewissen Optimismus aufkommen lassen. Andererseits gibt es immer wieder Teilnehmer, die ihren Humor dazu verwenden, die Versuche des Gruppenleiters zu blockieren, den Interaktionsprozeß zu vertiefen oder wichtige Themen durchzuarbeiten. Wenn ein Teilnehmer Humor dazu benutzt, um produktive Spannungen aufzuheben, dann ist das eine Störung, und der Gruppenleiter sollte diesen Teilnehmer dann konfrontieren.

ZYNISCH REAGIEREN

Teilnehmer, deren bevorzugte Verteidigung eine zynische Reaktion auf die Vorgänge in der Gruppe ist, haben selbst große Schwierigkeiten, sich produktiv an der Gruppeninteraktion zu beteiligen, und sie hindern auch die übrigen Teilnehmer am Lernen, weil sie ihnen oft Angst machen. Der Zyniker wartet in der Regel, bis irgendein Teilnehmer sich in der Gruppe exponiert hat, dann gibt er sein entsprechendes Urteil ab. Seine normale Haltung ist die des überlegenen schweigenden Richters über die Vorgänge in der Gruppe. Auf diese Weise erscheint er selbst als kaum angreifbar, denn er behält dieselbe Haltung, auch wenn er von anderen konfrontiert wird. Er schwebt wie ein Pappmaché-Zeus über den Wolken und verleugnet auf diese Weise seine Verletzlichkeit und hochgradige Sensibilität. Oft sind diese Teilnehmer gut zu erreichen, wenn der Gruppenleiter ihnen gegenüber auf realistische Weise zum Ausdruck bringt, was er trotz der zynischen Haltung an dem Betreffenden schätzt.

SICH LANGWEILEN

Langeweile zu ertragen, ohne die eigene Störung sofort anzumelden, ist die häufigste Form von Vermeidungsverhalten und ein gutes Beispiel für nicht ausgedrückte Unzufriedenheit und Ärger. Manchmal ist es jedoch so, daß Teilnehmer, die sich chronisch langweilen, sich lediglich selbst einreden, daß die Interaktion in der Gruppe wenig Bedeutung für sie hat, weil sie versuchen, keine Gefühle zu haben. Oft teilen dann diese Gruppenmitglieder nach einer gewissen Zeit vorwurfsvoll mit, daß sie sich gelangweilt haben. Was jetzt als Akt der Aufrichtigkeit scheint, ist in Wirklichkeit ein Akt später Rache, Zensur und Bestrafung für die Gruppe, die jetzt plötzlich indirekt erfährt: „Was seid ihr für langweilige Leute". Der Teilnehmer, der sich langweilt, wagt entweder nicht, seine berechtigte Störung auszudrücken, um nicht unhöflich zu erscheinen, oder aber er sucht nach einer Gelegenheit, auf scheinheilige Art der Gruppe oder dem Gruppenleiter eins auszuwischen.

Um diese häufige Störungsform von vornherein auszuschalten, sollte der Gruppenleiter einen Störungskontrakt mit der Gruppe schließen. Wer sich langweilt, teilt das sofort durch ein verabredetes Zeichen mit. Um weiter an diesem Problem zu arbeiten, kann der Gruppenleiter mit den Teilnehmern auch folgendes Interaktionsspiel erproben: IAS Nr.7, Mitteilung von Störungen. Vgl. auch die Grundregel 15 in dem Kapitel Axiome und Grundregeln für interaktionelle Gruppen.

ÜBERENGAGIERT MITMACHEN

Während die meisten Teilnehmer sich von intensiven Interaktionen zurückziehen, um sozialen Kontakt zu verdünnen, gibt es einzelne Teilnehmer, die in die Interaktion fliehen, um den Kontakt mit dem eigenen Selbst zu vermeiden. Diese Teilnehmer engagieren sich selbst zu stark und können es nicht aushalten, wenn andere sich nicht ebenso stark beteiligen. Sie haben außerhalb einer interaktionellen Gruppe wenig Gefühl für ihre Identität, weil sie das, was sie in der Gruppe erfahren, für realer halten als ihre Alltagserfahrungen. Solche Gruppenfans übersehen, daß die Gruppe lediglich eine Möglichkeit ist, zwischenmenschliche Beziehungen für den Alltag zu verbessern, aber niemals ein Ersatz dafür sein kann.

Manchmal kommt es auch vor, daß ein Teilnehmer, der sich unwohl und fremd in der Gruppe fühlt, besonders heftig auf intensiver und demonstrativer Interaktion besteht. In diesen Fällen muß der Gruppenleiter wachsam sein, um nicht in diese unbewußt aufgestellte Falle zu treten. Denn ein forcierter Gruppenprozeß führt nur dazu, daß sich die übrigen Teilnehmer zurückziehen, die ihrem ganz natürlichen Entwicklungstempo folgen. Die Teilnehmer, die einen Psychokult aus interaktionellen Gruppen machen, erreichen nur, daß einerseits die Gruppenmitglieder, andererseits ihre alltäglichen Interaktionspartner von ihnen abrücken.

Damit diese Teilnehmer mit den unrealistischen Erwartungen überhaupt von der interaktionellen Gruppe profitieren können, muß der Gruppenleiter dieses Verhalten frühzeitig konfrontieren und diesen Gruppenmitgliedern Gelegenheit geben, produktiver mit ihrem persönlichen Rhythmus von Kontakt und Rückzug zurechtzukommen. Vgl. auch Kapitel 2.3, Lernvoraussetzungen aufseiten des Teilnehmers.

FEHLEN UND ZUSPÄTKOMMEN

Oft drücken einzelne Teilnehmer oder die ganze Gruppe ihren Widerstand gegen Gruppenaktivität oder den Gruppenleiter dadurch aus, daß sie zu spät in die Sitzungen kommen oder manchmal gar nicht. Die Teilnehmer können damit zeigen, daß die gegenwärtige Gruppenaktivität für sie schwierig oder erschreckend ist. Sie können auch den Eindruck haben, daß ihre Bedürfnisse nicht respektiert werden, daß die Gruppe für sie zu groß ist, daß es Cliquen gibt, die die Gruppenkohäsion bedrohen usw.

Andererseits kann das Fehlen oder Zuspätkommen e i n e s Teilnehmers auch sein bewußter Versuch sein, zu testen, ob er vermißt wird und ob er für die anderen wichtig ist. Oder er stellt Teilnehmer und Gruppenleiter auf die Probe, um ihre Reaktionen kennenzulernen, wenn er einmal über die Strenge schlägt. Fehlen eines Teilnehmers kann auch Ressentiment ausdrücken und seinen Wunsch, sich für eine Verletzung zu rächen.

Am besten ist es, wenn sich der Gruppenleiter über dieses Problem unverzüglich mit den Teilnehmern auseinandersetzt, um zu verhindern, daß diese Art von Strukturlosigkeit zur Norm wird.

> Wenn ein einzelner Teilnehmer fehlt, ist es oft gut, die Gruppe zu fragen:,,Was bedeutet es für euch, daß Felix nicht da ist?''

Ein Teilnehmer, der von niemandem vermißt wird, ist fast immer in der sozialen Struktur der Gruppe schwach verankert, so daß der Gruppenleiter mit den anderen überlegen sollte, wie der Betreffende stärker integriert werden kann. Noch problematischer ist es, wenn ein Teilnehmer längere Zeit fehlt oder die Gruppe ganz verläßt. Dadurch können starke Schuldgefühle und natürlich auch Ärger ausgelöst werden. Um das zu verhindern und um dem fehlenden Teilnehmer zu helfen, sollte der Gruppenleiter schnell mit dem Fehlenden Kontakt aufnehmen, ganz besonders am Anfang einer Gruppe. Jeder Teilnehmer muß wissen, daß seine Anwesenheit erwünscht ist und daß er vermißt wird.

Andererseits muß jeder Teilnehmer wissen, daß er das Recht hat, sich von der Gruppeninteraktion jederzeit zurückzuziehen. Nur ist es dann wichtig, daß er einen entsprechenden Hinweis gibt, daß er sich für eine Zeit zurückziehen möchte. (Vgl. dazu Kapitel 2.4.)

Wenn ein Gruppenmitglied die Absicht hat, die Gruppe zu verlassen, dann ist es wichtig, daß er das der Gruppe direkt mitteilt und damit jedem Gelegenheit gibt, sich mit ihm vor seinem Ausscheiden direkt auseinanderzusetzen, damit keine vergifteten Gefühle zurückbleiben.

> Manchmal ist zu bemerken, daß ein Teilnehmer augenblicklich keine Lust hat, an einer Gruppensitzung teilzunehmen. Dann kann es eine ausgezeichnete Lösung des Problems sein, wenn der Gruppenleiter dem Teilnehmer folgendes Angebot macht:,,Schau, Kurt, du hast im Augenblick keine Lust, mit uns zu arbeiten. Ich respektiere deinen Standpunkt, und ich schätze dich, daß du das gleich mitteilst und nicht später kommst und sagst, daß du dich gelangweilt hast. Ich schlage dir vor, daß du dir etwas freie Zeit gönnst und irgendwohin gehst, wo du dich wohl fühlst und dann das tust, wozu du wirklich Lust hast. Sobald du bemerkst, daß du wieder gern bei uns bist, kommst du zurück. Du bist mir dann sehr willkommen.''

Auf diese Weise respektiert der Gruppenleiter den ehrlich ausgedrückten Widerstand des Teilnehmers und läßt ihm seinen Willen. In den meisten Fällen kommt der Betreffende erleichtert und motiviert zurück.

SEITENGESPRÄCHE FÜHREN

Viele Teilnehmer neigen dazu, bisweilen leise mit ihrem Nachbarn zu flüstern, während irgendein anderer gerade spricht. Wenn der Gruppenleiter hier nicht interveniert, leidet bald die Gruppenkohäsion empfindlich. Die Seitengespräche können bei anderen Mißtrauen und Ärger auslösen. Oft ist der Inhalt wichtig und geht so verloren. Der Gruppenleiter sollte die Regel "Keine Seitengespräche" (vgl. Grundregel 12) kurz erklären und die Betreffenden fragen, ob sie bereit sind, den Inhalt ihres Seitengesprächs mitzuteilen. Häufig ist der Grund für Seitengespräche auch die Schwierigkeit eines Teilnehmers, sich öffentlich zu äußern. Dann ist es gut, wenn sie ihre Schwierigkeiten spezifizieren können.

6.4   STÖRENDE VERHALTENSWEISEN MEHRERER TEILNEHMER BZW. DER GANZEN GRUPPE

Im folgenden Abschnitt sollen störende Verhaltensweisen beschrieben werden, die im Gegensatz zu den vorhergenannten Störungen eher kollektiv praktiziert werden. Auch hier ist das unbewußte kollektive Motiv der Widerstand gegen bestimmte Entwicklungen, die die Teilnehmer als gefährlich oder unbequem empfinden.
Für das Verhalten des Gruppenleiters gelten dieselben Grundsätze, wie sie im vorangegangenen Abschnitt beschrieben worden sind.

UNTERGRUNDGESETZE ETABLIEREN

Am Anfang jeder Gruppe kommt es leicht dazu, daß individuelle und kollektive Verhaltensweisen, wenn sie nicht konfrontiert werden, in der Gruppe zu Normen werden, die — sobald sie einmal Gewohnheit geworden sind — einer Veränderung widerstreben. Solche früh gebildeten Normen können alle Aspekte der Gruppeninteraktion beeinflussen: die Inhalte (,,Hier wird nicht über den Wechsel der Amtsleitung gesprochen"), die Prozeduren (,,Wenn jemand spricht, darf er nie unterbrochen werden"), die Intensität der Interaktion (,,Wir wollen nicht, daß hier jemand kritisiert wird"), die organisatorischen Regeln (,,Wenn man hier zu spät kommt, macht das nichts"), den Interaktionsstil (,,Hier braucht man keine klaren Forderungen zu stellen") und die Ziele (,,Wir wollen uns hier wohlfühlen").
Wenn mehrere Teilnehmer unwidersprochen entweder indirekt durch ihr Verhalten oder direkt durch die Formulierung solcher Leitlinien bestimmte Interaktionsnormen einführen, dann wird die Gruppenentwicklung sehr schwer beeinträchtigt. Daher ist es notwendig, daß der Gruppenleiter die Teilnehmer auf solche geheimen Gruppennormen aufmerksam macht. Vor allem muß er die Teilnehmer, die so tun, als ob sie berechtigt sind, den Willen der ganzen Gruppe zu formulieren, direkt konfrontieren.

Marika: ,,Wir wollen hier doch niemandem zu nahe treten."

GL: ,,Marika, im Moment sprichst du für die ganze Gruppe. Bist du bereit, für dich selbst zu sprechen und deine Forderung in der Ich-Form zu wiederholen, um zu sehen, wie sie dann klingt?"

Marika: ,,Ich möchte niemandem zu nahe treten."

GL: ,,Kannst du dir klarmachen, wem du nicht zu nahe treten willst und das dann diesem direkt sagen?"

          ...

UNTERBRECHEN

Es ist in gleicher Weise fatal, wenn die Teilnehmer der Gruppe einander entweder zuviel oder zuwenig ins Wort fallen. Wenn die Teilnehmer einander dauernd unterbrechen, läßt das auf ein hohes Maß latenter Rivalität schließen und auf Angst, nicht genug Einfluß nehmen zu können. Auf jeden Fall muß diese Störung der Interaktion angesprochen werden, da sonst die Gruppe ihre eigene Entwicklung blockiert.

Um hier korrektive Erfahrungen zu ermöglichen, kann der Gruppenleiter der ganzen Gruppe IAS Nr.135, Ohne Punkt und Komma, vorschlagen.

Eine ebenso große Schwierigkeit entsteht, wenn die Teilnehmer zu höflich sind, und wenn sie sich nicht berechtigt fühlen, einander zu unterbrechen. Hier muß deutlich unterschieden werden zwischen verantwortlichen und unverantwortlichen Unterbrechungen und Interventionen vonseiten der Teilnehmer. Wenn ich jemanden unterbreche, um z.B. ein unbequemes Thema zu wechseln, dann handle ich unverantwortlich. Wenn ich dagegen interveniere, weil mir ein Marathonredner den Nerv tötet, dann handle ich durchaus verantwortlich, nämlich meinen eigenen Gefühlen gegenüber.

Einerseits soll also die Gruppenkultur nicht in einen rhetorischen Catch-as-catch-can ausarten, andererseits sollte sie eine lebendige Atmosphäre garantieren, wo die Teilnehmer ihren Unmut nicht durch Zusammenbeißen der Zähne oder durch Einschlafen ausdrücken.
Vgl. hierzu auch die Ausführungen zu dem Punkt "Sich langweilen" im vorigen Abschnitt.

RITUALE FEIERN

In einer ritualistischen Gruppenkultur kommen immer wieder dieselben Themen auf, die auch immer in derselben Weise vorgetragen werden. Oft handelt es sich um Standardklagen, wie z.B. das ungenügende Essen in diesem Hotel, das Unrecht, das dieser Abteilung durch die Organisation angetan wurde etc. Auf diese Weise blockiert sich die Gruppe selbst in ihrer Entwicklung.

Ein gutes Mittel dagegen ist es, eine Sitzung per Video aufzunehmen und den Teilnehmern vorzuspielen. Ein anderes Gegengift ist IAS Nr. 111, Viva la depresion, oder Nr. 137,Gruppenritual.
Eine größere Schwierigkeit entsteht, wenn sich der Gruppenleiter selbst ritualistisch verhält, indem er immer wieder auf dieselbe, den Teilnehmern längst bekannte Weise reagiert. Sobald der Gruppenleiter nur aus einem mehr oder weniger umfangreichen festen, konstanten Verhaltensrepertoire schöpft, besteht diese Gefahr. Gewitzte Teilnehmer kontern dann mit symmetrischen Verhaltensweisen, so daß Gruppe und Gruppenleiter in eine Sackgasse geraten, wo es kein Vor und Zurück gibt.

SÜNDENBOCK JAGEN

Manchmal kommt es dazu, daß einzelne Gruppenmitglieder bewußt oder unbewußt zum Sündenbock der Gruppe gemacht werden, der all das personifiziert, was es innerhalb und außerhalb der Gruppe an Unerfreulichem für die Teilnehmer gibt. Hier muß der Gruppenleiter unbedingt einschreiten. Manchmal macht die Gruppe einen Schweiger zum Sündenbock, manchmal einen Dauerredner, manchmal einen Co-Leiter ohne Kontrakt und manchmal eine Rotkreuzschwester, dem dann die Animosität der ganzen Gruppe gilt. Die Jagd eines Sündenbocks ist ein bequemer Weg für die Teilnehmer, berechtigte Selbstkritik auf einen Teilnehmer zu projizieren.

Der Gruppenleiter muß dieses wichtige Gruppenphänomen rechtzeitig bemerken und die Teilnehmer darauf hinweisen, daß sie vermutlich eigene Probleme zu lösen versuchen, indem sie ihre Anklagen gegen einen Sündenbock erheben.

Oft werfen die Teilnehmer auch bestimmte Dinge dem Sündenbock vor und nicht dem eigentlichen Adressaten ihres Mißfallens, nämlich dem Gruppenleiter. Der Leiter ist ihnen zu stark, und dann ist es risikoloser, ihre negative Energie gegen einen Teilnehmer zu richten.

Das Sündenbockspiel behindert die Entwicklung jeder Gruppe und kann für den betreffenden Teilnehmer eine schädigende Belastung sein. Daher muß der Gruppenleiter hier sofort intervenieren.

Er kann z.B. sagen: ,,Ich bemerke, daß viele Karl für Schwierigkeiten verantwortlich und ihm heftige Vorwürfe machen. Kann es sein, daß ihr Karl für Schwierigkeiten verantwortlich macht, die ihr selbst habt?''

Diese Bemerkung kann die Aufmerksamkeit der Gruppe auf ihr Sündenbockspiel konzentrieren.

Der Gruppenleiter kann aber auch eine direktere Konfrontation suchen, indem er z.B. sagt: ,,Michael, ich bemerke, daß du abfällige Bemerkungen über Karl gemacht hast. Ist es möglich, daß du im Grund auf mich wütend bist?''

In der Anfangsphase einer Gruppe ist der Gruppenleiter oft selbst der Sündenbock. Er ist den Teilnehmern zu direktiv, zu passiv etc. Hier ist es sinnvoll, daß der Gruppenleiter die Beanstandungen der Teilnehmer, die er für berechtigt hält, anerkennt. Auf diese Weise können einige der Projektionen überprüft werden. Solche Attacken gehören zum Berufsrisiko des Gruppenleiters und es ist am besten, wenn er sie gutgelaunt entgegennimmt.

SICH AUF EINEN KONZENTRIEREN

Gelegentlich kommt es vor, daß ein Teilnehmer für längere Zeit unfreiwillig im Mittelpunkt der Interaktion steht. Auf diese Weise bekommt die Gruppenaktivität einen Brennpunkt und die übrigen Teilnehmer entlasten sich davon, sich mit eigenen Problemen zu beschäftigen. Es gibt natürlich keinen speziellen Grund, daß sich eine Gruppe ausführlicher mit den Problemen eines Teilnehmers beschäftigt, aber allzu oft benutzt die Gruppe diese Konstellation als Chance, die eigenen Schwierigkeiten zu ignorieren.

Hier kann der Gruppenleiter dem betroffenen Teilnehmer die Frage stellen: ,,Ist es dir recht, daß du so lange im Mittelpunkt stehst?''

Denn oft verhält sich die unfreiwillige Zentralfigur passiv und protestiert nicht dagegen, daß sich die anderen pausenlos mit ihm beschäftigen.

Ein Sonderfall ist das ,,Kondolenz-Syndrom''. Hier stürzen sich die Teilnehmer auf ein Gruppenmitglied, das gerade in einer Schwierigkeit steckt und bekunden auf folgende Weise ihr Pseudointeresse: ,,Wie geht es dir? ... Wann passierte diese schreckliche Geschichte?... Wie lange geht das schon so?...'' Auf diese Weise bleibt der problembeladene Teilnehmer viel zu lange im Zentrum der Aufmerksamkeit. Zuerst bemerkt er das Spiel nicht; er denkt, daß die anderen sich wirklich für ihn interessieren. Allmählich fühlt er sich unwohl, aber da er sehr höflich ist, beantwortet er alle Fragen weiter. Hier ist es wichtig, daß der Gruppenleiter aufpaßt und verhindert, daß die Teilnehmer den Betreffenden mit freundlichen Fragen immer weiter für ihre Zwecke ausbeuten.

GRUPPENARCHÄOLOGIE BETREIBEN

Eine detaillierte Analyse der Gruppengeschichte ist meist eine Karrikatur einer interaktionellen Gruppe und oft ein Symptom für Vermeidungsverhalten. Wenn die Gruppe sich bei einer Nachmittagssitzung trifft und dann in aller Ausführlichkeit diskutiert, was in der Morgensitzung passierte, dann geschieht das oft mit der unbewußten Zielsetzung, eine weitere Vertiefung der Interaktion zu verhindern. Die Gruppe analysiert dann zurückliegende Interaktionen nicht, um eine Perspektive für zukünftiges Verhalten zu gewinnen, sondern um die zwischen den Teilnehmern bestehende Distanz aufrechtzuerhalten. Manchmal finden solche Analysen auch in ein- und derselben Sitzung statt, so daß die Teilnehmer sich scheinbar miteinander beschäftigen, in Wirklichkeit jedoch der Hier—und—Jetzt—Situation ausweichen.

Solche unfruchtbaren archäologischen Ausflüge erkennt der Gruppenleiter daran, daß der Interaktion Lebendigkeit und Spontaneität fehlen. Eine rein historische, langatmige Analyse des Gruppenprozesses ist immer ein akademisches und relativ nutzloses Unterfangen.

Eine produktive kurze Analyse vergangener Interaktionen kann dagegen sehr sinnvoll sein, wenn dabei zum Beispiel Verhaltensmuster der Gruppe oder einzelner Teilnehmer analysiert und besser verstanden werden.

DAUERND INTERAKTIONSSPIELE VERLANGEN

Besonders am Anfang einer Gruppe ist es oft nützlich, daß die Teilnehmer mit Hilfe von Interaktionsspielen mehr Sicherheit gewinnen. Wenn die Gruppe sich weiter entwickelt, dann sollte es jedoch auf keinen Fall dazu kommen, daß ein Interaktionsspiel nach dem anderen realisiert wird. Diese spezifischen und nützlichen Experimente sollten bei spezifischen Lernbedürfnissen der Gruppe eingesetzt werden und dürfen nicht die Verantwortlichkeit der Teilnehmer ersetzen. Wenn eine Gruppe sich nicht ausreichend an freien Interaktionen beteiligen will und nur noch mit Hilfe von Interaktionsspielen kommuniziert, dann gibt es erhebliche Probleme in der Gruppe, die ausgesprochen werden müssen. Wenn z.B. eine Gruppe Schwierigkeiten hat und an einen toten Punkt kommt, sollten die Teilnehmer die Probleme mit dem Gruppenleiter analysieren und diese nicht durch ein x—beliebiges Experiment verdrängen.

Interaktionsspiele sollten dosiert verwendet werden, um spezifische neue Erfahrungen in der Gruppe zu ermöglichen, um die Interaktion anzuregen und um Kommunikationsschwierigkeiten zu beheben. Sie dürfen nicht pausenlos verwendet werden, dann berauben sie die Gruppe ihrer Initiative. Wenn der Gruppenleiter den Eindruck hat, daß er selbst die Lernsituation vorstrukturiert, um die Interaktion am Leben zu erhalten, ist das ein Symptom für seine eigene Angst, offen über seine Kooperationsschwierigkeiten mit den Teilnehmern zu sprechen.

VERBORGENE BEDÜRFNISSE

Jede Gruppe arbeitet bekanntlich auf zwei Ebenen. Erstens auf der Ebene der ausgesprochenen und bekannten Ziele und Motive im Zusammenhang mit der Aufgabenerfüllung und der sozialen Struktur der Gruppe. Zweitens auf der Ebene der verborgenen, zum Teil bewußt verheimlichten, zum Teil unbewußten Ziele und Motive.

Jeder Teilnehmer einer Gruppe verfolgt eine Reihe von Zielen und Bedürfnissen, die er z.T. zu Recht nicht offen anzusprechen wagt, weil er Zurückweisung, Kritik oder Belustigung anderer befürchtet. Besonders prekär ist es z.B. in einer Arbeitsgruppe, ein Bedürfnis nach menschlicher Anerkennung, nach physischem Kontakt oder sogar nach Zärtlichkeit auszudrücken.

Wenn nun in einer gegebenen Gruppe zu viele wichtige Bedürfnisse nicht befriedigt werden, dann können schwerwiegende Probleme entstehen. Wenn z.B. ein Vorgesetzter grundsätzlich keine Anerkennung ausspricht, dann kann für die Teilnehmer folgender Konflikt entstehen: Sie möchten einmal Anerkennung erhalten, andererseits trauen sie sich nicht, dem Vorgesetzten dieses Defizit darzulegen. Darum können sie eine Reihe von Spielen starten, um den Vorgesetzten dahin zu bringen, wo sie ihn haben wollen. Sie können bewußt Fehler begehen, um ihm seine Abhängigkeit von ihnen zu demonstrieren. Sie können apathisch reagieren. Sie können bewußt überhören, was er ihnen mitteilt etc.

Mit anderen Worten, Bedürfnisse, die nicht durch offene Verhandlungen befriedigt werden können, werden sozusagen durch Manipulation auf dem schwarzen Markt gedeckt.

Es ist wichtig, daß der Gruppenleiter sich immer wieder fragt, welche wichtigen Bedürfnisse in seiner Gruppe nur unter der Hand oder gar nicht befriedigt werden können. Die Tatsache, daß es verborgene Bedürfnisse gibt, ist normal. Es ist auch nicht sinnvoll, alle Bedürfnisse offen zu diskutieren. Andererseits müssen d i e verborgenen Bedürfnisse identifiziert und offen besprochen werden, die die Arbeit an der Gruppenaufgabe und die Interaktionen der Teilnehmer einer gegebenen Gruppe erheblich stören. Hier ist es wichtig, die Teilnehmer anzuleiten, selbst verborgene Bedürfnisse zu identifizieren.

Dazu kann der Gruppenleiter ein kleines Experiment vorschlagen: Jeder Teilnehmer schreibt anonym vier Arten von Bedürfnissen auf. 1) Bedürfnisse, die ich in dieser Gruppe befriedigen kann, 2) Bedürfnisse, die andere in dieser Gruppe befriedigen können, 3) wichtige Bedürfnisse, die ich in dieser Gruppe nicht befriedigen kann und die ich z.T. nicht anspreche, 4) wichtige Bedürfnisse, die andere Teilnehmer in dieser Gruppe nicht befriedigen können und die sie z.T. nicht ansprechen. Anschließend werden die gewonnenen Daten vom Gruppenleiter zusammengestellt und mit der Gruppe diskutiert.

Eine andere gute Möglichkeit bietet IAS Nr. 114,Wünsche anmelden.

Kapitel 7

AXIOME UND GRUNDREGELN
FÜR INTERAKTIONELLE GRUPPEN

Wenn ein Gruppenleiter eine interaktionelle Gruppe beginnt, sollte er irgendwann in der Anfangsphase sich mit den Teilnehmern darüber einigen, was die Basis der gemeinsamen Arbeit sein soll. Unabhängig davon, welche Vorstellungen die Teilnehmer haben und welcher Arbeitskontrakt in der gemeinsamen Diskussion entsteht, sollte der Gruppenleiter klar und deutlich die eigenen Vorstellungen präsentieren. Dazu gehört, daß er

— den Teilnehmern Informationen über die von ihm angestrebten Lernprinzipien — insbesondere im Zusammenhang mit Interaktionsspielen — gibt,

— über die mehr philosophisch-anthropologischen Grundsätze seiner Arbeit spricht und

— die von ihm für wichtig gehaltenen Grundregeln für Interaktion und Kooperation in der Gruppe einführt.

Um dem Gruppenleiter hier eine gewisse Orientierung zu geben, sollen diese drei Punkte in diesem Kapitel kurz diskutiert werden.

7.1   HINWEISE AUF LERNPRINZIPIEN

Wenn ein Gruppenleiter erstmalig mit Interaktionsspielen in einer Gruppe arbeiten will, dann sollte er zu Beginn die wichtigen Lernprinzipien erklären. Das ist umso wichtiger, je weniger die Gruppe an eine solche Lernsituation gewöhnt ist. Die Erklärung sollte kurz, präzis und so formuliert sein, daß die Teilnehmer die Grundgedanken verstehen. Dazu kann der Gruppenleiter etwa folgendes sagen (und die Hauptpunkte u.U. auf einen Flipchart schreiben):

„Ihr könnt im Rahmen unserer Gruppenarbeit in der nächsten Zeit einige Interaktionsspiele ausprobieren. Damit ihr versteht, worum es dabei geht, will ich einige Punkte nennen.

Ihr werdet dabei experimentieren und herausfinden können, wie ihr euch in verschiedenen Situationen verhaltet. Ihr könnt eurer Neugier freien Lauf lassen und auch neue Verhaltensweisen ausprobieren, die ihr vielleicht im täglichen Leben weniger gut erproben könnt. Wenn ihr normalerweise sehr still seid, habt ihr hier Gelegenheit, öfter das Wort zu ergreifen. Wenn ihr meistens aktiv auf andere zugeht, könnt ihr hier einmal abwarten, was passiert, wenn ihr das nicht tut.

Wenn ein Interaktionsspiel beginnt, versucht, eure Vorstellungen über den Ausgang des Experiments zurückzustellen. Versucht, eure Vorurteile und Prophezeiungen in einen großen Sack zu stecken, den ihr erst nach dem Experiment wieder öffnet. Wer mit der Voraussage startet:„Dabei werde ich nichts lernen" — wird seine negative Voraussage wahrscheinlich bestätigen. Besser ist die Annahme:„Normalerweise lerne ich nicht so schnell, aber vielleicht habe ich hier einmal die Chance, wirklich etwas Neues zu lernen". Ob euch ein Interaktionsspiel etwas bringt, könnte ihr — wie bei jedem Experiment — erst nachträglich feststellen. Ihr könnt hier ebenso eure Gedanken und Ideen aussprechen wie eure Gefühle und Empfindungen. Besonders wichtig sind gefühlsmäßige Reaktionen auf das Verhalten der anderen Teilnehmer, die im Alltag normalerweise nicht angesprochen werden.

Ich selbst werde versuchen, mich anzustrengen, damit wir gemeinsam weiterkommen und auch Spaß an der Sache haben. Ich bin jedoch nur einer und ihr seid viele. Ohne eure Mitwirkung vermag ich wenig; ich kann euch höchstens Vorträge halten, aber ich habe diese Absicht nicht und ich nehme an, daß ihr damit auch nicht zufrieden wärt. Es liegt also auch bei euch, aus dieser Gruppe etwas zu machen. Jeder wird so viel aus der Gruppe gewinnen, wie er selbst bereit ist zu investieren.

Ich vermute, daß die meisten von euch vorsichtig und etwas skeptisch unserer Kooperation entgegensehen. Ich halte diese Einstellung für sehr angebracht, sofern sie mit einer gewissen Neugier verbunden ist. Bitte tut und sagt in der Gruppe nur das, was ihr wirklich wollt. Ihr werdet bemerken, daß das gar nicht so einfach ist.

7.2 GRUNDSÄTZE FÜR DIE ARBEIT

Im folgenden sollen einige Axiome für die Arbeit in interaktionellen Gruppen aufgestellt werden, die für Teilnehmer und Leiter in gleicher Weise wichtig sind. Sie enthalten die wichtigen Grundsätze für Auslegung und Anwendung der anschließend genannten Grundregeln und sollen die Sicherheit jedes Teilnehmers und des Gruppenleiters gewährleisten.

1.Axiom   Jeder ist für sich und für die anderen Teilnehmer verantwortlich.

Dieses Axiom stellt fest, daß jeder Teilnehmer die Verpflichtung hat, sich der Tatsache seiner eigenen Autonomie und Einmaligkeit bewußt zu sein bzw. stärker bewußt zu werden. Damit ist gesagt, daß jeder Teilnehmer für sich selbst entscheidet, wie weit er sich engagiert, exponiert bzw. wann er sich zurückzieht. Jeder entscheidet selbst darüber, wieweit er sich von den Reaktionen anderer beeinflussen lassen will bzw. was er davon als für sich nützlich und wesentlich aufgreifen will. Jeder entscheidet selbst darüber, in welchem Ausmaß und in welchem Tempo er sein menschliches, intellektuelles und emotionales Potential ausdehnen möchte.

Auf der anderen Seite betont das Axiom die Interdependenz jedes Gruppenmitglieds. Interdependent zu sein heißt, daß ich mir bewußt mache, daß ich ohne andere nicht lernen kann und daß andere ohne mich nicht lernen können. Ich realisiere meine Interdependenz in einer Gruppe, indem ich anderen Teilnehmern gut zuhöre und ihre Worte und Signale der Körpersprache aktiv aufnehme. Weiter verhalte ich mich interdependent, indem ich den Lernprozeß anderer dadurch unterstütze, daß ich

- ihre Existenz als Mitglieder dieser Gruppe akzeptiere und respektiere,
- ihr Verhalten konfrontiere, weil ich meine eigenen Reaktionen genau so ernst nehme, wie das Recht des anderen auf Feedback,
- selbst auf Konfrontationen anderer hin mein eigenes Verhalten überprüfe und in Frage stelle.

2.Axiom   Nähe kommt vor Offenheit

Viele Teilnehmer denken zu Unrecht, daß der Sinn interaktioneller Gruppen die Enthüllung aller persönlichen Tatsachen ist. Viel wichtiger ist der Interaktionsstil einer
solchen Gruppe, daß ich nämlich beachtet werde, daß ich angesehen werde, daß mir
zugehört wird. Dadurch bin ich nicht einsam. Nähe ist ein ganz konkretes Gefühl, daß
ich weiß, daß ich etwas zähle und dazugehöre. Ich kann mich einem anderen durchaus
nahefühlen ohne mehr von ihm zu wissen, z.B. allein dadurch, daß ich mich vom Klang
seiner Stimme berühren lasse oder ihm in die Augen blicke.
Die meisten Leute nehmen ihre Masken ganz zu Recht erst dann ab, wenn sie mit Menschen zusammen sind, denen sie sich nahe fühlen.
Es ist daher ganz nutzlos, jemanden gegen seinen Willen zur Offenheit zu zwingen.
Denn wenn ich eine Maske trage, dann ist das in diesem Augenblick mein wirkliches
Gesicht, da ich mich nicht sicher genug fühle, mehr von mir zu zeigen.

3.Axiom   Der Leiter unterstützt die Teilnehmer

Dazu stellt er sicher, daß jeder Teilnehmer sich artikulieren und schweigen kann, wann
immer er möchte und daß er gehört und gesehen wird. Jeder Teilnehmer kann Konfrontationen und Angriffe durch andere ertragen, wenn er wiederum Gelegenheit hat,
auch sich selbst darzustellen und wenn er durch mindestens ein weiteres Gruppenmitglied anerkannt und unterstützt wird. Wenn niemand sonst diese Unterstützung geben
will, dann ist es Sache des Leiters, dem Betreffenden eine Situation zu ersparen, in der
er sich sonst vollständig allein fühlen würde.
Der Leiter hat die Aufgabe, sorgfältig aufzupassen und festzustellen, ob jemand reden
möchte und nicht dazu kommt, ob jemand sich zurückziehen möchte und festgehalten
wird, ob jemand mißverstanden wird und sich nicht klar ausdrücken kann etc.

4.Axiom   Die Interaktion kommt vor der Produktion

Dieses Axiom geht von der Tatsache aus, daß jede Gruppe ihre Aufgabe nur lösen
kann, wenn keine zu großen Spannungen die soziale Struktur belasten und die Interaktionen frei und offen verlaufen. Wenn z.B. in einer aufgabenorientierten Gruppe zwei
Teilnehmer heftig miteinander rivalisieren und sich gegenseitig sabotieren, dann wird
die Aufgabenerfüllung der Gruppe stark beeinträchtigt. Wenn dieses Axiom angewendet wird, wird die Bearbeitung der zwischenmenschlichen Störung situativ den Vorrang
erhalten vor der weiteren Arbeit an der Aufgabe.
Wir können es uns in keiner Gruppe leisten, nur die Aufgabe zu verfolgen, wenn die
Teilnehmer ihre Grundbedürfnisse nach Zugehörigkeit, Einfluß und Geschätztwerden
nicht offen und ausdrücklich befriedigen können. Sonst entsteht hoher innerer Druck,
der sich auf die unmittelbar Beteiligten oder auf Dritte destruktiv auswirkt.

7.3   GRUNDREGELN FÜR INTERAKTIONELLE GRUPPEN

Die folgenden Grundregeln beziehen sich auf wichtige Aspekte der Interaktion in allen Gruppen, so daß der Gruppenleiter prüfen kann, welche Grundregeln er den Teilnehmern seiner konkreten Gruppe besonders ans Herz legen will.
Dazu kann er die einzelnen Regeln nach und nach bei der Arbeit mit der Gruppe einfließen lassen, z.B. immer dann, wenn das von einer Grundregel geforderte Verhalten nicht praktiziert wird. Zusätzlich kann der Gruppenleiter die für die Gruppe ausgewählten Grundregeln jedem Teilnehmer in schriftlicher Form sozusagen als eine Magna Charta seiner Rechte und Pflichten übergeben.

In jedem Fall wird der Gruppenleiter dafür sorgen müssen, daß diese Grundregeln möglichst frühzeitig im Leben der Gruppe bekanntgegeben, erklärt und beherzigt werden. Später werden diese Regeln dann eher zu einer Selbstverständlichkeit, zu einem System von Interaktionsnormen, die eine hohe Kommunikationsmoral der Gruppe ermöglichen. Da viele der in den Grundregeln enthaltenen Anweisungen den üblichen gesellschaftlichen Normen widersprechen, ist es wichtig, daß der Gruppenleiter sicherstellt, daß die Teilnehmer den Sinn dieser Grundregeln verstehen. Zu diesem Zweck kann es nützlich sein, die traditionellen Regeln des Alltags einmal bewußt mit der Gruppe zu formulieren, um die unterschiedlichen Konsequenzen beider Normensysteme zu besprechen (z.B. Interaktionelle Kommunikationsnorm: Sprich per Ich. Alltägliche Kommunikationsnorm: Sprich per Wir - dräng dich nicht vor. etc.).

Die hier zusammengestellten Grundregeln sind sicherlich auch anders zu formulieren, abzuändern und durch andere nützliche Regeln zu ergänzen. In jedem Fall hat der Gruppenleiter, der mit diesen Grundregeln in der Gruppe arbeitet, bereits ein wirkungsvolles Interventionsinstrument in der Hand, das die Interaktionen erheblich verändern und die Arbeit mit Interaktionsspielen wesentlich ergänzen und bereichern kann. Ich halte dies für einen wichtigen Gesichtspunkte besonders für unerfahrene Gruppenleiter, denen ich damit Mut machen möchte.

1.   **Jeder Teilnehmer gehört zur Gruppe, unabhängig davon, wie er selbst augenblicklich denkt, fühlt oder handelt oder was andere ihm gegenüber denken, sagen oder empfinden.**

Diese Regel soll das fundamentale Bedürfnis jedes Teilnehmers, dazuzugehören, sicherstellen. Nur wenn diese Regel respektiert wird, kann eine Gruppe die notwendige Sicherheit geben und kohäsiv werden. Sie ist die beste Versicherung gegen Gruppenspaltung und Cliquenbildung.
Der Gruppenleiter muß immer wieder auf diese Regel aufmerksam machen, weil die Teilnehmer sie häufig vergessen, um unbequeme Gruppenmitglieder innerlich und äußerlich auszuschließen.

2.   **Ich fühle, was ich fühle. Ich denke, was ich denke.**

Diese Regel betont die Autonomie des einzelnen. Niemand kann auch nur annähernd exakt sagen, was in einem anderen vorgeht. Oft vergessen die Teilnehmer das und projizieren ihre Gefühle und Gedanken auf andere und üben sich in der schwarzen Kunst des Gedankenlesens und der Wahrsagerei. Jeder Mensch hat allein Zugang zu seinem inneren Leben und niemand weiß mehr darüber als er selbst..Wenn ich sage, daß mein Herz schmerzt, dann kann niemand sagen, daß das falsch ist.

Diese Regel rechnet damit, daß ein Teilnehmer manchmal durchaus nicht die Wahrheit sagt, entweder, weil er sie nicht kennt, oder weil er sie nicht mitteilen will. Dann habe ich das zu respektieren — ich kann bestenfalls mitteilen:"Ich glaube dir nicht".

3. Kontakt kommt vor Konsensus und Kooperation.

Diese Grundregel betont, daß erst die einfachsten Kommunikationsprozesse funktionieren müssen, bevor so komplizierte Prozesse wie Konsensusfindung und Kooperation gelingen können. Die Teilnehmer jeder Gruppe haben divergierende Bedürfnisse und Vorstellungen von den Gruppenzielen. Sie werden sich schneller und zuverlässiger einigen können, wenn sie zunächst untereinander Kontakt herstellen, um eine vitale gemeinsame Basis zu erhalten, auf der dann auch Konflikte leichter ausgetragen werden und Einigungen erzielt werden können.

4. Ich·versuche, so aufrichtig wie möglich zu kommunizieren.

Diese Grundregel berücksichtigt die Tatsache, daß ich am schnellsten Kontakt zu anderen herstellen kann, wenn ich unverzerrt mitteile, was ich denke und fühle. Besonders wichtig ist diese Grundregel im Blick auf die kulturell unterdrückten positiven oder negativen Gefühlsreaktionen oder im Blick auf ungewöhnliche Ideen und Gedanken.

Durch die Beachtung dieser Grundregel kann das kreative Potential einer Gruppe sehr gesteigert werden.

5. Ich versuche, so realistisch wie möglich zu sein.

Diese Grundregel richtet sich gegen unsere Verteidigungsmechanismen, uns und andere so zu sehen, wie es uns paßt und nicht so, wie wir und andere wirklich sind.

Wenn die Teilnehmer diese Regel beachten, dann tun sie beispielsweise nicht so, als wenn der Gruppenleiter kein Gruppenleiter ist, sondern ein Teilnehmer sei; sie geben auch nicht vor, etwas zu wollen, was sie in Wirklichkeit nicht wollen. Sie machen aus ihrem Herzen keine Mördergrube und aus ihrem Kopf kein Spukschloß im Spessart oder ein Wolkenkuckucksheim.

6. Was ich hier höre und sage, ist vertraulich.

Diese Regel ist umso wichtiger, je offener die Lernprozesse in der Gruppe sind. Sie besagt, daß ich nichts von dem, was andere Teilnehmer in der Gruppe tun oder sagen, Außenstehenden weitererzähle. Ich spreche Dritten gegenüber nur über Dinge, die allein mich betreffen. Ich nenne keine Namen anderer Teilnehmer oder sage nichts, was eine Identifikation anderer Beteiligter ermöglicht. Diese Regel ist besonders wichtig in Organisationen.

7. Ich spreche nicht über andere Teilnehmer, sondern ich rede sie direkt an.

Diese Regel gewährleistet den unmittelbaren kommunikativen Kontakt unter den anwesenden Teilnehmern. Gleichzeitig verbietet sie, über Dritte zu sprechen.

8. **Ich versuche, möglichst gegenwärtig zu sein, indem ich Kontakt zum Hier und Jetzt halte.**

Diese Regel betont die Gegenwart, um zu verhindern, daß eine Gruppe in der Vergangenheit herumstochert und der Krankheit des Historismus verfällt. Sie soll gleichfalls verhindern, daß eine Gruppe nur für die Zukunft plant und sich mit dem Bazillus des Utopismus infiziert. Wenn ich mich mit Vergangenheit und Zukunft beschäftigen will, stelle ich immer den Bezug zur Gegenwart her. Auf diese Weise bleibt die Interaktion der Gruppe lebendig.

9. **Ich spreche per Ich, nicht per Man, Wir oder Es.**

Diese Regel ist die logische Konsequenz des Autonomie-Axioms. Wenn ich per Wir oder per Es spreche (,,Es ärgert mich'' anstatt: ,,Ich ärgere mich''), dann vermeide ich, verantwortlich und engagiert zu kommunizieren.
Diese Regel kann formell am leichtesten in einer Gruppe eingeführt werden und auf erstaunliche Weise verkrustete Kommunikationsstrukturen auflockern und vitalisieren.

1o. **Ich vermeide Generalisierungen.**

Diese Regel ist genauso fruchtbar für lebendige Interaktion wie für eine anspruchsvolle kognitive Arbeit. Je spezifischer ich mich ausdrücke, desto realistischer bin ich.

11. **Ich stelle keine Warum-Fragen, sondern Was-, Wann-Fragen. Sofern es möglich ist, mache ich klare Aussagen. Wenn eine Frage wichtig ist, nenne ich das Motiv für meine Frage.**

Diese Regel berücksichtigt, daß viele Fragen manipulativ und verdeckt kritisch sind. Gleichzeitig sollen Informationsfragen so gestellt werden, daß in der Antwort Fakten enthalten sein können und keine Theorien.

12. **Ich bringe Seitengespräche und den Inhalt wichtiger Gespräche mit Gruppenteilnehmern außerhalb der Sitzungen in die Gruppe zurück.**

Diese Regel soll verhindern, daß die Gruppe fragmentiert und langweilig wird. Seitengespräche während der Sitzungen zerbrechen das Kommunikationssystem der Gruppe.

13. **Ich verzichte auf Drogen und physische Gewalttätigkeit.**

Diese Regel soll sicherstellen, daß kein Teilnehmer in der Gruppe durch Drogen sein Bewußtsein verändert, daß er durch Über- (z.B. Alkohol) oder Unterstimulation (z. B.Tranquilizer) seine Selbstverantwortlichkeit an die Chemie abtritt. Weiter soll sie garantieren, daß kein Teilnehmer physisch verletzt wird. Wenn Teilnehmer z.B. ein physisches Aggressionsspiel ausprobieren, ist die Zustimmung beider wichtig. Absolut ausgeschlossen ist in einer Gruppe aggressives Verhalten durch Schlagen, Treten und Beißen.

14. Ich kann jederzeit NEIN sagen.

Diese Regel garantiert jedem Teilnehmer die freie Dosierung seiner Widerstände und die Ausübung seiner Autonomie. Sie muß von Anfang an ausdrücklich mitgeteilt und immer wieder betont werden.

Der Gruppenleiter kann zu diesem Zweck immer wieder fragen:,,Was willst du jetzt tun? Paßt dir das?'' Die Akzeptierung von Weigerungen ist die beste Möglichkeit, die Experimentierfreude aller Teilnehmer anzuregen.

15. Meine Störungen haben Vorrang. Ich sage von mir aus, wenn ich inner- lich nicht bei der Gruppe bin.

Diese Regel soll die Arbeitsfähigkeit der Gruppe erhalten, die ja nur so stark ist wie ihr schwächstes Glied. Wenn ein Teilnehmer innerlich nicht mitarbeiten will, dann ist das unter Umständen für alle übrigen eine starke intuitiv wahrgenommene Behinderung. Die Störungsbearbeitung wird so erfolgen, wie es angesichts der Situation möglich und sinnvoll ist. Selbst wenn eine Störung so gravierend ist, daß sie nicht bearbeitet werden kann, fühlen sich in der Regel alle bereits dadurch erleichtert, daß die Störung mitge- teilt wurde.

Kapitel 8

INTERVENTIONSREPERTOIRE DES GRUPPENLEITERS

Mit seinen Interventionen greift der Leiter in den Gruppenprozeß ein, damit diese den Teilnehmern helfen, auf bestimmte kritische Aspekte ihres Verhaltens aufmerksam zu werden und sie diese speziellen Verhaltensweisen ändern können. Sinnvoll ist eine Intervention des Gruppenleiters dann, wenn D e f i z i t e in der Interaktion deutlich werden, d.h. wenn die Teilnehmer durch ihr Verhalten eine produktive Entwicklung der sozialen Struktur bzw. eine befriedigende Arbeit an der Gruppenaufgabe gefährden.
Sobald eine Gruppe gut funktioniert, sind Interventionen des Gruppenleiters überflüssig. Solche störungsfreien Perioden sind aus den im vorigen Kapitel angeführten Gründen auch in reifen Gruppen immer wieder begrenzt. Dort wird es jedoch häufiger möglich sein, daß die Teilnehmer durch eigene Interventionen dem Gruppenleiter einen Teil seiner Entstörungsaufgaben abnehmen.

Im einzelnen kann der Gruppenleiter mit seinen Interventionen den Teilnehmern behilflich sein,
—   ihr Wahrnehmungsfeld nach innen und außen zu erweitern,
—   ihr Verständnis für eigenes und fremdes Verhalten zu vertiefen,
—   sich vollständiger, klarer und vielseitiger auszudrücken,
—   besseren Kontakt zu den eigenen Gefühlen zu gewinnen,
—   sich zugehörig und geborgen zu fühlen,
—   die soziale Struktur der Gruppe zu analysieren,
—   konstruktiv an der Gruppenaufgabe zu arbeiten,
—   Gruppenentwicklung und Gruppenprozeß zu verstehen,
—   konstruktiv auf Störungen zu reagieren und
—   alternative Verhaltensweisen auszuprobieren.

Damit sind verschiedene Standard-Z i e l e für Interventionen genannt, die der Gruppenleiter aufgrund seiner Diagnose der Gruppensituation festlegen muß. In der Praxis wird der Gruppenleiter in vielen Fällen nur intuitiv vermuten können, welche inneren Prozesse in einem Teilnehmer oder in einer Gruppe ablaufen. Daher sind alle Interventionen für ihn selbst ein wichtiges diagnostisches Hilfsmittel: Er lernt selbst durch seine Interventionen.

Eine weitere wichtige Entscheidung, die der Gruppenleiter fällen muß, betrifft das Ausmaß an S t r u k t u r i e r u n g einer Intervention. Die Intervention:,,Was fühlst du gerade?'' ist weniger hoch strukturiert als die Aufforderung:,,Wähle drei Teilnehmer aus, die du am wenigsten kennst, und sage   jedem, auf welche Weise du ihn bisher vermieden hast.''
Gerade die einfach strukturierten Interventionsfragen des Gruppenleiters, die das Bewußtsein der Teilnehmer auf bestimmte Punkte ihres inneren und äußeren Verhaltens konzentrieren, sind für das Lernen unentbehrlich. Sie sind in der Regel auch weniger belastend für den einzelnen als Aufforderungen, ein komplizierter strukturiertes Experiment zu versuchen.

Einen weiteren wichtigen Gesichtspunkt für die Beurteilung einer Intervention gibt ihr B e k a n n t h e i t s g r a d ab. Den Teilnehmern gut bekannte Interventionen sind manchmal weniger wirksam als überraschende Interventionen.

Der Z e i t b e d a r f einer Intervention ist der nächste wichtige Faktor, den der Gruppenleiter zu berücksichtigen hat. Je erfahrener der Gruppenleiter ist, desto besser kann er zeitintensive kurze und zeitextensive Interventionen mischen, wie sie jeweils zur konkreten Arbeitssituation der Gruppe passen.

Besonders wichtig ist weiter die Entscheidung über den F o k u s der Intervention. Geübte Gruppenleiter werden immer einen Ausgleich zwischen Einzelinterventionen, welche einem bzw. einigen Teilnehmern gelten, und Gesamtinterventionen, die der gesamten Gruppe gelten, anstreben.

Weiterhin muß der Gruppenleiter die I n t e r v e n t i o n s t i e f e bedenken; dabei können sich seine Interventionen auf sichtbares Verhalten der Teilnehmer (Ober-flächenschicht) oder auf unsichtbare innere Prozesse (Tiefenschicht) beziehen, die vom Gruppenleiter nur auf der Basis seiner Kenntnisse vom seelischen Verhalten erschlossen bzw. vermutet werden können. Es ist klar, daß Interventionen in der Tiefenschicht in der Regel mehr Verständnis und Feingefühl vom Gruppenleiter erfordern als solche in der Oberflächenschicht.

Eine besonders wichtige Entscheidung muß der Gruppenleiter im Zusammenhang mit der E n t - b z w. B e l a s t u n g der Teilnehmer durch eine Intervention treffen. Manche Interventionen bringen eine sofortige Erleichterung, andere führen zunächst zu einem mittleren Streß, noch andere rufen vielleicht Ärger und Frustration hervor.

Schließlich muß der Gruppenleiter auch die I n t e r v e n t i o n s h ä u f i g k e i t be-denken. Wenn er zu oft interveniert, nimmt er der Gruppe unter Umständen wichtige Aufgaben ab, die durchaus von einzelnen Teilnehmern geleistet werden könnten. Ein selbstbewußter Gruppenleiter wird die Teilnehmer ermutigen, möglichst viele der Gruppenprobleme selbst aufzugreifen.

Der Interventionsstil eines Gruppenleiters ergibt sich vor allem daraus, welche Ziele er für seine Interventionen auswählt, wieweit er den Fokus auf einzelne Teilnehmer oder die ganze Gruppe richtet, welche Belastung bzw. Entlastung er für die Teilnehmer an-strebt und wie oft er interveniert (vgl. die Ausführungen unter 1.3 und 3.1).

8.1   KURZVE INTERVENTIONSTECHNIKEN

Im folgenden sollen modellhaft verschiedene kurze und häufig benötigte Interventio-nen beschrieben werden, die der Gruppenleiter im Zusammenhang mit verschiedenen Gruppensituationen für wichtige Standardziele verwenden kann. Wichtig ist, daß der Gruppenleiter die Struktur dieser Interventionen erkennt und versteht und daß er sich anregen läßt, hier und da mit ähnlichen Interventionen zu experimentieren.

1. Ziel   **Wahrnehmen eigenen und fremden Verhaltens**

Hier geht es vor allem darum, daß die Teilnehmer genauer sehen und hören, um die
Signale der Körpersprache bewußt aufzunehmen und in den Interaktionsprozeß einzubeziehen.

> Achte auf deinen Fuß. Was tut dein Fuß?... Was sagt uns dein Fuß? — Achte auf
> deine rechte Hand. Was tut deine rechte Hand? — Wo hast du deine Augen? Was
> siehst du gerade?... Willst du versuchen, Michael anzuschauen? — Achte auf deine
> Stimme. Wie klingt sie?... Was teilt uns der Klang deiner Stimme mit? — Was sagt
> dir die Stimme von Peter? Wie klingt sie? Was ist ihre Botschaft an dich? —
> Ich sehe deine gekreuzten Arme vor der Brust. Was sagen sie uns? — Wie sitzt du,
> wenn du dich behaglich fühlst? — Schaut euch in der Gruppe um und bemerkt,
> wie die einzelnen Teilnehmer sitzen und was ihre Körperhaltung ausdrückt. —
> Welche Signale sendet euch die Körpersprache von Juliette? — Wie stehen die
> Stühle in unserem Kreis? — Wer sitzt zur Zeit wem gegenüber? —

2. Ziel   **Wahrnehmen eigener Gefühle**

Hier richtet der Gruppenleiter die Aufmerksamkeit der Teilnehmer auf ihre augenblicklichen Gefühle, und er regt sie an, diese Gefühle in Worten auszudrücken. Die
meisten Interventionen beziehen sich auf körperliche Symptome, da wir Gefühle deutlich nur in unserem Körper spüren können und zwar als spezifische Vorgänge in unserer Muskulatur, Haut, in unseren Blutgefäßen etc. Der Gruppenleiter sollte in geeigneten Abständen die Teilnehmer immer wieder auf ihren Körper aufmerksam machen:
Nur wer Kontakt zu seinem eigenen Körper hat, kann psychologisch ergiebig Kontakt
zu seinen Interaktionspartnern halten.

> Was empfindest du gerade? — Was empfindest du körperlich? — Wie fühlt sich
> dein Magen an? — Schließt alle die Augen und überprüft die Signale, die euer
> Körper euch gibt. Was empfindet ihr im Augenblick? — Wie fühltest du dich, als
> Hans dich unterbrach? Hast du eine körperliche Reaktion bemerkt? — Magst du
> uns etwas über deine Stimmung sagen? — Ich möchte mit euch über eure augen-
> blicklichen Empfindungen sprechen. Versucht, einen Augenblick lang euren
> Computer abzuschalten. - Wie reagiert dein Kopf? Und was sagt dein Herz? —
> Wir haben ziemlich lange theoretisch gesprochen. Welche Gefühle gibt es nun
> hier im Raum? — Was würdest du jetzt am liebsten tun? — Wenn jeder seine
> Stimmung durch eine Farbe ausdrücken würde, welche wäre das für dich? —
> Ich möchte, daß jeder durch einen Ton oder ein Geräusch ausdrückt, was er ge-
> rade empfindet. — Kann es sein, daß du dich gerade allein fühlst? — Kannst du
> es dir gestatten, hier zu weinen? — Versuche, das Gefühl nicht gleich zu verja-
> gen. — Fühltest du etwas, als Christina eben sprach? — Die Gruppe geht ihrem
> Ende entgegen. Überprüft, welche Reaktionen, freundliche und unfreundliche,
> ihr noch ausdrücken wollt, damit sie auch auf dem Heimweg nicht im Magen
> liegen. — Gibt es in der Gruppe Gefühle, die ihr noch nicht ausgedrückt habt?

3. Ziel   **Geben und Nehmen von Feedback**

Hier regt der Gruppenleiter den Austausch von Reaktionen , Beobachtungen und Gefühlen im Blick auf das Verhalten der Teilnehmer in der Gruppe an. Auf diese Weise
soll die Kontaktfähigkeit der Gruppenmitglieder verbessert werden. Besonders wenn
ein Teilnehmer an einem persönlichen Problem gearbeitet oder eine wichtige persönliche Erfahrung mitgeteilt hat, sollte der Gruppenleiter versuchen, die Gruppe als

Ganzes zu beteiligen, indem er die Teilnehmer auffordert, ihre persönlichen Reaktionen mitzuteilen. Diese Feedbacks sind häufig von großer Bedeutung für den Teilnehmer, der gerade im Mittelpunkt stand und auf diese Weise erfährt, daß er mit seinen Problemen nicht allein ist etc. Die Teilnehmer, die sich dazu äußern, teilen andererseits oft Dinge mit, die sie vorher nicht gesagt haben und tragen dadurch zu weiterer Offenheit bei.

Wer möchte auf das, was Christine uns erzählt hat, reagieren? Was waren eure Empfindungen dabei, was ist euch durch den Kopf gegangen? — Gibt es unter uns Gruppenmitglieder, die sich durch Martins Erfahrungen besonders angesprochen fühlen? Ich könnte mir vorstellen, daß eine Reihe von Teilnehmern schon ähnliche Erfahrungen gemacht hat und ähnliche Probleme hat. — Wie findest du heraus, wie du auf andere wirkst? Weißt du, wie du im Augenblick auf Cornelia wirkst? — Hast du gehört, was ich dir sagen möchte? — Würdest du gern erfahren, was andere Teilnehmer über dich im Moment denken und empfinden? — Könnt ihr Stephan und Tobias helfen und ihnen sagen, was ihr beobachtet habt? — Was fällt euch auf, wenn Hanna und Martina miteinander sprechen? — Wer möchte noch hören, wie er auf andere gewirkt hat? — Ich habe viele kritische Bemerkungen im Blick auf Ursula gehört. Gibt es jemanden, der ihr auch etwas Positives zu sagen hat? — Ich möchte, daß jeder Peter eine positive Sache sagt, ohne ihm zu schmeicheln. Ich denke, er kann das brauchen. — Ich bemerke, daß du jede Reaktion anderer Teilnehmer kommentierst. Ich schlage dir vor, erst einmal alle Äußerungen kommentarlos anzuhören. — Du hast nicht auf das reagiert, was Ferdinand dir sagt. Magst du Ferdinand sagen, welche Reaktionen seine Bemerkung bei dir ausgelöst hat? — Ich freue mich, daß du uns deine Befürchtung so schnell und klar gesagt hast. Und ich ärgere mich über dich, daß du pausenlos auf Ina herumhackst.

4.Ziel   Kognitive Orientierung gewinnen

Hier hilft der Gruppenleiter den Teilnehmern, eigenes Verhalten und wichtige Aspekte der Interaktion zu verstehen und in einen kognitiven Bezugsrahmen zu bringen.

Was hast du gerade gelernt? Kannst du das mit eigenen Worten formulieren? — Kann es sein, daß du auf Brigittes Perfektionismus so allergisch reagierst, weil das auch für dich ein Problem ist? — Ich habe den Eindruck, daß Senta im Gespräch mit Melanie die Rolle des kritischen Elternteils übernommen hat und Melanie die Rolle des maulenden Kindes. — Kann es sein, Wolfgang, daß du Ute Gefühle entgegenbringst, die du eigentlich deiner Mutter gegenüber empfindest? Willst du versuchen, zwischen Ute und deiner Mutter zu unterscheiden ? — Marlies, du stellst pausenlos Fragen, ich habe den Eindruck, daß du dir nicht gestattest, deine Kritik offen auszudrücken. — Oliver, du sagst, daß du Angst vor Marianne hast. Willst du dir bewußt machen, wie weit du auch von ihr angezogen bist? — Gibt es Situationen, wo du ähnlich reagierst? — Du sagst, du fühlst dich hier überflüssig. Kennst du dieses Gefühl aus der Vergangenheit? — Du sagst, niemand hört dir zu. Wann hast du diesen Satz das erste Mal gesagt? — Ich bemerke, daß du Arme und Beine kreuzt. Ich habe den Eindruck, daß du dich sehr verschließt. Magst du dich etwas öffnen? — Ich stelle fest, daß du sehr viel leiser sprichst, wenn du einen Mann anredest, als wenn du mit einer Frau sprichst. — Ich habe den Eindruck, daß du es dir nicht gestattest, hier eigene Wünsche anzumelden. — Ich denke, daß du alles sehr genau machen mußt. Du darfst dir einfach keine Fehler leisten. Ist etwas Wahres daran? — Du sagst, Peter sei arrogant. Experimentiere mit diesem Satz und wiederhole ihn versuchsweise in der Ich-Form. Gibt diese Version auch einen Sinn? — Verstehst du jetzt, warum du Frauen gegenüber so mißtrauisch bist? — Kannst du ein Motto über dein Leben schreiben? Wie heißt es? — Ich habe den Eindruck, daß du dir überlegst, was du mir sagen sollst, damit du ja das Richtige sagst. Stimmt das? — Du wartest immer lange ab, bis du gewählt wirst. Welchen Vorteil hast du dadurch? Welchen Nachteil?

5.Ziel   Experimentieren mit alternativen Verhaltensweisen

Hier fordert der Gruppenleiter die Teilnehmer auf, aktiv mit ihrem Verhalten zu experimentieren. Auf diese Weise kann der einzelne neue Einsichten gewinnen und sein Verhaltensrepertoire erweitern. Es handelt sich dabei sozusagen um miniaturisierte Interaktionsspiele, die für die gegebene Situation konstruiert werden. Dabei sollen nach Möglichkeit spezifische Einstellungen und Haltungen im Blick auf das Selbst in verbale oder physische Interaktion mit der Gruppe übersetzt werden.

Michael, du sagst der ganzen Gruppe, daß du Angst hast. Magst du diesen Satz drei Leuten deiner Wahl sagen? — Miriam, du sprichst fast immer per Man. Magst du 1o Sätze erfinden, die du alle in der Ich-Form sagst? — Otto, Gerd und Karin, ihr scheint mir mit jedem Beitrag starken Pessimismus auszudrücken. Seid ihr bereit, euch in der Mitte zu einem Club der Pessimisten zu finden und pausenlos pessimistische Reden zu halten? — Gerlinde, du blickst auf den Boden, wenn du sprichst. Kannst du ein paar Sätze zum Teppichboden sprechen? — Pierre, du sagst, es gibt hier Leute, die nicht kooperationsbereit sind. Bist du bereit, diese Botschaft den betreffenden Teilnehmern direkt mitzuteilen? — Corinna, du hältst deine Hände hinter den Stuhl. Magst du einigen Teilnehmern deine Hände zeigen? — Tamara, du sagst, du kannst mich nicht begreifen. Ich schlage dir vor, daß du die Probe aufs Exempel machst. Nimm deinen Satz wörtlich und versuche, ob du mich be-greifen kannst. Wie geht das? — Jürgen, ich bemerke, daß du lange Reden hältst. Ich schlage dir vor, so lange zur Gruppe zu reden, wie du kannst und dabei auf deine Gefühle zu achten. — Christoph und Dieter, ihr führt keinen Dialog, sondern ihr sprecht abwechselnd Leitartikel. Unterhaltet euch einmal so, daß jeder pro Beitrag nur einen kurzen Hauptsatz benutzt. — Johanna, du sagst, daß du dich über mich ärgerst. Kannst du versuchen herauszufinden, welche Forderung du mir gern stellen würdest? — Miriam, du sagst, die Gruppe ist zu groß. Reduziere die Gruppengröße dadurch, daß du nur so viele Teilnehmer im Kreis sitzen läßt, wie dir behaglich ist. Stelle die anderen an die Seite.

6.Ziel   Sicherheit und Unterstützung erhalten

Mit diesen Interventionen versucht der Gruppenleiter, das Vertrauen der Teilnehmer zu sich und zur Gruppe zu stärken, so daß sich der einzelne akzeptiert fühlen kann. Ich habe den Eindruck, daß wir starken Druck auf Gregor ausüben, mehr zu sagen, als er im Augenblick bereit ist. — Ich denke, daß viele Teilnehmer sich hier noch unsicher fühlen. Wie empfindet ihr das Vertrauensklima in unserer Gruppe? — Ich habe den Eindruck, Maria, daß du von Silvia verlangst, daß sie sich ändert. Bist du bereit, ihre augenblickliche Stimmung zu akzeptieren? — Welche Qualitäten sollte unsere Gruppe haben, damit ihr euch wohler fühlen könnt? — Wen hat jeder von uns in den letzten dreißig Minuten am wenigsten beachtet und übersehen? — Ist es dir recht, Gabi, daß du jetzt im Mittelpunkt der Aufmerksamkeit stehst? — Ich habe den   Eindruck, daß Hans einen Sack voll Kritik bekommen hat. Wer ist bereit, ihm aufrichtig etwas Positives zu sagen? – Ich vermute, Heinz fühlt sich zur Zeit besonders einsam in unserem Kreis. Ich schlage vor, daß - wer immer dazu bereit ist - jemand Heinz auf symbolische Weise ein Geschenk macht. – Was könnte ich anders machen, damit ihr euch hier wohler fühlen könnt?

7.Ziel   Gruppenprozesse analysieren

Hier regt der Gruppenleiter die Teilnehmer an, die Interaktionsprozesse in der Gruppe im Bereich der sozialen Struktur und der Gruppenaufgabe zu untersuchen. Das ist besonders wichtig für alle die Teilnehmer, die nie gelernt haben, über soziale Daten zu sprechen und sie vernünftig zu veurteilen. Am besten macht der Gruppenleiter die kurze, fünf- bis zehnminütige Analyse des Gruppenprozesses zu einem festen Bestandteil der Gruppenarbeit, damit jeder lernt, sich, die anderen und die Aufgabe gleichmäßig im Auge zu haben.

Was passiert im Augenblick in der Gruppe?... Was bedeutet das? – Wie werden hier Entscheidungen getroffen?... Ich schlage vor, daß wir gemeinsam untersuchen, wie die eben getroffene Entscheidung zustande kam. – Wir diskutieren offiziell über das Thema ,,Urlaubsregelung''. Kann jemand eine geheime Überschrift herausfinden, die wir ebensogut über unsere Diskussion schreiben könnten? – Was bedeutet euer Schweigen? – Welche Befürchtung gibt es im Augenblick in der Gruppe? – Was wird hier nicht gesagt? – Ich möchte euch fragen, ob ihr wirklich das tut, was ihr wollt? – Ehe wir diese Sitzung beenden, möchte ich euch auffordern, darüber zu sprechen, was wir heute abend getan haben und welche Gefühle jeder daraufhin hat. – Wieviele Parteien haben wir hier gerade? – Wie ist das Verhältnis zwischen alten und neuen Teilnehmern hier? – Wie ist das Klima zwischen den Frauen und Männern in dieser Gruppe? – Wer kann sich eurer Meinung nach hier am wenigsten entfalten? – Wer wird eurer Meinung nach hier am ehesten übergangen? – Welche geheimen Bedürfnisse gibt es hier? – Was sind die gewichtigsten Normen in der Gruppe? – Ich höre ein spezifisches Gruppenthema:"Hier darf ich keinen Ärger dem Gruppenleiter gegenüber äußern''. Ich möchte, daß sich alle Teilnehmer, die sich davon betroffen fühlen, in die Mitte setzen und darüber sprechen. – Ich denke, daß Monikas Bemerkung sehr bedeutsam für die Gruppe ist. – Es könnte sich für euch lohnen, ein paar Minuten darüber zu sprechen, was gerade geschehen ist. Hat jemand eine Idee? –

8.Ziel   Umgang mit Störungen

Hier interveniert der Gruppenleiter, weil bestimmte Ereignisse in der Gruppe ihn selbst bei seiner Tätigkeit irritieren oder funktionsunfähig machen bzw. weil der Gruppenleiter der Meinung ist, daß ein bestimmtes Mitglied oder die ganze Gruppe gestört ist.

Ich bin jetzt irritiert, weil Peter und Julia ein Seitengespräch führen. Seid ihr bereit, uns mitzuteilen, worum es geht? – Nachdem ich das Thema der Sitzung formuliert habe, ist eine lange Pause entstanden. Was bedeutet euer Schweigen? – Ich weiß im Augenblick nicht, was in der Gruppe vorgeht. Um mich orientieren zu können, schlage ich ein Blitzlicht vor. (IAS Nr.34) – Bitte stellt euch in zwei räumlich getrennte Teilgruppen auf. In der einen Gruppe stehen Leute, die zur Zeit 8o und mehr Prozent ihrer Energie auf die Gruppenaufgabe konzentrieren. In der anderen Gruppe sammeln sich die Teilnehmer, die weniger als 8o % ihrer Energie im Augenblick in unsere gemeinsame Aktivität investieren. - Du sagst, daß du keine Lust hast, jetzt teilzunehmen. Wer und was paßt dir nicht? — Gibt es jemanden, der gerade sehr beunruhigt ist? — Bitte laßt Magda allein hinausgehen. Ich denke, sie möchte jetzt bewußt allein sein und sie hat ein Recht darauf. Ihr könnt ihr später mitteilen, daß ihr sie vermißt habt und daß sie für euch zählt. - Ich bemerke, daß viel Angst in der Gruppe ist. Laßt uns gemeinsam phantasieren, was alles Schreckliches passieren kann. Ich fange an: Ihr könnt euch weigern, mit mir zu kooperieren und dann könnte ich befürchten, daß ich ein inkompetenter Gruppenleiter bin.. — Ich möchte, daß jeder in einem Rundgang sagt, wie weit er gerade gestört ist. — Ich bemerke, daß die Diskussion des Themas sehr theoretisch wird. Gibt es irgendwelche spezifischen Schwierigkeiten für euch? — Was wollt ihr dadurch ausdrücken, daß ihr zu den letzten Sitzungen ein paar Minuten zu spät kamt? — Carmen, du sprichst so leise, daß ich dich akustisch nicht verstehen kann. — Wer hat in der letzten halben Stunde Ärger heruntergeschluckt ? —

9.Ziel   Themen- und aufgabenzentriertes Arbeiten

Hier versucht der Gruppenleiter, eine optimale Balance zwischen den Sachansprüchen des Themas bzw. der Aufgabe und der persönlichen Situation der Teilnehmer zu erreichen.

Bisher haben Erich, Felix und Rolf ihre Auffassung ziemlich übereinstimmend ausgedrückt. Ich habe verstanden, daß sie folgendes meinen... Welche anderen Auffassungen gibt es? — Xaver, ich bin nicht sicher, daß du genau verstanden hast, was Uli gesagt hat. Versuche doch bitte, Ulis Beitrag mit eigenen Worten zu wiederholen. — Du sagst, daß Sozialarbeiter auch härter gegen ihre Klienten sein müssen. Welche persönlichen Erfahrungen bewegen dich zu diesem Standpunkt? — Ich bemerke eine Polarisierung unserer Problemlösung. Ich möchte gern, daß sich die Befürworter der Lösung A auf die rechte Seite und die Befürwörter der Lösung B auf die linke Seite des Raumes zusammenstellen, so daß wir sehen können, wer zur Zeit was denkt. — Wir sprechen nun schon lange Zeit über Probleme mit Autoritäten. Wie sehen unsere eigenen Autoritätsprobleme in dieser Gruppe gerade aus? ... Wen erlebt jeder zur Zeit gerade als eine Autorität? — Ich habe den Eindruck, daß die letzten Beiträge vom Thema wegführen. Bitte kommt wieder zum Thema zurück. — Wer von euch hat verstanden, was Franz meint? Kann jemand Franz' Beitrag mit eigenen Worten ausdrücken? — Was kann jeder von der Position der in diesem Punkt Andersdenkenden übernehmen? — Bitte bewertet nicht sogleich die Beiträge der anderen im Sinne von richtig oder falsch, sondern teilt mit, was ihr selbst denkt. — Welche Aspekte des Themas haben wir vermieden? — Mit welchen persönlichen Konsequenzen muß jeder Teilnehmer rechnen, wenn wir Lösung A annehmen? — Ich möchte unser Thema für die Diskussion so formulieren... Ich schlage vor, daß jeder zwei Minuten lang schweigt, das Thema in sich aufnimmt und sich alle Assoziationen dazu bewußt macht. — Ich möchte einige eigene Erfahrungen mit unserem Problem berichten. — Ich bemerke, daß ihr eine Grundsatzdiskussion anfangt, und ich vermute, daß ihr auf diese Weise der Entscheidung über die Zusammensetzung der Arbeitsgruppe ausweicht. -

1o.Ziel   **Ausdruck eigener Reaktionen des Gruppenleiters**

Hier teilt der Gruppenleiter einzelnen Teilnehmern oder der Gruppe mit, was er selbst empfindet oder denkt.

> Ich bin beeindruckt von deinem Mut, uns das zu sagen. — Ich bemerke, daß mein Magen seit etwa fünf Minuten sehr drückt. — Ich reagiere ungeduldig, wenn du, Miriam, pausenlos redest. — Ich habe keine Lust, mich furchtbar anzustrengen, nur weil du, Carmen, so leise sprichst. - Ich bin sehr erleichtert, daß ihr endlich sagt, was euch stört. — Oskar, deine langen und gelehrten Reden beeindrucken mich wenig. — Die Gruppenaufgabe ist es nicht, daß einzelne ihren Computer vorführen, sondern daß wir eine gemeinsame Aufgabe lösen. — Wenn du so langsam und tonlos sprichst, kämpfe ich gegen das Einschlafen. — Ich empfinde Arroganz nicht als Laster. Ich bin selbst manchmal arrogant und genieße das sogar. — Als ich anfing, Gruppen zu leiten, war ich sehr aufgeregt. Ich versuchte, alles zu tun, um keine Fehler zu machen. Heute weiß ich, daß Fehler unvermeidlich sind. — Ich nehme in Kauf, daß ich es nicht allen recht machen kann. — Ich passe immer noch sehr auf in dieser Gruppe. Mein Radarsystem arbeitet auf vollen Touren. Ich fühle mich unsicher. — Ich möchte, daß du mir möglichst klar sagst, was du von mir willst.

8.2   KLASSISCHE INTERVENTIONSTECHNIKEN FÜR EINZELNE TEILNEHMER

Im folgenden sollen einige als klassisch zu bezeichnende Interventionstechniken kurz beschrieben werden, deren Fokus auf einen oder zwei Teilnehmer gerichtet ist. Im Unterschied zu den vorher beschriebenen Interventionen ist hier das Ausmaß an Strukturierung in der Regel höher.

Die beschriebenen Experimente haben sich in den verschiedensten Gruppen bewährt, um einzelnen Teilnehmern zu helfen, spezifische Interaktionsprobleme besser zu verstehen und aufzulösen. Einige von ihnen können zur Bearbeitung von akuten Störungen zwischen zwei Teilnehmern verwendet werden. Voraussetzung ist jedoch, daß die Gruppe sich auf solche Experimente bereits eingestellt hat und daß genügend Vertrauen zum Gruppenleiter, den übrigen Teilnehmern und zu diesem Lernstil vorhanden ist. Die Experimente können in der beschriebenen Form erprobt und auch - nach Talent, Kenntnissen und Phantasie des Gruppenleiters - modifiziert und so den spezifischen Bedürfnissen der Teilnehmer genauer angepaßt werden.

Am besten schlägt der Gruppenleiter eines dieser Experimente vor, wenn der betreffende Teilnehmer ein akutes Problem hat, das er selbst aktiv lösen m ö c h t e . Wenn ein Teilnehmer wenig Interesse hat, eine Schwierigkeit konstruktiv zu bearbeiten, dann ist es meistens verlorene Liebesmüh, auf eine der angegebenen Weisen zu intervenieren. Daher ist es besser, wenn der Gruppenleiter den Teilnehmer vorher fragt:,,Ich bemerke diese Schwierigkeit. Bist du daran interessiert, dein Problem näher zu erforschen und etwas zu experimentieren? Vielleicht kann dir mein Vorschlag nützlich sein. Ich kann dir allerdings keine Garantie geben, daß wir beide Erfolg damit haben werden.''

Wenn ein Teilnehmer nur sehr zögernd das Angebot annimmt, dann sollte der Gruppenleiter versuchen, mit dem Teilnehmer die Ambivalenz näher zu erforschen. Was spricht dafür, daß ich experimentiere, was spricht dagegen? Auf keinen Fall sollte der Gruppenleiter den Teilnehmer überreden, ein solches Experiment auszuprobieren. Denn sobald der Gruppenleiter einen Teilnehmer zu etwas überredet, wird er selbst abhängig von den unbewußten Manipulationsstrategien des Teilnehmers.

Eine weitere Gefahr besteht dann, wenn der Gruppenleiter diese Experimente zu oft und an der falschen Stelle vorschlägt. Dann kann die Gruppe von solchen Interventionen abhängig werden, so daß die Teilnehmer sich selbst nicht mehr genügend anstrengen. Daneben spielt auch der Zweck der Gruppe eine große Rolle. In einer Gruppe, die der Persönlichkeitsentwicklung dient, sind wahrscheinlich mehr von diesen Interventionen sinnvoll als in einem Teamtraining.

Schließlich muß der Gruppenleiter sorgsam darauf achten, welche Interaktionsschwierigkeiten eines Teilnehmers sein Anknüpfungspunkt für das Experiment sind. Er muß sich dabei im Klaren sein, daß jedes beobachtbare Verhalten eines Teilnehmers mit so unterschiedlichen inneren Prozessen verbunden sein kann, daß sehr oft zunächst eine genaue Diagnose der inneren Probleme unmöglich ist. Wenn z.B. zwischen zwei Teilnehmern Spannungen bestehen, kann das ebensogut an realen Konflikten liegen wie an komplizierten Übertragungsprozessen, wo A den B an seinen strengen Vater und B den A an seinen älteren Bruder erinnert etc. Daher sollte der Gruppenleiter bei aller Sorgfalt in der Diagnose für sich in Anspruch nehmen, mit der vorgeschlagenen Interventionstechnik tatsächlich ein Experiment anzuregen, dessen Fort- und Ausgang offen ist. Das Experiment kann im Blick auf das Ausgangsproblem viel, wenig oder gar nicht helfen. Wenn dabei nichts Wichtiges geschieht, sollte der Gruppenleiter so frei sein, das Experiment abzubrechen und zugeben, daß er steckengeblieben ist. Ein geübter Gruppenleiter wird dann unter Umständen das Experiment abwandeln oder durch ein anderes weiterführendes Experiment das Ausgangsproblem weiter bearbeiten.

Bei allen folgenden Interventionstechniken sollte der Gruppenleiter jedoch selbst Erfahrungen als Teilnehmer in einer interaktionellen Gruppe gemacht haben, um das notwendige Fingerspitzengefühl und Verständnis dafür zu besitzen. Der experimentelle Charakter dieser Interventionshilfen ist kein Freibrief für leichtsinnigen und unreflektierten Umgang mit diesen Werkzeugen.

TECHNIK DES RUNDGANGS

Diese Technik ist besonders für Beziehungsklärungen geeignet. Der Gruppenleiter kann die Teilnehmer mit dieser technischen Hilfe dazu bewegen, Verallgemeinerungen über innere Einstellungen spezifisch darzustellen und zu überprüfen. Innere Impulse werden auf diese Weise klarer und das Selbstgefühl des Betreffenden wird gestärkt.
Wenn ein Teilnehmer z.B. sagt:"Jeder ist hier gegen mich", dann kann der Gruppenleiter den Betreffenden auffordern, im Kreis herumzugehen, vor jedem Teilnehmer kurz stehenzubleiben, ihn anzuschauen und dann den Satz zu sagen und zu beenden: „Du bist gegen mich, indem du...(bzw... wenn du...)".
Ein anderer Teilnehmer kann aufgefordert werden, einen als problematisch empfundenen Verhaltenszug zu übertreiben. Dazu fordert der Gruppenleiter z.B. ein Gruppenmitglied, das sich darüber beklagt, anderen wenig Vertrauen schenken zu können, auf, herumzugehen und sich in extrem mißtrauischer Weise jedem Teilnehmer gegenüber zu verhalten. Wenn sich dieser Teilnehmer nun seiner verschiedenen Reaktionen auf unterschiedliche Gruppenmitglieder bewußt wird, kann er sich klarer darüber werden, in welchen Situationen und bei welchen Menschen er mißtrauisch reagiert, und er kann

sein mißtrauisches Verhalten durch diese Übertreibung besser verstehen und kontrollieren. Andererseits kann der Gruppenleiter einen Teilnehmer auffordern, eine Einstellung auszuagieren, die von der Gruppe beobachtet worden ist, und die ihm selbst nicht
klar ist. So kann er einen Teilnehmer, der als dominant empfunden wird und das nicht
wahrnimmt, auffordern, sich jedem Gruppenmitglied gegenüber auf dominante Weise
zu verhalten. Wenn der Betreffende das bewußt versucht, kann er leichter diejenigen
Elemente in seinem Verhalten identifizieren, die von den anderen als dominant erlebt
werden.

Das Herumgehen hat die Funktion, den betreffenden Teilnehmer in intensiveren Kontakt zu anderen zu bringen und das Experiment gefühlsmäßig intensiver zu gestalten.
Da manche Teilnehmer sehr lange zu einem Rundgang brauchen, kann der Gruppenleiter ihn auch auffordern, einen bestimmten Satz drei- oder viermal zu sagen, oder einzelne Teilnehmer auszusuchen, denen er einen bestimmten Satz sagen möchte.
Eine andere, offenere Variante ist es, den Teilnehmer aufzufordern, herumzugehen
und

- jedem Teilnehmer einen Satz eigener Wahl zu sagen,
- jedem Teilnehmer nur ein Wort zu sagen,
- jeden Teilnehmer auf spezifische Weise zu berühren,
- jeden Teilnehmer durch einen Ton oder durch ein Geräusch zu begrüs-
  sen.

In allen Fällen reagieren die übrigen Teilnehmer erst hinterher, so daß die gewonnenen
Eindrücke und entstehenden Reaktionen ausgetauscht werden können. Unausweichlich
kommen charakteristische Beziehungsaspekte der Zentralperson zu den verschiedenen
Teilnehmern dabei heraus.

Bei einer weiteren Variante dieses Arrangements geht der Betreffende selbst herum
und gibt den Teilnehmern Gelegenheit, auf ihn zu reagieren. Wenn der Teilnehmer zum
Beispiel das Problem präsentiert hat:"Niemand glaubt mir" , kann der Gruppenleiter
ihn auffordern, herumzugehen und von jedem den Satz entgegenzunehmen:"Ich
glaube dir" bzw.:,,Ich glaube dir nicht". Diese rezeptive Variante ist allerdings vor allem für Teilnehmer geeignet, die häufiges Reden als Abwehrmechanismus einsetzen.

Im Ganzen sollten hier die positiven Kräfte und Stärken des Betreffenden betont werden, der den Rundgang macht. Besonders bewährt sind folgende kleine Aufgaben:

- ● Teile jedem Teilnehmer eine deiner persönlichen Stärken mit.
- ● Gehe zu jedem Teilnehmer und beende den folgenden Satz:
- Ich möchte, daß du mich respektierst, weil ich ...
- Ich mag nicht, wenn du...
- Ich ärgere mich, wenn du...
- Du gefällst mir, wenn du...
- Ich möchte von dir, daß du ...
- Ich vermeide dich, indem ich...
- Du vermeidest mich, wenn du...

ROLLENSPIEL

Von allen Interventionstechniken dürfte Rollenspiel die nützlichste und anpassungs-
fähigste sein. Dabei kann im Rollenspiel die Interaktion zwischen zwei Teilnehmern
der Gruppe abgeklärt werden oder die Interaktion zwischen einem Teilnehmer und ei-

ner physisch nicht anwesenden Person, die durch einen anderen Teilnehmer gespielt wird, oder die Interaktion von zwei im inneren Konflikt befindlichen Aspekten der Persönlichkeit eines Teilnehmers. Der besondere Wert des Rollenspiels liegt darin, daß komplexe Interaktionsabläufe reproduzierbar und exploriert werden können, wobei einmal die beteiligten Spieler durch ihre Aktion selbst Erfahrungen und Einsichten gewinnen können, wobei andererseits die übrigen Teilnehmer als griechischer Chor nachher ihre Beobachtungen mitteilen können, welche oft blinde Flecke in der Selbstwahrnehmung der Teilnehmer aufhellen.

● **Rollenwechsel**
Wenn zwischen zwei Gruppenmitgliedern ein unübersichtlicher und schwieriger Konflikt besteht, kann der Gruppenleiter die beiden auffordern, sich in der Mitte des Kreises auf zwei einander gegenüberstehende Stühle zu setzen und dort ihre Schwierigkeiten miteinander zu besprechen. Die übrigen Teilnehmer sind Zuschauer, die von Zeit zu Zeit (z.B. alle zwei bis drei Minuten) aufgefordert werden, ihre Beobachtungen und Reaktionen auf die verbale und nonverbale Interaktion der beiden Konfliktpartner mitzuteilen. Die beiden Kontrahenten hören sich diese Reaktionen an und können -- wenn sie wollen — daraus Konsequenzen ziehen.
Oft hilft jedoch auch diese Fishbowl-Situation mit dem Feedback der Gruppe zu wenig. Die Kontrahenten sind dann manchmal in einem so engen Clinch, daß sie nur den eigenen Standpunkt sehen und Ansichten und Gefühle des Partners nicht mehr wahrnehmen. In dieser Situation kann der Gruppenleiter beide auffordern, einander in einem ersten Schritt mitzuteilen, welche Gefühle sie in dieser verfahrenen Situation dem anderen gegenüber haben.
In einem zweiten Schritt fordert der Gruppenleiter die Kontrahenten auf, die Rollen zu wechseln, d.h. für kurze Zeit die Identität des anderen einzunehmen und ihn zu spielen. Dazu sollen sich beide jeweils auf den Stuhl des anderen setzen und auch dessen Körperhaltung kopieren. Dann sollen beide aus der bio-psychischen Position des anderen heraus einander mitteilen, welche Reaktionen, Gefühle und Gedanken sie dem Partner entgegenbringen. Auf diese Weise haben beide - und die Gruppe - Gelegenheit, festzustellen, wie weit jeder der Kontrahenten in der Lage ist, sich in die Lage des anderen einzufühlen. Nach ein paar Minuten nimmt jeder die eigene Identität wieder an, setzt sich auf seinen Stuhl und teilt dem anderen seine Reaktionen auf dieses Experiment mit. Anschließend beendet die Gruppe das Experiment mit ihren Beobachtungen. (Vgl. IAS Nr.118, Rollentausch)

● **Übertreibung**
Die zuvor skizzierte Konfliktsitation zwischen zwei Teilnehmern kann noch auf eine andere Weise durch Rollenspiel aufgehellt werden. Nachdem die Gruppe den Dialog zwischen den Kontrahenten einige Zeit beobachtet hat, kann der Gruppenleiter die Gruppe um Hilfe bitten. Dann übernehmen zwei andere Teilnehmer die Rollen der Konfliktpartner und spielen diese, indem sie ihr Verhalten durch Übertreibung karrikieren. Durch dieses Arrangement können die zugrundeliegenden sterilen und destruktiven Verhaltensmuster besonders für die situativ entlasteten Konfliktpartner deutlich werden.

● **Rollensubstitution**

Oft berichtet ein Teilnehmer ein Problem mit einem Familienmitglied oder einer anderen wichtigen Bezugsperson, die nicht in der Gruppe anwesend ist. In diesem Fall kann der Gruppenleiter den Teilnehmer auffordern, sich ein Gruppenmitglied auszuwählen, welches die größte charakterologische Ähnlichkeit mit dem abwesenden Konfliktpartner hat. Dann setzen sich beide in die Mitte, um dort miteinander zu sprechen. Oft bringt diese Prozedur Einstellungen und Verhaltensmuster heraus, die dem Protagonisten vorher nicht klar waren. Dabei sind vor allem die später mitgeteilten Beobachtungen der übrigen Teilnehmer hilfreich.

Noch klarer wird die Beziehung, wenn der Gruppenleiter den Protagonisten zu einem Rollenwechsel auffordert, so daß er jetzt selbst die Rolle des Konfliktpartners spielt, während das substituierte Gruppenmitglied die Rolle des Protagonisten übernimmt. In dieser Konstellation hat der Protagonist die Chance, tieferreichendes und vor allem tieferempfundenes Verständnis für die Position des Konfliktpartners zu gewinnen und eine neue Ebene der inneren Beziehung zu erreichen.

Der Vorteil des substituierenden Rollenspiels besteht vor allem darin, daß der Protagonist auf diese Weise in Kontakt mit der äußeren Welt kommt und sich nicht nur auf eigene Phantasien über den Konfliktpartner bezieht. Er muß sich mit fremder seelischer Wirklichkeit auseinandersetzen. Besonders für Teilnehmer, die dazu neigen, wenig direkten Kontakt zur Umwelt aufzunehmen, ist dieses Verfahren wichtig.

● **Alter Ego**

Das ist eine weitere Variante des Rollenspiels. Hier geht es darum, daß irgendein Teilnehmer Gedanken oder Gefühle formuliert und ausspricht, die ein anderes Gruppenmitglied bewußt oder unbewußt zurückhält. Als ad-hoc—Technik eignet sich dieses Verfahren auch bei den anfangs geschilderten Arrangements, wo zwei Konfliktpartner in der Mitte sitzen, um über ihre Probleme zu sprechen. Wer immer die Vermutung hat, daß einer der beiden ein Gefühl oder einen Gedanken nicht ausdrückt, kann spontan hinter den Betreffenden treten und dort in der Ich-Form die zurückgehaltene Botschaft senden (z.B.,,Ich habe Angst vor dir... Ich halte dich für zudringlich...'').

● **Replay-Drama**

Dies ist besonders für natürliche Gruppen eine nützliche Technik. Oft haben die Teilnehmer ein Verhalten praktiziert, mit dem sie später nicht zufrieden sind. Eine Verhandlung lief schlecht, ein Meeting brachte Ärger, eine Konferenz schlug fehl etc. Anstatt die ganze Sache nur zu analysieren, wird im Replay-Drama das Geschehen reproduziert, indem alle bzw. die wichtigsten ursprünglich beteiligten Personen durch Gruppenmitglieder gespielt werden. Natürlich verläuft das Replay in manchen Aspekten ganz anders als die historische Ur-Szene. Nach einiger Zeit stoppt der Gruppenleiter das Rollenspiel und fordert die Teilnehmer auf, ihre Beobachtungen und Reaktionen auszutauschen. Durch den größeren zeitlichen Abstand zur Originalsituation fällt es den Teilnehmern leichter, ihr Verhalten zu analysieren und zu verstehen. Andererseits sind sie durch das Spiel engagiert genug, um auch ihre Gefühle in die Untersuchung einzubeziehen.

ABSTRAKTE AUSSAGEN IN SYMBOLISCHE AKTION UMWANDELN

Worte sind in vielen Fällen ein Verteidigungsmittel, mit dem sich Teilnehmer voneinander distanzieren und ihre zugrunde liegenden Gefühle verstecken. Die hier angesprochene Technik hilft den Teilnehmern, sich ihrer Gefühle in bezug auf andere Gruppenmitglieder stärker bewußt zu werden, indem sie ihren Körper ins Spiel bringen und ihn als Kommunikationsmittel einsetzen.

Wenn z.B. Carlos zu Ursula sagt: „Ich kann dich nicht begreifen", dann kann der Gruppenleiter intervenieren und sagen: „Carlos, ich möchte dich auffordern, den Satz, den du Ursula gerade gesagt hast, ganz wörtlich zu nehmen und damit zu experimentieren. Stell dir vor, daß du stumm bist. Geh, ohne Worte zu gebrauchen, zu Ursula und sieh zu, wie weit du sie begreifen wirst. Sieh zu, was geschieht."

Wenn Carlos bereit ist, diesen Vorschlag des Gruppenleiters aufzugreifen, dann hat er die Chance, sich viel mehr Klarheit über seine Gefühle Ursula gegenüber zu verschaffen. Vielleicht merkt er, daß er sie gern berühren möchte und Angst davor hat, daß sie ihn abweist. Vielleicht stellt er fest, daß es ihm unangenehm ist, ihr so nahe zu kommen etc. Auf jeden Fall wird Carlos in einen bedeutungsvolleren Kontakt zu Ursula kommen.

Andere Formen verbalen Kontaktes eignen sich für eine ähnliche Transformation in symbolische physische Aktion:

Teiln.: „Ich möchte dir näherkommen."

GL: „Geh ohne Worte auf sie zu. Nimm deinen Satz wörtlich. Erforsche deinen Wunsch und bleib in Kontakt mit deinen Gefühlen."

Teiln.: „Ich habe den Eindruck, daß du mich auf den Arm nimmst."

GL: „Nimm deinen Satz ernst und laß dich - ohne Worte zu gebrauchen - von ihm auf den Arm nehmen. Sieh zu, was dabei geschieht und wie du dich dabei fühlst."

Teiln.: „Ich fühle mich niedergeschlagen."

GL: „Nimm den Satz ernst und nimm schweigend die Position eines physisch niedergeschlagenen Menschen ein. Achte auf deine Gefühle dabei und gib ihnen etwas Raum."

Teiln.: „Peter steht immer im Mittelpunkt."

GL: „Nimm diesen Satz wörtlich. Stell Peter schweigend in den Mittelpunkt und arrangiere die anderen Teilnehmer um ihn herum, so wie du ihre Position in bezug auf Peter siehst. Such dir dann selbst den Platz aus, der dir gefühlsmäßig zukommt."

Um mit dieser Technik produktiv umgehen zu können, ist es zunächst nötig, daß der Gruppenleiter ein feines Ohr für die symbolische Qualität der Sprache hat und daß er eine solche Transformation nur dann vorschlägt, wenn er glaubt, daß ein Teilnehmer innerlich bereit ist, sich auf ein solches Experiment einzulassen. Vor allem muß der Gruppenleiter in der Lage sein, die dann oft mit großer Stärke hervortretenden Gefühle des Teilnehmers zu akzeptieren und ihm behilflich zu sein, die intensiv erlebte Situation gefühlsmäßig und intellektuell zu bewältigen.

SYMBOLISCHE EXPERIMENTE

Das zuvor erklärte Prinzip der Transformation von Abstraktion in unmittelbare physische Aktion liegt auch den folgenden fünf wichtigen Gruppenexperimenten zugrunde, durch die der Gruppenleiter den Teilnehmer oft sehr behilflich sein kann. Diese Experimente sind relativ bedeutungslos, wenn sie routinemäßig zu irgendeinem beliebigen Zeitpunkt des Gruppenlebens vorgeschlagen werden. Wenn sie jedoch zur psychischen Situation eines Teilnehmers passen, kann der Betreffende große Erleichterung durch sie finden.

● **Ausbrechen**

Oft zeigt ein Teilnehmer, daß er sich sehr eingeschränkt fühlt durch die Gruppe, durch seine Lebensumstände, durch seine Erziehung, durch die Unfähigkeit, aus sich herauszugehen, kurz, dem Betreffenden fehlt das Gefühl, frei über sich und seine Gefühle verfügen zu können. In dieser Situation kann der Gruppenleiter das Ausbrechen vorschlagen. Sobald die Gruppe einen engen Kreis um den Teilnehmer gebildet hat - die Arme eng ineinandergehakt - hat der Protagonist die Aufgabe, aus diesem symbolischen Gefängnis auszubrechen. Er darf dabei allerdings nicht beißen, kratzen oder über die Teilnehmer hinwegsteigen. Nahezu jeder Teilnehmer kommt aus diesem Gefängnis heraus und nach seinem Ausbruch fühlt er sich sehr erleichtert. Er versteht die Bedeutung dieses Experiments ohne viel Hilfe. Er hat sich angestrengt, seine Situation selbst in die Hand genommen und sich befreit.

Dieses Experiment sollte am besten auf einem Teppichfußboden stattfinden; außerdem darf keiner der beteiligten Teilnehmer irgendwelche physischen Handicaps haben; Brillen, scharfkantige Ringe etc. sollten abgenommen werden.

● **Einbrechen**

Dieses Experiment ist dann angezeigt, wenn ein Teilnehmer das Gefühl ausdrückt, daß er sich seine Wünsche nicht erfüllen kann, daß er vom Glück benachteiligt ist und daß er etwas will, was er nicht bekommt. In diesem Fall steht er außerhalb des Kreises, in den er einbrechen soll. Dieses Experiment ist besonders nützlich in Gruppen mit verschiedenen „Fraktionen", z.B. mit Lehrern und Schülern, Vorgesetzten und Mitarbeitern, Sozialarbeitern und Psychologen etc. Ein Teilnehmer, der sich von einer privilegierten Gruppe ausgeschlossen fühlt, kann sich auf diese Weise symbolisch Zutritt verschaffen. Oder ein Teilnehmer, der zu der privilegierten Gruppe gehört, kann erfahren, wie schwierig es für die Nichtprivilegierten ist, sich Zutritt zu verschaffen, indem er selbst das Einbrechen versucht.

● **Aufheben und Wiegen**

Dieses Experiment gehört zu den schönsten und bewegendsten, wenn der Gruppenleiter es an der rechten Stelle vorschlägt. Es sollte auf keinen Fall als ein Routineexperiment mißbraucht und entwertet werden, einfach deshalb, weil es zu schade ist für eine gymnastische Aktion. Durch das Aufheben und Wiegen können tiefverankerte Abhängigkeitsbedürfnisse eines Teilnehmers, sein Bedürfnis nach Geborgenheit und Wärme auf symbolische Weise befriedigt werden. Der Teilnehmer legt sich auf den Boden und schließt die Augen. Auf jeder Seite heben ihn vier bis fünf Teilnehmer sacht in die Höhe und beginnen, ihn sanft zu wiegen. Oft beginnen einige Gruppenmitglieder, ein Wiegenlied zu summen. Nach ein paar Minuten lassen die Teilnehmer ihren Schützling langsam wieder auf den Boden und halten weiterhin Kontakt, indem sie ihre Hände eine Weile auf ihm liegen lassen. Der Gruppenleiter teilt dem Liegenden mit, daß er die Augen erst dann wieder öffnet, wenn ihm danach zumute ist.

In der Regel ist der betreffende Teilnehmer nach dieser Regression sehr bewegt und glücklich. Vor allem fühlt er sich den übrigen Teilnehmern sehr nahe. Anschließend ist es für den Betreffenden wichtig, emotional wieder sein tatsächliches Alter zurückzugewinnen. Dazu kann der Gruppenleiter ihn auffordern, Kontakt zu einigen Teilnehmern aufzunehmen und ihnen ein paar Worte zu sagen.

Dieses Experiment ist besonders für jeden Erwachsenen, der es zum ersten Mal am eigenen Leibe erlebt, erstaunlich. Ich, ein Erwachsener, kann wie ein Baby aufgehoben und geschaukelt werden, und ich kann das so genießen. Voraussetzung für das Gelingen dieses Experiments ist, daß die Zentralfigur ihre Bereitschaft für das Experiment angezeigt hat. Der Gruppenleiter kann z.B. fragen: „Ist es dir recht, wenn die Gruppe dir etwas Wärme und Geborgenheit schenkt?"

● **Vertrauenskreis**

Wenn der Gruppenleiter eine Erfahrungsmöglichkeit für einen Teilnehmer sucht, die diesem gestattet, sich selbst einmal anderen Menschen vertrauensvoll zu überlassen, kann er auch das IAS Nr.2o, Vertrauenskreis, vorschlagen. Die Zentralfigur kann dabei herausfinden, wie weit sie ihre Kontrollbedürfnisse einmal aufgeben und sich gehen lassen kann. Auch dieses Experiment entfaltet seine Möglichkeiten am besten zu einem geeigneten Zeitpunkt, wenn nämlich die Frage des sich anderen Anvertrauens für den betreffenden Teilnehmer gefühlsmäßig akut ist. Außerdem sollte die Gruppe bereits so kohäsiv geworden sein, daß die übrigen Teilnehmer genügend sensitiv sind, um das in sie gesetzte Vertrauen der Zentralfigur zu bestätigen. Denn nur wenn alle Beteiligten konzentriert dabei sind, wird dieses Experiment keine Turnübung, sondern ein für alle bedeutungsvolles Erlebnis wechselseitigen Vertrauens. In der Regel ist die Zentralfigur anfangs ängstlich und steif, um dann immer entspannter und vergnügter ihr wachsendes Vertrauen zu genießen.

● **Vertrauensfall**

Bei dem Vertrauensexperiment IAS Nr.166, Vertrauensfall, kann die Zentralperson testen, wie weit sie sich einem einzelnen Teilnehmer anvertrauen kann, indem sie sich mit ausgestreckten Armen rückwärts fallen und auffangen läßt. Dieses einfache Experiment kann beträchtliche Angst auslösen, wenn der Fallende im Kontakt mit seinen Gefühlen ist, da er ja jemandem vertrauen muß, den er nicht sehen kann. Wenn der Betreffende große Angst hat, ist es gut, ihm vorzuschlagen, zunächst selbst als aktiver Partner das Experiment zu machen, indem er selbst einen anderen auffängt. Oder der Gruppenleiter demonstriert selbst das Rückwärtsfallen, indem er sich von einem anderen Teilnehmer auffangen läßt.

Der rechte Zeitpunkt für dieses Interaktionsspiel ist dann gegeben, wenn ein Teilnehmer akute Vertrauensprobleme hat und lernen möchte, einem anderen stärker zu vertrauen. Die aktive Überwindung der Angst vor dem Fall ist für viele Teilnehmer eine wichtige Lernerfahrung, die sie oft auch auf andere Ängste übertragen können.

KONFLIKTSPIELE

Wenn die Gruppe so viel Kohäsion entwickelt hat, daß die einzelnen Teilnehmer ihre
sozialen Masken stärker abzulegen bereit sind, kann der Gruppenleiter einzelnen Teilnehmern auch Konfliktspiele vorschlagen, die den Ausdruck stärkerer Gefühle ermöglichen. Diese Konfliktspiele sind - wie die zuvor beschriebenen symbolischen Experimente - besonders effektiv, weil sie dem Teilnehmer helfen, situationsspezifische Gefühle von Ärger, Zorn oder Rivalität auf eine die nötige Sicherheit gewährende Weise
auszudrücken.

Oft gestattet sich ein ärgerliches Gruppenmitglied zunächst nicht,seinen Gefühlen verbal freien Lauf zu lassen, bzw. der Betreffende weiß unter Umständen gar nicht, daß
er ärgerlich ist (vielleicht klagt er nur über plötzliche Kopf- oder Magenbeschwerden).
Unterdrückte Ärgergefühle treten häufig auf im Zusammenhang mit Rivalität zwischen
zwei Teilnehmern. In allen diesen Fällen ist es gut, wenn der erfahrene Gruppenleiter
ein Repertoire von Interaktionsspielen zur Verfügung hat, durch welche der körperliche Ausdruck von Ärger auf sozial unschädliche Weise möglich ist. Denn dann können die Betroffenen ihre eigenen Gefühle nicht nur abreagieren, sondern häufig auch
besser verstehen und in Zukunft stärker akzeptieren.

Damit die Teilnehmer die Möglichkeit freien Selbstausdrucks im Rahmen dieser
Aggressionsspiele voll ausschöpfen können, muß der Gruppenleiter einige Vorsichts-
maßnahmen ergreifen:

— Beide Teilnehmer müssen bereit sein, an dem zuvor genau beschriebenen Experiment teilzunehmen , und sie müssen körperlich okay sein.

— Beide vereinbaren ein Signal, das die Kampfhandlungen sofort stoppt.

— Der Raum sollte Teppichboden haben oder es sollten Gymnastikmatten
verfügbar sein.

— Die Kämpfer müssen Schmuck, Brillen etc. ablegen.

— Die übrigen Teilnehmer halten sich im Kreis um die Kämpfer bereit, diese an den Grenzen des ,,Kampfplatzes" aufzufangen, um Anprallen
gegen Wände, Stühle etc. zu vermeiden.

● **Dänisches Daumenringen**
Das mildeste Kampfspiel ist das Dänische Daumenringen (IAS Nr. 55),
das besonders für Teilnehmer angezeigt ist, die größere physische
Nähe und stärkere Kraftentfaltung nicht aushalten können. Besonders
geeignet ist dieses Spiel auch in Mann-Frau-Kombinationen, wenn
beide ungleich stark sind, oder wenn einer der Kontrahenten ein körper-
liches Handicap hat, das andere Aktionen verbietet.

● **Schieben**
Das Schieben (IAS Nr.54) gibt stärkeren physischen Kontakt und mehr
Ausdrucksmöglichkeiten. Besonders günstig ist hier, daß beide einander anschauen und mit dem ganzen Körper gegeneinander angehen können. Oft ist es günstig, wenn der Gruppenleiter die Kontrahenten auffordert, Töne und Geräusche auszustoßen oder einzelne Worte oder
kurze Sätze. Wenn beide sich hier richtig engagieren, führt das Schieben
zu einer starken Erleichterung, und in der Regel erleben die Kontrahenten hinterher ein angenehmes Gefühl der Nähe zum Partner. Es zeigt
sich, daß voll ausgedrückter Ärger die Partner nicht trennt - wie oft befürchtet - sondern Platz macht für einen verbesserten Kontakt.

● **Indianisches Armringen**
Eine besonders intensive Form der Auseinandersetzung ist das Indiani-

sche Armringen (IAS Nr. 180). Auch hier ist die Auseinandersetzung besonders bedeutungsvoll, wenn sich die Kontrahenten in die Augen schauen und Töne oder Geräusche ausstoßen, wenn sie das tun möchten. Hier kann die Auseinandersetzung sehr konzentriert und unter Einsatz aller physischen Kräfte geführt werden, so daß beide sich außerordentlich nahe kommen können. Besonders Männer, die lange nicht mehr gekämpft haben, genießen dieses Experiment, das die Beteiligten und oft auch die Zuschauer sehr erleichtert, wenn beide ehrlich und angestrengt gekämpft haben. Dabei ist nachher die Frage, wer gewonnen hat, meist unerheblich geworden. Wichtig ist, daß jeder sich ausgedrückt hat. Beide respektieren einander hinterher stärker und fühlen sich miteinander verbunden. Oft können anschließend Dinge gesagt werden, die die Kontrahenten ohne die jetzt entstandene Intimität nicht über die Lippen gebracht hätten.

Besonders für Frauen, die kulturell ja sehr benachteiligt sind, was den physischen Ausdruck von Aggression anbelangt, ist dies eine ausgezeichnete Möglichkeit, diese Seite ihrer Persönlichkeit ins Spiel zu bringen. Im Anschluß an dieses Experiment empfinden die Kontrahenten oft spontan Zuneigung zueinander, die sie durch eine herzliche Umarmung ausdrücken. Wichtig ist anschließend, daß die übrigen Teilnehmer ihre Reaktionen mitteilen und daß die ganze Sache kurz besprochen wird.

FEEDBACKSPIELE

Im Verlauf einer Gruppe entstehen immer wieder Situationen, wo ein einzelner Teilnehmer das Feedback der übrigen Gruppenmitglieder braucht, um realistischer einschätzen zu können, wie er von anderen gesehen wird und wie andere auf sein Verhalten reagieren. Hier kann der Gruppenleiter auf eine Reihe von Interaktionsspielen zurückgreifen, die er mühelos vom Gruppenspiel in eine Intervention zugunsten eines einzelnen umwandeln kann.

- **Wertschätzung**

  Manchmal ist ein Teilnehmer niedergeschlagen und deprimiert, wenn er viele kritische Äußerungen anderer gehört hat. Er neigt vielleicht auch dazu, sich selbst sehr zu unterschätzen. Um hier das seelische Gleichgewicht wieder herzustellen, kann der Gruppenleiter IAS Nr.47 , Wertschätzung, vorschlagen, bei dem jeder der Zentralperson ein oder zwei Dinge mitteilt, die er an ihm schätzt. Dies kann eine außerordentlich bewegende und konstruktive Erfahrung für denjenigen sein, der einmal Wertschätzung ohne Einschränkung erfährt.

  Eine ähnliche Situation führt der dritte Teil des IAS Nr. 82, S t ä r - k e n b o m b a r d i e r u n g, herbei. Auch hier kann die Zentralfigur von anderen einmal ausschließlich positive Reaktionen hören. Eine besonders nachhaltige Wirkung beider Interventionen wird dann eintreten, wenn der Gruppenleiter den richtigen Zeitpunkt wählt, wenn die Gruppe bereits so kohäsiv geworden ist, daß der Zentralperson das positive Feedback anderer auch gefühlsmäßig viel bedeutet.

- **Heißer Stuhl**

  In anderen Situationen kann es sinnvoll sein, wenn der Gruppenleiter einem Teilnehmer auch kritisches Feedback zukommen läßt. Das ist besonders dann nützlich, wenn ein Teilnehmer illusionäre Annahmen über seine Wirkung auf andere hat, wenn er dazu neigt, kritische Äußerungen anderer vom Tisch zu wischen und schnell zu übergehen. Dann kann der Gruppenleiter den Betreffenden fragen, ob er daran interessiert sei, einmal kommentarlos von der Gruppe Feedback zu bekommen. Gerade bei kritischem Feedback ist es wichtig, daß die Zentralperson auch dazu bereit ist. Als Grundlage der Intervention eignet sich die individualisierte Fassung von IAS Nr.25, Heißer Stuhl, wo jeder Teilnehmer ein positives und ein negatives Feedback gibt und der Empfänger anschließend mit dem ritualisierten Satz antwortet:,,Ich danke euch, daß ihr mir das gesagt habt. Ich will es auch bedenken. Und ich bin nicht auf der Welt, um so zu sein, wie ihr mich haben wollt." Dieser letzte Satz sollte auch hier gesprochen werden, um das Feedback am Ende zu relativieren.

Eine weitere Interventionsmöglichkeit bietet das IAS Nr.21, E i n - d r u c k s b o m b a r d i e r u n g , das eine eindeutig mildere Form des Gruppenfeedbacks für den einzelnen Teilnehmer darstellt. Wenn es andererseits darum geht, daß ein ängstlicher Teilnehmer übt, anderen Teilnehmern Feedback zu geben, bietet das IAS Nr.136, Z a u b e r s t a b , eine ausgezeichnete Möglichkeit dazu.

In wieder anderen Situationen kann es sinnvoll sein, daß ein einzelner Teilnehmer ausdrückt, wie er die Gruppe, insbesondere die Struktur der sozialen Beziehungen erlebt. In diesem Fall gibt das IAS Nr.17o, W a c h s f i g u r e n k a b i n e t t , eine passende Möglichkeit dafür ab.

DIALOG-SPIELE

Oft bleibt die verbale Kommunikation zwischen zwei Teilnehmern im Austausch von Worten stecken. Die Betreffenden benutzen die Sprache, um sich dahinter zu verstecken. Erklärungen und Begründungen sind dann das Surrogat für einen spontanen, lebendigen Kontakt. Wenn in einer Gruppe zwei Teilnehmer auf diese Weise einen dünnen, rein intellektuellen Kontakt haben, kann der Gruppenleiter ihnen eine Reihe nonverbaler Kommunikationsexperimente vorschlagen, die ihnen helfen, sich auf eine einfachere und zugleich vitalere Weise auszudrücken.

- **Ja und Nein**

  Bei diesem Experiment (IAS Nr.15) benutzen beide nur die Wörter Ja und Nein, wobei jeder Dialogpartner jedes der beiden Wörter in beliebiger Reihenfolge und beliebig oft benutzen kann. Dieses einfache Spiel ist besonders nützlich, wenn die Betreffenden in einem schwelenden Konflikt stehen oder in einer untergründig betriebenen Machtauseinandersetzung. Das Experiment hellt die Struktur der Beziehung auf und gibt den Dialogpartnern Gelegenheit, sich klarer und gefühlsbetonter auszudrücken. Oft wird beiden schlagartig klar, welche Empfindungen sie wirklich füreinander haben.

- **Holzfäller**

  Dieses Interaktionsspiel (IAS Nr.176) gibt zwei Teilnehmern die Chance, ihre Kooperationsbereitschaft in einen Bewegungsdialog auf unmittelbar einsichtige Weise zu übersetzen und sie zu überprüfen. Durch das schweigende Aufheben eines imaginären Baumstamms wird deutlich, wie weit jeder auf den anderen eingeht und sich auf ihn ein-

stellt. Hier werden besonders die Beobachtungen der anderen Teilnehmer wichtig, die die Betreffenden auf blinde Flecken in der Selbstwahrnehmung aufmerksam machen können.

- **Auf der Wippe**
  Dieses Experiment (IAS Nr.28) bringt die Teilnehmer in einen Phanta-
  siedialog, in dem beide auf einer imaginären Wippe schaukeln. Dieses
  einfache Experiment kann schnell Klarheit geben in der Frage, wen jeder als den Stärkeren in der Beziehung erlebt. Beide Teilnehmer sollen
  das Experiment mit geschlossenen Augen gleichzeitig machen. Nachdem
  sich bei jedem die Schaukel in einer bestimmten Position eingependelt
  hat, sprechen sie miteinander darüber. Normalerweise empfinden die
  Teilnehmer die Unten-Position des Wippenden als Überlegenheit, während der oben Schwebende sich in der Regel als zu leichtgewichtig und
  unterlegen erlebt.

- **Namensspiel**
  Hier kommunizieren die Partner nur dadurch, daß sie ihre Namen sagen,
  wobei jeder Name beliebig oft und in beliebiger Reihenfolge verwendet
  werden darf. Dieses Spiel ist bedeutsam vor allem dadurch, daß der eigene Name ein wichtiges Symbol für das Selbst ist. Oft sprechen die Dialogpartner lange nur den Namen des anderen aus, bis sie endlich mit Erleichterung feststellen, daß sie auch den eigenen Namen benutzen können. Hier wird insbesondere die Sicherheit dem eigenen Selbst gegenüber geprüft und oft vertieft.

- **Fuß-Dialog**
  Bei diesem einfachen Experiment sitzen die Partner einander gegenüber
  und führen einen schweigenden Dialog mit ihren Füßen (nachdem sie
  die Schuhe ausgezogen haben). Diese ungewohnte Kommunikations-
  situation ist sehr geeignet, grundlegende Beziehungsaspekte zu klären,
  Rivalität, Ärger, Zärtlichkeit, Verführung etc. Außerdem bringt dieses
  Kinderspiel den meisten Leuten viel Spaß.

8.3 KATALOG DER WICHTIGSTEN INTERVENTIONHILFEN FÜR DEN GRUPPENPROZESS

In diesem Abschnitt sollen jeweils Interaktionsspiele zusammengestellt werden, die in
Gruppen aller Art dazu beitragen können, daß der Gruppenleiter Standardprobleme
mit der ganzen Gruppe bearbeitet. Solche Interaktionsspiele, die wenig Zeit benötigen,
werden durch ein S (= Schnellverfahren) besonders gekennzeichnet.

ANFANGSPHASE
IAS Nr.2, Graffitti, IAS Nr.31, Paar-Interview. Beide Spiele ermöglichen es, die Lernziele der Teilnehmer s c h r i f t l i c h festzuhalten. Bei IAS Nr.9o, Quäkertreffen,
werden die Lernziele mündlich genannt.

SCHLUSSPHASE
IAS Nr.55, Geheime Botschaft, IAS Nr.56, Selbst-Sabotage, IAS Nr.88, Ich habe gelernt. Diese Experimente bringen wichtige Aspekte der Gruppenerfahrung ins Bewußtsein.

GRUPPENMITTE

Wenn bei zeitlich begrenzten Seminaren die Hälfte der Zeit vergangen ist, kann der Gruppenleiter diesen Wendepunkt benutzen, um mit den Teilnehmern den Standort der Gruppe zu bestimmen und um ggf. den Kurs neu festzulegen. Dazu eignen sich vor allem IAS Nr. 84, Seminarkritik, und IAS Nr. 123, Halbzeit.

EINZELSITZUNG

Hier sollen einige Interaktionsspiele zusammengestellt werden, die in jeder Gruppensitzung mit wenig Zeitaufwand wichtige Aspekte des Gruppenprozesses klären und so die Gruppenkohäsion steigern können.

IAS Nr. 101, Was ich noch sagen wollte (S), macht Reste der vorausgegangenen Sitzung deutlich. IAS Nr. 24, Apfelkiste (S), IAS Nr. 178, Wachsfigurenkabinett (S), machen die soziale Struktur der Gruppe transparent.

IAS Nr. 11. Motorinspektion (S), zeigt das gegenwärtige Engagement der Teilnehmer. IAS Nr. 136, Selbstentfaltungsreihe (S), verdeutlich die aktuelle Zufriedenheit der Teilnehmer.

IAS Nr. 41, Blitzlicht (S), IAS Nr. 77, Gruppenszene, helfen dem einzelnen Teilnehmer, seine augenblickliche Situation auszudrücken. IAS Nr. 165, Was mich blockiert (S), und Nr. 109, Beschweren und Rühmen (S), machen Blockaden und Störungen des einzelnen Teilnehmers transparent.

IAS Nr. 13, Redner und Schweiger (S), kann eine gleichmäßigere Partizipation aller Teilnehmer fördern. IAS Nr. 171, Risiko eingehen (S), testet das Ausmaß an Risikobereitschaft der Teilnehmer.

IAS Nr. 15, Ja—Nein (S) und Nr. 54, Schieben (S), eignen sich, um am Ende einer depressiv verlaufenen Sitzung die Teilnehmer wieder in Kontakt zu ihrer Vitalität zu bringen.

IAS Nr. 110, Massagekreis, Nr. 139, Expansionskreis, Nr. 152, Oktopus, helfen beim Anfang einer Sitzung, müde Teilnehmer zu aktivieren.

GRUPPENKRISEN

IAS Nr. 111, Viva la depresion, und Nr. 137, Gruppenritual, wirken wie fiebertreibende Arzneimittel. Sie bringen die Pathologie der Gruppe zutage und stärken zugleich die Gesundungskräfte der Teilnehmer.

IAS Nr. 82, Gruppenpotential, und Nr. 183, Zusammenwachsen, betonen vor allem die konstruktiven Elemente der Gruppe.

IAS Nr. 114, Wünsche anmelden, gibt den wichtigen verborgenen Bedürfnissen der Teilnehmer Ausdrucksmöglichkeiten.

TRAINING DER WAHRNEHMUNGSFÄHIGKEIT

Hier kann der Gruppenleiter auf folgende Paarexperimente zurückgreifen: IAS Nr. 73, Widersprüchliche Kommunikation, Nr. 74, Wechselnde Distanz, Nr. 81, Austausch der Köpfe, Nr. 94, Kommunikation der Hände, Nr. 103, Ich nehme wahr - ich stelle mir vor, Nr. 112, Faust öffnen, Nr. 133, Identifikation, Nr. 162, Stummes Sprechen, Nr. 163, Spiegeln.

TRAINING DER KOMMUNIKATIONSFÄHIGKEIT

Um wichtige Grundregeln der Kommunikation einzuführen, kann der Gruppenleiter folgende Interaktionsspiele vorschlagen: Nr. 7, Mitteilung von Störungen, Nr.8, Nicht um die Ecke sprechen, Nr. 9, Aussagen statt Fragen, Nr. 39, Kontakt und Kommunikation, Nr. 72, Sprich per Ich, Nr. 107, Körperbewußtsein. Weitere wichtige Kommunikationsexperimente sind IAS Nr. 6, Wer spricht zu wem, Nr. 18, Offenheitstest, Nr. 23 Einfühlungsvermögen, Nr. 70, Hier und Jetzt, Nr. 105, Maximale Übereinstimmung.

ÄRGER UND RIVALITÄT AUSDRÜCKEN

Folgende Paarexperimente gestatten den Ausdruck aggressiver Gefühle: IAS Nr. 15, Ja-Nein, Nr. 43, Tauziehen, Nr. 54, Schieben, Nr. 55, Daumenringen, Nr. 159, Phalanx 76 Nr. 170, Indianisches Armringen.

Wenn Kritik und aggressive Gefühle im Plenum ausgesprochen werden sollen, bietet sich IAS Nr. 85, Schönes langes Leben, als wirksames Ventil an.

PHYSISCHE ANWÄRMEXPERIMENTE

Wenn den Gruppenleiter den Teilnehmern die Möglichkeit geben möchte, sich körperlich auszudrücken und zu bewegen, kann er auf folgende, wenig Zeit beanspruchende Experimente zurückgreifen: IAS Nr. 12, Ungewöhnliche Perspektiven (S), Nr. 14, Klopfen (S), Nr. 29, Genie und Idiot, Nr. 36, Auftauen (S), Nr. 43, Tauziehen (S), Nr. 71, Stimme lockern (S), Nr. 76, Mann in der Mitte (S), Nr. 108, Locker lassen (S), Nr. 110, Massagekreis (S), Nr. 112, Faust öffnen (S), Nr. 124, Roboter und Dorftrottel (S), Nr. 139, Expansionskreis (S), Nr. 168, Schweigender Schrei (S), Nr. 152, Oktopus (S), Nr. 172, Verwundeter Soldat (S).

ANALYSE DER GRUPPENSTRUKTUR

Die soziale Struktur der gesamten Gruppe kann durch folgende Experimente transparent gemacht werden: IAS Nr. 24, Apfelkiste (S), Nr. 53, Autorennen, Nr. 116, Herumwandern, Nr. 117, Diadochen-Sessel, Nr. 149, Machtspiel.

Um dem einzelnen im Rahmen einer Subgruppe Gelegenheit zu geben, seinen Status besser zu verstehen, kann der Gruppenleiter folgende Interaktionsspiele vorschlagen: IAS Nr. 22, Familienwahl, Nr. 49, Voraussage des Gruppeneindrucks, Nr.50, 7 Fragen.

FEEDBACK GEBEN UND NEHMEN

Hierzu eignen sich vor allem folgende Experimente: IAS Nr. 19, Geheimnisse entlokken, Nr. 25, Heißer Stuhl, Nr. 48, Meine Normen - deine Normen, Nr. 87, Poesiealbum Nr. 115, Kreatives Feedback, Nr. 131, Selbstbeschreibung, Nr. 143, Gruppenmaschine, Nr. 175, Frühes Feedback, Nr. 177, Konfrontation.

KLEINGRUPPEN BILDEN

IAS Nr. 31, Arbeitsgruppe bilden, Nr. 91, Team bilden, Nr. 183, Zusammenwachsen.

GRUPPENLEITER INTEGRIEREN

Wenn der Gruppenleiter den Teilnehmern Gelegenheit geben will, sich ausdrücklich mit ihm auseinanderzusetzen, kann er folgende Experimente vorschlagen: IAS Nr. 56, Frag den Leiter was, Nr. 89, Raten des Gruppenleiter-Verhaltens, Nr. 90, Big Boss.

SCHRIFTLICH DATEN SAMMELN

Manchmal ist es besonders zweckmäßig, wenn die Gruppe schriftlich Daten sammelt, um an einem spezifischen Problem zu arbeiten. Hier können folgende Experimente helfen: IAS Nr. 2, Graffitti, Nr. 6, Wer spricht zu wem, Nr. 35, Paar-Interview, Nr. 61, Journal, Nr. 84, Seminarkritik, Nr. 87, Poesiealbum, Nr. 90, Big Boss, Nr. 159, Selbstgesteuertes Interview.

LITERATURVERZEICHNIS

ABT, C.C., Ernste Spiele, Köln 1971
ANTONS, K., Praxis der Gruppendynamik, Göttingen 1973
ARGYLE, M., Soziale Interaktion, Köln 1972
ARGYRIS, C., On the Future of Laboratory Education, JABS 1967, 3
BACH, G.R., Intensive Group Psychotherapy, New York 1954
BENNIS, W.G., Änderung des Sozialverhaltens, Stuttgart 1975
BORTON, T., Reach, Touch and Teach, New York 1979
BORTON, T. u.a., Emotionales und soziales Lernen in der Schule, München 1976
BROCHER, T., Gruppendynamik und Erwachsenenbildung
BUCHINGER, K. u.a., Gruppe und Bildung, Berlin 1975
CATHCART, R.S. u.a., Small Group Communication, Dubuque 1974
COHN, R.C., Von der Psychoanalyse zur Themenzentrierten Interaktion, Stuttgart 1975
FATZER, G., Ganzheitliches Lernen. Humanistische Pädagogik und OE, Paderborn 1986
GENSER, B., VOPEL, K., Lernen in der Gruppe. Theorie und Praxis der TZI, Hamburg 1972
GIBB, J.R., Climate for Trust Formation. In: Bradford,L., T-Group and Laboratory Method,1964
GIBB, J.R., The Effects of Human Relations Training. In: Bergin, Handbook of Psychotherapy and Behavior Change, New York 1970
GORDON, Th., Familienkonferenz, Hamburg 1980
GORDON, Th., Lehrer/Schüler-Konferenz, Hamburg 1981
GORDON, Th., Managerkonferenz, Hamburg 1982
GORDON, A.K., Games for Growth, Palo Alto 1972
HUXLEY, L., You are not the Target, New York 1963
JAMES, M. u.a., Spontan leben, Hamburg 1974
KLIEMANN, P., Ehrenamtliche Mitarbeiter, Stuttgart 1983
KRÖGER, M., Themenzentrierte Seelsorge (erw.Neuauflage) Stuttgart 1983
LANGMAACK, B., BRAUNE-KRICKAU, M., Wie die Gruppe laufen lernt, Weinheim 1987
LEONHARD, G.B., Erziehung durch Faszination, München 1971
LEWIS, H.R., Spiele die glücklich machen, Bergisch Gladbach 1973
LIBERMAN, M., Encounter Groups. First Facts, New York 1973
MALAMUD, D. u.a., Toward Self-Understanding, Springfield 1963
NTL-Institute for Applied Behavioral Science (Eds.), Laboratories in Human Relations Training, Washington D.C., 1971
PERLS, F., Gestalt Therapie in Aktion, Stuttgart 1975
PETZOLD, H., BROWN, G., Gestaltpädagogik, München 1977
PETZOLD, H., FRÜHMANN, R., Modelle der Gruppe in der Psychotherapie, Paderborn 1986
POLSTER, E., Gestalttherapie, München 1975
PFEIFFER, J.W., JONES, J.E., Handbook of Structured Experiences, Vol.1-4, Iowa 1969 ff.
RASER, J.R., Simulation and Society, Boston 1968
ROGERS, C.R., Lernen in Freiheit, München 1974
SBANDI, P., Gruppenpsychologie, München 1973
SCHULZ v.THUN, J.O., Miteinander reden, Hamburg 1988
SCHUTZ, W.C., Freude, Hamburg 1971
SCHUTZ, W.C., Encounter, Hamburg 1977
SCHWÄBISCH, L., SIEMS, M., Anleitung zum sozialen Lernen, Hamburg 1974
STEVENS, J.O., Kunst der Wahrnehmung, München 1983
STOLLBERG, D., Lernen weil es Freude macht. Einführung in die TZI, München 1982
VOPEL, K., KIRSTEN, R., Kommunikation und Kooperation, 5.Auflage München 1987
VOPEL, K., VOPEL, R., Ich und Du, Kommunikationstraining für Partner, 4.Auflage Hamb.1986
VOPEL, K., Interaktionsspiele Teil 1 bis 6, 4.Auflage Hamburg 1984
VOPEL, K., Interaktionsspiele für Kinder Teil 1 bis 4, 2.Auflage Hamburg 1985
VOPEL, K., Interaktionsspiele für Jugendliche Teil 1 bis 4, 2.Auflage Hamburg 1984
VOPEL, K., Anfangsphase in Gruppen Teil 1 u.2, Hamburg 1984
VOPEL, K., Anwärmspiele. Experimente für Lern- und Arbeitsgruppen, 2.Auflage Hamburg 1984